100+ 시대의 노후 재설계

100+ 시대의 노후 재설계

Re: Plan Future

장종학 지음

인플레이션과 장수 위험,
100세까지 돈과 마음을 지키는 법

책나무

추천의 말 1

박범룡 목사

㈜티와이 사목, 대한예수교장로회(합신) 증경총회장

개척교회 전도사로 시작한 나의 목회와 선교 사역은, 73세가 되어 공식적으로 막을 내리게 되었다. 코로나19라는 세기적 전염병의 확산과 현지 선교 상황에서의 사역 압박이 맞물리면서 귀국을 결심하게 된 것이다. 40여 년의 사역을 마치고 귀국한 공항에서 우리 부부를 환영해 주는 사람은 아무도 없었다. 지난 사역의 시간을 감사히 돌아보면서도 마음 한편이 씁쓸하였다. '앞으로 어떻게 살아야 할까?' 하나님의 인도를 믿으면서도 걱정이 앞섰다. 목회자는 설교 준비, 이사 준비, 죽을 준비만 하면 된다는 문화 속에서 살아온 나였다. 사역자가 경제적으로 치부하는 것은 부패라는 인식이 강했고, 목회자가 노후를 준비하는 것은 믿음이 없는 것이라 여기던 시대를 살았다. 나는 "준비의 실패는 실패를 준비하는 것"이라는 격언을 중요하게 여기며 살아왔지만, 정작 나 자신의 노후 준비는 거의 되어 있지 않았다. 막상 현실에 부닥치니 살길이 막막했다. 미래가 두려웠다.

다행히 ㈜티와이(사장: 김재곤)의 사목으로 초빙되어 당장 생계의 걱정은 덜 수 있었다. 나는 바른 신학, 바른 생활, 바른 교회를 목회의 다림줄로 여기며 살아가면 모든 것이 잘 풀릴 것이라 믿었다. 은퇴 후에는 목회 현장에서 은퇴한 분들과 자주 어울리게 되었고, 대화의 주제는 노년의 건강, 지혜로운 노후생활, 그리고 고통 없는 죽음에 관한 것이었다. 그 가운데서도 가장 자주 등장하는 화제는 생활을 위한 경제활동이었다. 충격적인 사실은, 은퇴한 사역자들이 생활고로 생을 스스로 마감하기도 한다는 것이었다. 70세에 은퇴하고 경제적 독립 없이 앞으로 100세 시대를 살아야 한다는 것은 고통 중의 고통이다. 마침 선교 현지에서 오랫동안 교제해 온 장종학 교수와 "크리스천의 노후 준비"에 대해 자주 논의하게 되었다. 우리는 구체적인 준비 방법에 대해서도 의견을 나누었다. 그는 이 문제를 경제적, 경험적, 그리고 신앙적으로 정리하여 초청받는 모임에서 강의하고 있었고, 그 내용이 이번에 책으로 출간되었다. 친구로서 기쁘게 추천사를 쓰게 되었다. 원하든 원하지 않든 우리는 100세 시대를 살아가야 한다. 이 책이 100세 시대를 준비하는 이들에게 안내서가 되리라 믿으며, 일독을 권한다. 또한, 이 책을 바탕으로 한 워크북도 출간되기를 기대한다.

추천의 말 2

송길원 목사
하이패밀리 대표, 동서대학교 석좌교수

　어느 노인 모임에서 사회자가 물었습니다. "노년에 가장 필요한 게 뭡니까?" 한 할아버지가 대답했습니다. "건강한 몸, 재정적 여유, 그리고… 그… 잠깐만요, 두 번째가 뭐였죠?"
　노년에는 잃어버리는 것이 많습니다. 건강, 친구, 사회적 지위, 역할……, 그리고 돈입니다. 누가 그랬지요. 돈을 잃으면 모든 것을 잃게 된다고요. 재정은 단순히 돈의 많고 적음을 넘어, 우리의 일상과 선택, 그리고 인간관계까지 영향을 미치는 삶의 기반입니다.
　특히 시니어의 삶에서는 안정된 재정이 건강을 지키고, 사회적 관계를 유지하며, 삶의 품위를 지탱하는 중요한 축이 됩니다. 이 책은 바로 그 중요한 문제인 '재정'을 출발점으로 삼습니다. 그러나 단순한 재테크 지침서가 아니라, 시니어가 마주하는 재정 현실을 솔직하게 짚고, 현실에 맞는 대안을 제시합니다.
　나아가 재정 문제를 해결하는 데서 멈추지 않고, 노년의 전반적인 삶을 다시 설계하는 길로 독자를 안내합니다. 삶의 의미와 가치, 사회적 관계, 건강한 생활 습관, 그리고 남은 생을 어떻게 보람되게 보낼 것인지에 대한 깊이 있는 제안이 담겨 있습니다.
　시니어에게 필요한 것은 단순한 정보가 아니라, 실제로 삶을 바꾸는 지혜입니다. 이 책은 숫자와 그래프 너머, 사람의 마음과 상황을 이해하고, 각자의 형편에 맞춘 '실행 가능한' 방법을 제공합니다. 그래서 재정이든 관계든, 건강이든, 불안 대신 희망을 품고 다음 단계를 밟을 수 있도록 돕습니다.

노년은 끝이 아니라 또 다른 시작입니다. 그 시작을 어떻게 준비하고 맞이하느냐에 따라, 남은 날들은 더 깊고 아름다울 수 있습니다. 이 책이야말로 노년의 문턱에 서 있거나 이미 그 길을 걷고 있는 모든 분에게, 든든한 안내자이자 삶의 동반자가 되어 줄 것입니다. 저는 이 책을 '노년을 잘 보내기 위한 지혜서'로 자신 있게 추천합니다.

머리말

"100세 시대, 당신은 준비되어 있는가?" 밤하늘의 별처럼 여유롭고 아름다워야 할 노년이 어느 순간부터 불안과 걱정의 시간으로 바뀌고 있다. '100세 시대'라는 말은 더 이상 낯설지 않다. 그러나 그 긴 여정의 끝에서 우리를 기다리는 것이 은퇴 이후의 황금기가 아니라, 준비되지 않은 채 맞이하는 '소득 절벽'과 '장수 위험'일 수 있다. 매달 꼬박꼬박 들어오던 월급이 끊기고, 길어진 수명만큼 늘어난 노후 생활비 앞에서 많은 이가 막막함을 느낀다.

그러나 노년의 문제는 돈에서 끝나지 않는다. 관계, 역할, 자존감 등 삶의 바탕을 이루던 것들이 흔들린다. 소속감과 보람이 줄어들수록 정서적 공허함이 커진다. 노후에 필요한 것은 경제적 준비만이 아니라 정서적 안정과 삶의 방향성이다. 한국 사회의 높은 노인빈곤율이 웅변하듯, 길어진 수명이 축복이 아니라 감당해야 할 위험으로 바뀌는 순간도 있다.

이 책은 그 절박한 문제의식에서 출발했다. 단순히 돈을 모으는 기술을 넘어 "어떻게, 무엇을 위해 살아갈 것인가"라는 본질적 질문에 답하고자 했다. 필자는 수년간 대학에서 재무와 투자를 강의했고, 중국에서 20년 넘게 머물며 고전의 인물들을 가까이 접했다. 그 경험을 바탕으로, 이 책은 노후의 경제적 자립과 정서적 안정, 품격을 함께 세우는 통합 가이드를 지향한다.

노년은 결코 우연히 주어지는 축복이 아니다. 젊은 시절의 준비와 철학, 꾸준한 실천의 결실이다. 수많은 사례와 데이터를 분석하며 필자가 확신하게 된 사실은 분명하다. 노후의 삶은 미리 준비한 만큼 풍요롭고, 미리 설계한 만큼 자유롭다. 노년은 준비 없는 자에게는 위기이지만, 준비된 자에게는 축복이다. 준비된 자산은 안정감을 주고, 준비된 철학은 삶의 방향을 제시한다. 특히 '돈이 스스로 일하게 만드는 구조'를 갖춘 사람은 은퇴 이후에도 자산의 확장성과 수익성을 유지한다. 반대로 준비가 없으면 평생의 결과물을 순식간에 소진하고 불안에 발목이 잡힌다.

그러나 경제적 준비만으로는 충분하지 않다. 노년의 행복을 결정짓는 본질은 관계와 정신적 만족이다. 외로움은 노년의 가장 큰 질병이다. 사회적 역할이 줄어드는 시기에 우리는 우울과 상실감에 빠지기 쉽다. 그러므로 재무를 넘어 관계 회복과 공동체 소속감, 삶의 목적에 대한 성찰을 준비에 포함해야 한다.

이제 당신의 차례이다. 과거의 실패에 머물지 말고, 미래의 불안에 갇히지 말자. 지금 이 순간부터 준비를 시작하자. 매월 조금씩 투자하고, 지식을 쌓고, 건강을 가꾸며, 나만의 철학을 세워 나가자. 그렇게 꾸준히 자신을 단련한다면, 언젠가 우리는 말할 수 있다. "노후는 두려움이 아니라 자유이다." 그리고 그 자유는 돈의 크기가 아니라, 삶을 주도적으로 살아온 자기 자신에 대한 깊은 신뢰에서 온다.

출판에 즈음하여 무엇보다 먼저 부족한 필자에게 이 귀한 작업을 감당케 하신 하나님께 감사드린다. 글을 쓸 수 있는 재능을 물려주신 선친과, 항상 자식을 위해 기도해 주시며 곁에서 지켜 주시는 90세 노모께도 진심으로 감사드린다. 또한 묵묵히 집필 과정을 지켜봐 주고 조언을 아끼지 않은 아내와 글의 방향을 짚어 준 딸 한나에게도 고마움을 전한다.

    오랜 세월 아낌없는 후원을 보내 주신 심텍 전세호 회장님과 박은경 사장님, TY그룹 김재곤 회장님, 그리고 박범룡 목사님과 사모님께 깊은 감사와 존경의 마음을 드린다. 또한 분주한 시간을 내어 원고를 읽고 기꺼이 추천의 글을 써주신 하이패밀리 송길원 목사님께도 깊이 감사드린다. 더불어 이 책의 원고를 세심하게 다듬고 출간까지 정성을 다해 동행해 준 책과나무 출판사 편집부에도 특별한 감사를 전한다. 필자와 함께 사역하며 책의 출간을 기다려 준 원모어선교회(OMC)의 박종원 대표와 정수득 목사를 비롯한 동역자들, 동백쉴만한교회 교우들, 그리고 글벗 김형래 편집장과 김한기 작가에게도 감사의 뜻을 전한다. 이 부족한 책이 세상에 나올 수 있었던 것은 이분들의 격려와 동행 덕분이다.

2025년 가을

장종학

목차

추천의 말 1 · 5 | 추천의 말 2 · 7
머리말 · 9

1부 노후 재무설계의 모든 것
| 국민연금부터 펀드까지 |

1장 연금 5층 집으로 든든한 노후 만들기

연금 5층 집으로 완성하는 은퇴 계획 · 18 | 1층 국민연금 · 23 | 2층 퇴직연금 · 40 | 3층 연금저축펀드 · 45 | 4층 주택연금과 농지연금 · 49 | 5층 월지급식 펀드 · 55

2장 노후를 지켜 주는 제도와 전략

국민연금 월 300만 원 전략 · 65 | 국민연금 수령 전략: 조기 vs 연기 · 73 | 연금 인출 전략: 4%와 7% 원칙 · 85 | 공적연금 연계제도 · 91 | 농업직불금 · 94 | 기초연금의 중요성 · 96 | 건강보험료 절감 전략 · 105

3장 은퇴 후 주거 대안: 국민임대주택 가이드

국민임대주택 개요 및 신청 자격 · 119 | 임대 공고 확인과 인터넷 접수 · 124 | 서류제출 및 당첨자 발표 · 126 | 임대차계약서 체결 및 입주 · 129 | 갱신계약 심사기준 및 임대료 조정 · 131

4장 은퇴 후 활용 가능한 투자 전략

CMA, ISA 및 연금저축펀드 · 139 | ETF 투자 전략 · 148 | 10년 안에 자산을 두 배로 늘리는 전략 · 160

2부 주식투자의 원칙과 전략
| 은퇴 후 자산을 키우는 법 |

1장 주식투자의 필요성

돈이 스스로 일하게 만드는 방법 · 173 | 명목이자율 vs 실질이자율 · 175 | 화폐환상(Money Illusion) · 178 | 부자 남성, 가난한 여성 · 179 | 주식투자의 본질 · 181 | 투자인가, 투기인가? · 182

2장 주식투자 전략과 실행 방식

주식투자 전략 · 195 | 주식투자 상품의 종류 · 197 | 주식투자 vs 은행 예적금 vs 저축성보험 · 199 | 주식투자 vs 채권투자 · 202 | 자산 배분의 황금비율 · 203 | 70:20:10 원칙 · 205 | 리밸런싱(Rebalancing) · 206

3장 수익률과 위험, 균형 있는 투자의 기술
주식투자의 수익 구조 · 213 | 주식투자의 적절한 기대수익률 · 215 | 주식투자와 위험관리 · 217 | 분산투자의 중요성 · 219

3부 두 번째 인생의 설계도
| 위기, 통찰, 그리고 실천 |

1장 노후 소득 피라미드와 노후 빈곤의 현실
노후 소득 피라미드: 계층별 소득수준과 생활 특성 · 232 | 한국의 노인빈곤율과 노인자살률이 높은 이유 · 240 | 퇴직자들이 꼽은 10가지 뼈아픈 후회 · 249

2장 노후를 위협하는 경제 리스크
인플레이션 리스크 · 259 | 투자 리스크 · 263 | 장수 리스크 · 266 | 질병 리스크 · 269 | 자녀 리스크 · 271

3장 노후를 위한 새로운 시각
변화방정식 · 277 | 돈에 대한 이중성과 바른 태도 · 281 | 노후 플렉스(Old Flex) · 288

4장 노년의 상실과 회복의 길

건강: 육체적·정신적 건강의 균형 · 298 | 돈: 지속 가능한 부의 창출 · 300 | 일: 삶의 의미 · 301 | 관계: 만남의 축복 · 302 | 꿈과 비전: 삶의 소망 · 304 | 현재: 지금 이 순간에 충실 · 305

5장 노후를 빛나게 하는 삶의 기술

감사와 배움 · 313 | 목적 있는 삶과 유연한 사고 · 316 | 건강한 습관 · 317 | 단순함과 균형의 경제학 · 319 | 공공자원과 금융 지식의 활용 · 321 | 삶의 균형과 통합 · 322 | 잠언에서 배우는 노년의 지혜 · 324

부록

인생 2막, 다시 시작하는 용기—가마치통닭에서 배우는 노년 창업의 길 · 332

1부

노후 재무설계의 모든 것

| 국민연금부터 펀드까지 |

1장

연금 5층 집으로
든든한 노후 만들기

"우리는 모두 늙는다. 그러나 현명한 사람은 미리 준비하고,
어리석은 사람은 당해서야 후회한다."

-조지 버나드 쇼-

연금 5층 집으로 완성하는 은퇴 계획

한국은 세계에서 가장 빠르게 고령화가 진행되는 국가 중 하나로, 고령 인구의 증가와 평균수명의 연장이 노후 준비의 중요성을 더욱 부각시키고 있다. 특히 장수 위험이 현실화하면서, 단순히 오래 사는 것이 아니라 어떻게 살아갈 것인가가 중요한 과제로 대두되고 있다. 그러나 많은 노년층은 여전히 충분한 소득 없이 빈곤한 노후를 보내고 있으며, 이는 사회적 문제로 이어지고 있다.

이러한 상황에서 '연금 5층 집'은 다양한 연금제도를 통합하여 더욱 견고하고 지속 가능한 노후 소득 체계를 구축하자는 개념으로 제시되고 있다. 본 글에서는 현재 한국의 노인 빈곤 현실과 함께, 연금 5층 구조가 어떤 방식으로 노후를 보호할 수 있는지를 살펴본다.

지속 가능한 노후를 위한 '연금 5층 집'은 단지 이론적인 모델이 아니라, 실제적인 노후보장을 위해 꼭 필요한 구조다. 기초연금과 국민연금 등 공적연금에만 의존하는 것은 장기적으로 충분하지 않으며, 퇴직연금과 개인연금, 그리고 비연금 소득원 확보를 통해 자산의 다층적 분산이 요구된다.

특히 자영업자, 비정규직 종사자, 은퇴 직전 연금 사각지대에 놓인 이들을 위한 맞춤형 제도 개선과 더불어, 개인 또한 자신의 소득수준에 맞는 연금 가입, 금융 교육, 건강관리 등 전방위적 준비가 필요하다. 정부, 기업, 개인 모두가 역할을 분담하여 노후 빈곤을 예방하는 방향으로 나아가야 할 것이다.

노후는 자연스럽게 다가오는 삶의 일부이지만, 그 준비는 철저히 계획적이고 구체적이어야 한다. '연금 5층 집'은 바로 그 준비를 위한 하나의 체계적 해법이며, 이를 통해 더욱 안정적이고 품위 있는 노년을 맞이할 수 있을 것이다.

매년 연말에 시니어들이 크게 관심을 갖는 것은 '내년에는 기초연금이 얼마나 인상되는가?'이다. '그깟 몇만 원 인상이 무슨 대수냐'고 반문할 수 있겠지만, 노후의 만 원은 젊은 시절의 10만 원보다도 더 값어치가 있다는 사실을 꼭 기억할 필요가 있다.

요즘 자주 언급되는 말 중에서 '100세 시대', '장수 위험', 그리고 '노후파산'이라는 말이 있다. 이 말은 우리의 생명이 우리의 예측보다 훨씬 길어질 수 있으며, 그것이 우리에게 큰 위협이 된다는 걸 말해 준다.

2023년 기준 한국인의 기대수명은 남성 80.6세, 여성 86.4세로 합계 83.5세이다. 남성과 여성의 기대수명 차이는 5.8년으로, 2000년의 7.4년에서 점차 좁혀지고 있다.

한 국가의 국민 기대수명이 한국처럼 급격하게 증가하는 경우는 세계적으로도 드물다. 다음 표에 나타나 있는 바와 같이 한국의 경우 소위 선진국이라고 부르는 OECD 국가 중에서도 일본에 이어서 세계 2위의 장수 국가이다. 인구학자들은 조만간 한국인의 기대수명이 일본을 제치고 세계 1위가 될 것으로 전망하고 있다.

세계 주요국 기대수명 (2023년 기준)

구분	일본	한국	프랑스	독일	미국	멕시코	OECD 평균
남자	81.6	80.6	79.2	78.7	74.2	72.4	77.8
여자	87.7	86.4	85.3	83.5	79.9	78.1	83.2
합계	84.7	83.5	82.3	81.1	77.0	75.2	80.5

앞으로도 기대수명이 계속해서 급속히 증가한다면, 우리나라 사람들은 퇴직 후 30~40년 정도가 아니라 50~60년을 살아야 할 수도 있다. 따라서 노후 준비의 중요성은 아무리 강조해도 지나침이 없을 것이다.

더군다나 이 기대수명은 일찍 사망한 사람들이 평균치를 낮춘 것이기 때문에, 보다 정확한 기대수명을 알아보기 위해서는 현재 자기 나이에서 앞으로 기대되는 생존 기간을 알아보는 것이 더 적합하다.

예를 들어 50세 이후 평균수명과 60세 이후 평균수명을 비교해 보면 이야기가 전혀 달라진다. 최근의 연구 자료에 따르면 50세가 100세까지 살 확률은 3분의 1 이상이라고 한다. 즉, 현재 50세 이상 되는 사람의 경우 3명 중 1명은 100세까지 산다는 것이다.

100세까지 살아야 하는데 도중에 자산이 고갈된다면? 만약에 그렇게 된다면 이 세상에서 사는 동안 매일매일의 삶이 악몽이 될 것이다. 다음 그림을 보면 65세 이상 노인인구가 세계에서 가장 빠르게 증가하고 있는 국가가 바로 한국이라는 사실을 분명히 알 수 있다.

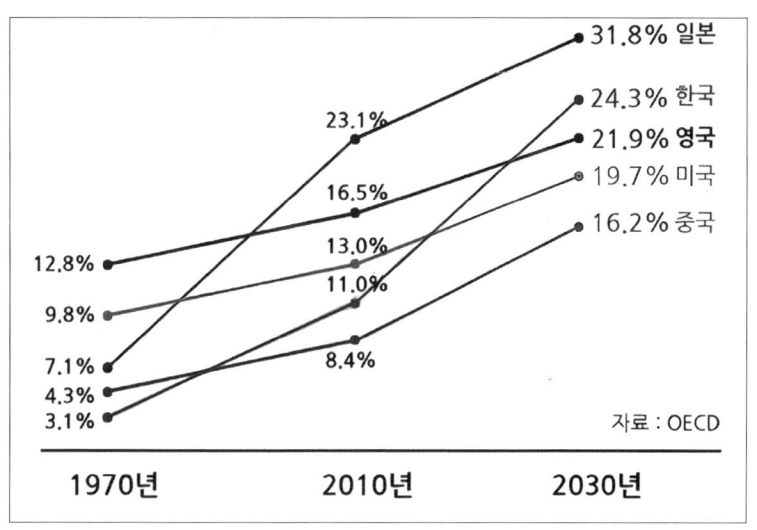

예로부터 장수가 가장 큰 복 중의 하나였는데 언제부터 우리에게 장수가 '위험'이 되었을까? 장수가 위험이 된 이유는 예상보다 수명이 너무 길어져 노후에 자금이 부족해질 경우, 궁핍한 생활을 할 가능성이 크기 때문이다. 특히, 한국의 노인들은 세계에서 그 유례가 없는 빈곤에 시달리고 있다. 이름하여 OECD 국가 중 노인빈곤율 1위. 그런데 그 1위라는 불명예보다도, 더 큰 문제는 그 내용에 있다.

OECD가 2025년에 공개한 자료를 보면 2023년 기준 한국의 노인빈곤율은 38.2%로 OECD 평균 14.0%보다 압도적으로 높다. 또한,

국민연금공단에서 2024년 8월에 발표한 자료에 따르면 한국의 노인 빈곤율은 2021년 이후 다시 상승하는 추세이며, 75세 이상 노인의 빈곤율은 더 악화한 것으로 나타났다. 75세를 전후로 빈곤율은 큰 차이를 보였는데, 75세 미만 노인의 빈곤율은 28%인 반면, 75세 이상 노인의 빈곤율은 52%에 달했다.

우스갯말로 한국에서는 건강보험이 하도 잘 되어 있어서 일찍 죽고 싶어도 죽을 수가 없다는 말이 있다. 이렇게 오래 살 수밖에 없는 시대에 어떻게 해야 빈곤한 노후를 피할 수 있을까. 전문가들은 보통 '노후보장 3층 연금'을 권한다. 그것은 바로 1층 국민연금, 2층 퇴직연금, 3층 개인연금이다. 그러나 필자는 인플레이션이 심각한 현재와 같은 상황에서는 이 3층 연금만으로는 부족할 것으로 생각한다. 또한, 노후에는 소득의 파이프라인을 다양하게 만들면 만들수록 유리하다.

통계청, 금융감독원, 한국은행이 발표한 '2024 가계금융복지조사' 결과에 따르면 은퇴 후 부부의 월평균 적정 생활비는 300만 원 이상이다. 보통의 은퇴한 사람들이 매월 300만 원에 가까운 현금흐름을 어떻게 마련할 수 있을까? 그래서 필자는 평소 지인들에게 기존의 '노후보장 3층 연금'에 두 가지 연금을 더한 '노후보장 연금 5층 집'을 마련하도록 권한다.

이 노후보장 연금 5층 집에 대해서 자세히 알아보고, 어떻게 준비하면 좋을지 방법도 제시해 보면 다음과 같다.

1층 국민연금

국민연금 개요

앞서 살펴본 '노후보장 연금 5층 집'에서 가장 중요하고 기초가 되는 연금은 바로 국민연금이다. 국민연금은 대한민국의 대표적인 사회보장제도로, 모든 국민이 노후에 일정한 소득을 보장받을 수 있도록 돕는 중요한 제도이다. 1988년에 시작된 국민연금은 현재까지도 노후보장의 중요한 기초로 자리 잡고 있으며, 주로 근로자가 납입한 보험료를 바탕으로 노후에 연금을 지급하는 구조로 되어 있다. 국민연금은 일정 기간 보험료를 납부한 사람들에게 60세 이상부터 정해진 금액을 지급하여 경제적 안정을 도모하는 역할을 한다.

국민연금은 단순한 재정적 지원을 넘어서, 사회적 안전망의 핵심으로 기능한다. 특히 고령화 사회로 접어들면서 노후 소득을 보장하는 시스템이 점점 더 중요한 역할을 하게 되었다. 국민연금은 개인이 노후를 준비하기 어려운 현실 속에서 최소한의 경제적 자립을 돕는 중요한 도구로, 대한민국 국민의 노후 준비에서 빠질 수 없는 요소이다.

국민연금은 때때로 '황금연금'이라고 불리는데, 그 이유는 국민연금의 가치를 알게 되면 될수록 그 효용이 커지기 때문이다. 그러나 아쉽게도 대한민국의 많은 60대 이상 시니어들은 국민연금의 중요성을 인식하지 못하고 지나쳤거나 간과한 경우가 많다. 그 결과 한국은 OECD 국가 중에서 노인빈곤율 1위, 노인자살률 1위를 기록하는 불명예를 안게 되었다.

최근 국민연금 고갈에 관한 뉴스나 SNS 소식을 접하며 많은 사람이 국민연금에 대해 회의적인 시각을 갖게 된 경향이 있다. 그러나 결론적으로 말하자면, 그런 걱정은 전혀 할 필요가 없다. 2025년 3월 20일 통과된 국민연금법 개정안 제3조에 따르면, 국가의 국민연금 지급 의무가 명확히 규정되었기 때문이다.

이 규정은 국가가 국민연금을 책임지고 지급하겠다는 뜻이다. 따라서 '국민연금이 고갈되면 아예 받지 못하는 것 아닐까?'라는 우려는 불필요하다. 물론 국민연금 제도가 변경될 가능성은 있고, 현행 지급 방식이나 금액이 일부 조정될 수는 있다. 하지만 연금 지급이 중단되거나 완전히 사라질 일은 법적으로 불가능하다.

따라서 우리가 관심을 가져야 할 문제는 '국민연금에 가입해야 할까?'가 아니라, '언제, 어떻게 받는 것이 가장 유리할까?'이다. 즉, 언제 어떻게 받는 것이 자신에게 가장 유리한지를 전략적으로 설계하는 것이 중요한 과제이다.

국민연금을 최대로 많이 받는 방법

 국민연금을 언제, 어떻게 받아야 가장 유리할지를 전략적으로 선택하는 방법에 대해서 이론적이고도 실천적으로 자세히 설명하면 다음과 같다.

 필자는 1987년 12월에 금융회사에 입사하면서 직장 생활을 시작했다. 당시 한국은 경제가 급성장하던 시기로, 매년 월급이 많이 올랐고, 1988년부터는 국민연금도 시작되었다. 그러나 1993년에 미국 유학을 떠나기 위해 회사를 사직했을 당시에는 직장인만 국민연금에 가입할 수 있었기 때문에 국민연금 가입이 자동으로 해지되었다. 이후 2001년에 박사학위를 취득하고 중국 대학에 교수로 부임했지만, 중국 대학은 외국 교수를 위한 의료보험이나 퇴직금 제도가 없었다. 그래서 중국 대학 퇴직 후 한국으로 돌아올 때는 사실상 무일푼 상태였다.

 하지만, 필자는 큰 걱정을 하지 않았다. 집은 국민임대주택에서 살 수 있었고, 생활비는 부부의 국민연금으로 충분히 충당할 수 있었기 때문이다. 일부 독자들은 '30년 가까이 외국에서 살다 돌아온 사람이 어떻게 국민연금을 받을 수 있었을까?'라는 의문을 가질 수 있을 것이다. 그 비밀을 지금부터 밝히겠다.

 중국 대학 교수로 근무하던 2011년 어느 날 강의를 위해 중국과 한국의 공적연금 제도에 대해서 자료를 준비하다가 아주 중요한 사실을 알게 되었다. 그것은 바로 필자가 퇴사할 당시인 1993년에는 근로자들만 국민연금에 가입할 수 있었지만, 1999년 4월부터는 비근로자들도 '지역가입자'로 국민연금에 가입할 수 있다는 점이었다. 그야말로 '전 국민 국민연금 시대'가 열린 것이다.

 또한, 국민연금은 국민의 노후생활 안정을 위한 여러 유용한 제도를 제공하고 있다. 그중 하나는 퇴사 당시 돌려받았던 국민연금 납부액(반환일시금)을 이자를 포함해 '일시 반납'하여 국민연금 가입 기간을 늘리는 방법이다. 일시 반납의 경우 금액이 크면 여러 번에 걸쳐 나누어 내는 '분할 납부'도 가능하다. 그리고 그동안 납부하지 않았던 보험료를 '추가 납입' 할 수 있는 제도도 있다.

필자는 이 사실을 알고 나서 즉시 지역가입자로 다시 국민연금에 가입하면서 1993년 퇴사 당시 받았던 반환일시금에 이자를 더해서 일시 반납했다. 또한, 1999년 이후부터 2011년까지 13년 동안 납부하지 않았던 국민연금 보험료를 최고 금액으로 '추가 납입'했다. 추가 납입은 5년 분납도 가능해서 자금 마련에 큰 어려움은 없었다. 한 가지 아쉬웠던 점은 1993년 퇴사 당시에는 지역가입 제도가 없었기 때문에 1993년부터 1999년까지는 추가 납입이 불가능했다는 것이다. 다만, 지역가입자의 경우 국민연금 보험료율 9%를 본인이 모두 부담해야 한다. 직장가입자가 4.5%는 직장에서 대주고, 나머지 4.5%는 본인이 부담하는 것에 비해서는 많이 불리하다고 할 수 있다.

이후 만 60세가 되니까 국민연금관리공단으로부터 국민연금을 더 이상 내지 않아도 된다는 통지가 왔다. 필자의 경우 국민연금 수령 시기는 만 62세부터이다. 비록 만 62세부터 받는 국민연금 수령액이 100여만 원 이상으로 적지 않은 돈이었지만, 적정한 부부 생활비로는 부족했다. 현재 한국에서 부부가 보통 수준의 삶을 영위해 나가려면 매월 300만 원은 필요하다고 한다. 그래서 '노후의 1만 원은 젊은 시절의 10만 원의 가치가 있다'라는 신조에 따라 62세 연금을 받을 때까지 '임의계속가입'을 통해 국민연금 보험료를 계속 납부했다. '임의계속가입'이란 국민연금 의무가입 기간이 끝난 60세 이후에도 본인이 희망하여 국민연금 수령 시기까지 국민연금 보험료를 계속 납부하는 것이다.

이에 더해서 만 62세가 되었을 당시에는 직장을 다니고 있었으므로, 직장을 사직하는 만 63세까지 1년 동안 국민연금 수령을 연기했다(연기연금). 국민연금 수령을 1년 연기할 때마다 7.2%씩 연금 수령액이 증액되고, 최대 5년까지 연기가 가능하다.

이처럼 필자는 '일시 반납', '추가 납입', '임의계속가입' 및 '연기연금' 등 국민연금의 모든 제도를 활용하여, 30여 년간 외국에서 생활했음에도 불구하고 만 63세 생일 다음 달부터 매월 150만 원 이상의 국민연금을 받을 수 있게 되었다. 이에 더해서 아내도 국민연금에 가입하도록 권유해서 월 50만 원 정도를 받을 수 있게 했다. 앞서 말했듯이 한국 부부의 적정 생활비가 300만 원이라는 점을 상기하여, 국민연금 수령액이 부부 합계 200만 원 이상이라면 연금 5층 집의 기초로서 무난하다고 할 수 있다.

필자가 국민연금 수령액을 늘리기 위해서 사용한 여러 가지 방법들을 요약해 보면 다음과 같다.

첫째, 일시 반납이다. 만약에 회사에 다니다가 퇴사했을 경우 받은 반환금을 이자를 포함해서 반환한다. (연금을 수령하기 전까지 해야 함)

둘째, 추가 납입이다. 만약에 이직이나 실직 등으로 국민연금을 부보하지 않은 기간이 있다면 그 기간의 국민연금 보험료를 추가 납입한다. (연금을 수령하기 전까지 해야 함)

셋째, 임의계속가입이다. 만 60세부터는 국민연금 납입금을 더 이상 내지 않아도 되지만, 한국인의 평균 연령이 점차 늘어나고 있고, 건강한 노후를 위해 국민연금을 적극적으로 활용하려는 사람들이 많아지고 있다. 이에 따라, 60세 이후 국민연금을 받기 전까지 '임의계속가입' 제도를 신청하여 국민연금 납부를 계속할 수 있다.

필자의 경우, 규정에 따라 62세부터 국민연금을 받을 수 있었지만, 60세 이후부터 62세까지 2년 동안 국민연금을 임의계속가입을 통해 납부하는 것이 더 유리하다고 판단했다. 그 결과, 2년 동안 임의계속가입을 하면서 국민연금 수령액이 약 10% 정도 증가하였다. 임의계속가입은 기본적으로 국민연금을 받기 전에 추가 납부를 통해 수령액을 늘릴 수 있는 유효한 방법이므로, 60세 이후 국민연금을 받을 계획이 있는 분들은 이를 고려하는 것이 이익이 될 수 있다.

다만, 임의계속가입은 본인이 직접 신청해야 하며 보험료 전액을 부담해야 하므로, 정보에 대한 접근이 부족하거나 소득이 불안정한 취약계층에게는 진입 장벽이 높다는 문제가 있다. 2024년 말 기준 임의계속가입자는 약 48만 명에 달하지만, 이러한 구조적 사각지대를 해소하기에는 한계가 있다. 이에 따라 일부 전문가들은 현재 60세로 설정된 국민연금 가입 상한 연령을 65세로 상향 조정해야 한다는 주장을 제기하고 있다.

넷째, 연기연금이다. 국민연금을 본인이 받을 해당 연도에 받지 않고 연기하여 받을 수 있다. 현재 국민연금 적립금이 조기에 고갈될 우려가 있어서 국민연금 수급 개시 나이를 순차적으로 증가시키고 있다. 수급 나이에 도달한 후 1개월을 연기할 때마다 연금액이 0.6% 증가한다. 즉, 1년을 연기하면 0.6%×12개월=7.2%만큼 늘어난다. 이 방식으로 최대 5년까지 연기할 수 있으므로, 5년을 연기하면 7.2%×5년=36%가 늘어나게 된다. 예를 들어, 매월 120만 원을 받는 경우, 5년을 연기하면 120만 원×(1+36%)=163만 원으로 증가한다.

하지만 연기하는 동안에는 매월 120만 원을 받지 못하므로, 5년 동안 받지 못하는 금액은 약 7,200만 원이 된다. 이를 계산해 보면, 국민연금을 14년 이상 받아야 연기연금을 통해서 이익이 발생한다. 계산식은 다음과 같다.

7,200만 원÷(163만 원−120만 원)=167.5개월

167.5개월÷12개월=13.96년

연기된 5년 동안 받지 못한 돈을 보충하기 위해서는 최소 14년 이상 국민연금을 받아야 그때부터 연기한 5년의 이익이 발생하게 된다. 즉, 14년이 손익분기점이 되는 것이다. 따라서 연기연금의 경우 자신의 건강 상태와 자금 사정을 고려하여 신중하게 결정할 필요가 있다.

다섯째, 부부 동시 가입이다. 만약 아내가 가정주부라면, 아내도 지역가입자로 국민연금에 가입하는 것이 좋다. 다만, 남편이 먼저 사망할 경우, 아내는 남편의 국민연금 수령액의 60%와 자신의 국민연금 수령액 중에서 더 높은 금액을 선택해야 한다. 예를 들어, 남편의 국민연금 수령액이 150만 원이고 아내의 국민연금 수령액이 50만 원일 경우를 들어 보자. 만약 남편이 먼저 사망하면 아내는 남편의 국민연금 수령액의 60%인 90만 원과 아내의 국민연금 수령액 50만 원 중 하나를 선택해야 한다. 이 경우, 남편이 사망하기 전에는 200만 원의 연금을 받았으나, 남편이 먼저 사망하면 아내는 90만 원밖에 받지 못하게 된다. 이는 남편이 아내의 노후를 위해 가능한 한 오래 살아야 한다는 중요한 메시지를 담고 있다.

아내가 가정주부일 경우, 지역가입자로 국민연금 보험료를 얼마를

납부해야 가장 유리할까? 여유가 있다면 더 많이 납부하는 것이 좋지만, 대부분 가정에서는 아내의 국민연금 보험료 납부가 부담스러울 수 있다. 필자가 발견한 최상의 방법은 아내가 매월 약 10만 원씩 납부하는 것이다.

매월 10만 원씩 납부하는 것이 좋은 이유는 국민연금의 수령액이 납부액에 비례하여 증가하지만, 일정 수준 이상이 되면 혜택이 줄어드는 특성이 있기 때문이다. 그러나 납부액이 너무 적으면 수령액도 그만큼 적어지기 때문에, 10만 원씩 20년간 납부했을 때 수령액이 현재가치로 월 34만 원 정도로 적당하며, '낸 돈 대비 받는 비율'도 3.36배로 꽤 높은 비율을 보여 준다. 따라서, 10만 원 정도 납부하는 것이 가성비가 높은 방법이라고 할 수 있다.

국민연금 납입 보험료 대비 수익비

연금보험료(원)	20년 불입 시 연금액(원)	낸 돈 대비 받는 비율(물가를 감안한 현재가치)
89,100	324,630	3.64배
100,800	338,270	3.36배
125,100	366,580	2.93배
150,300	395,950	2.63배
200,700	454,680	2.27배
378,900	662,330	1.75배

이상에서 국민연금의 개념과 필자가 어떻게 국민연금 수령액을 최대로 늘릴 수 있었는지에 대해 살펴보았다. 만약 아직 국민연금을 수령하고 있지 않다면, 위에서 소개한 다양한 방법들을 적극적으로 활용하여 국민연금 수령액을 최대로 늘리는 것이 바람직하다. 이러한

전략적 접근을 통해, 보다 안정적인 노후를 준비할 수 있을 것이다.

국민연금을 수령하는 중이라도 그 수령을 일시 정지할 수 있고, 필요할 때는 다시 재개할 수 있다. 국민연금을 수령 중에 재취업하거나 자영업 등 사업을 시작하면, 일정 소득이 발생하게 된다. 이 소득이 국민연금 전체 가입자 3년 평균 소득월액을 초과할 경우, 국민연금 수령액의 최대 50%까지 감액될 수 있다. 그러나 일시 정지를 선택하면 이 감액을 피할 수 있다. 따라서, 일성 소득이 있을 경우 국민연금을 계속 받으면서 감액되는 것보다는 일시 정지를 선택하고, 이후 65세 이후에 재개 신청을 통해 증액된 금액으로 받는 것이 전략적으로 훨씬 유리하다. 또한, 갑작스러운 해외 체류나 건강 문제 등의 사유로 국민연금 수령을 중단해야 할 상황이 발생했을 때도 일시 정지 제도를 활용하여 불필요한 감액을 방지하고, 이후 재개해 증액된 금액을 받는 방식으로 효율적으로 대처할 수 있다.

한 가지 참고 사항은 연기연금과 반대로 국민연금을 최대 5년까지 조기에 받을 수 있는 방법이 있다. 바로 '조기연금'이다. 하지만 조기연금의 경우 1년에 5%씩, 최대 30% 감액이 된다. 즉, 국민연금 100만 원을 받는 사람이 5년 조기 수령을 하면 70만 원만 수령하게 된다.

국민연금의 장점

필자는 국민연금의 장점에 대해서 깨달은 이후 지인들에게 국민연금을 최대한 많이, 그리고 가능한 한 오래 가입해야 한다고 강조해 왔다. 그 결과 '국민연금 전도사'라는 영예로운 별명을 얻기도 했다. 국민연금의 장점은 다음과 같다.

첫째, 소비자물가상승률(CPI, 인플레이션)에 따른 증액이다. 국민연금의 가장 큰 장점 중 하나는 매년 1월 1일부터 전년도 소비자물가상승률만큼 수령액이 증액된다는 점이다. 이는 민간 보험사의 개인연금이나 퇴직연금처럼 연금액이 고정되어 있는 제도와 비교했을 때 매우 큰 장점이다. 예를 들어, 2024년 12월까지 매월 100만 원을 받았다면, 2025년 1월부터는 전년도 물가상승률인 2.3%만큼 증액된 102만 3천 원을 받게 된다. 이와 같은 물가 연동성 덕분에 국민연금은 시간이 지나면서도 상대적인 가치를 잃지 않고, 안정적인 소득을 보장한다.

국민연금 인상률 추이(전년도 소비자물가상승률)

연도	2019년	2020년	2021년	2022년	2023년	2024년	2025년
인상률	1.5%	0.4%	0.5%	2.5%	5.1%	3.6%	2.3%

자료: 통계청

안타깝게도 매년 전년도 물가상승률에 맞춰 국민연금 수령액이 인상된다는 중요한 사실을 잘 알지 못하는 사람이 많다. 예를 들어, A 보험사의 생명보험에 개인연금으로 가입했을 경우, 시간이 지남에 따라 국민연금과 개인연금의 수령액이 얼마나 차이가 나는지를 실제 사례를 들어 설명하고자 한다.

다음 표에서 보면, 국민연금은 매년 수령액이 오르는 데 반해, 개인연금은 25년이 지나도 수령액이 그대로 유지된다. 이는 당연히 그 기간 동안 물가상승률이 있을 것이기 때문에, 개인연금의 실질 가치는 물가상승률만큼 떨어지게 된다. 예를 들어, 25년 후의 400만 원은 현재의 200만 원의 가치도 못할 것이다. 이 사실을 꼭 기억할 필요가 있다.

국민연금과 개인연금의 수령액 비교표

연령	연도	국민연금	개인연금
65 세	2025 년	14,034,244 원	4,005,744 원
66 세	2026 년	14,188,620 원	4,005,744 원
67 세	2027 년	14,344,694 원	4,005,744 원
68 세	2028 년	14,502,485 원	4,005,744 원
69 세	2029 년	14,662,012 원	4,005,744 원
70 세	2030 년	14,823,294 원	4,005,744 원
71 세	2031 년	14,986,350 원	4,005,744 원
72 세	2032 년	15,151,199 원	4,005,744 원
73 세	2033 년	15,317,862 원	4,005,744 원
74 세	2034 년	15,486,358 원	4,005,744 원
75 세	2035 년	15,656,707 원	4,005,744 원
76 세	2036 년	15,828,930 원	4,005,744 원
77 세	2037 년	16,003,048 원	4,005,744 원
78 세	2038 년	16,179,081 원	4,005,744 원
79 세	2039 년	16,357,050 원	4,005,744 원
80 세	2040 년	16,536,977 원	4,005,744 원
81 세	2041 년	16,718,883 원	4,005,744 원
82 세	2042 년	16,902,790 원	4,005,744 원
83 세	2043 년	17,088,720 원	4,005,744 원
84 세	2044 년	17,276,696 원	4,005,744 원
85 세	2045 년	17,466,740 원	4,005,744 원
86 세	2046 년	17,658,874 원	4,005,744 원
87 세	2047 년	17,853,119 원	4,005,744 원
88 세	2048 년	18,049,500 원	4,005,744 원
89 세	2049 년	18,248,047 원	4,005,744 원
90 세	2050 년	18,448,775 원	4,005,744 원

더 놀라운 점은, 두 연금의 납부 금액은 거의 비슷하다는 것이다. 그런데도 시작 연도부터 국민연금은 1,400만 원을 받고, 개인연금은 400만 원을 받는 구조가 된다.

앞의 표는 국민연금관리공단 홈페이지의 '내 예상 연금액'이라는 게시판에서 가져온 것이다. 이 게시판을 클릭하면 본인이 받을 수 있는 모든 연금액(국민연금+퇴직연금+개인연금+주택연금)을 확인할 수 있다. 이 게시판을 통해 국민연금 이외의 나머지 세 연금의 금액은 연금을 수령하는 동안 수령액이 10년 이건, 20년 이건, 30년이건 고정되어 있다는 사실을 확인할 수 있다.

둘째, 재평가율이다. 국민연금이 '황금연금'이라고 불리는 또 다른 이유는 바로 '재평가율' 때문이다. 많은 전문가가 이 재평가율을 '국민연금의 마법'이라고 부르기도 한다. 재평가율은 계산 공식이 복잡하지만, 간단히 말하면 과거의 소득을 현재의 금액으로 재평가하는 개념이다.

즉, 재평가율이란 신규 수급자의 과거 가입 기간 중 소득을 연금 수급 개시 시점의 기준을 통해 현재가치로 환산하는 지수를 의미한다. 매년 법령에 따라 보건복지부 장관이 과거 연도별 재평가율을 재조정해 고시하고 있으며, 이를 통해 국민연금의 수급액이 현실적인 소득 수준에 맞춰 조정된다.

2025년에 결정된 2008년의 재평가율이 1.764라면, 이는 2024년 전체 가입자 평균 소득(A값)이 2008년보다 1.764배 올랐다는 것을 의미한다. 이에 따라 개인의 2008년 소득도 1.764배로 재평가된다. 즉, 2008년에 100만 원이었던 개인소득은 수급 개시 연도인 2025년에는 176만 4천 원으로 재평가된다.

2025년 적용 연도별 재평가율

재평가 연도	1988	1989	1990	1991	1992
재평가율	8.249	7.293	6.350	5.309	4.607
재평가 연도	1993	1994	1995	1996	1997
재평가율	4.079	3.593	3.317	3.042	2.750
재평가 연도	1998	1999	2000	2001	2002
재평가율	2.450	2.393	2.429	2.386	2.340
재평가 연도	2003	2004	2005	2006	2007
재평가율	2.187	2.062	1.972	1.908	1.842
재평가 연도	2008	2009	2010	2011	2012
재평가율	1.764	1.724	1.693	1.633	1.596
재평가 연도	2013	2014	2015	2016	2017
재평가율	1.559	1.511	1.467	1.419	1.361
재평가 연도	2018	2019	2020	2021	2022
재평가율	1.311	1.267	1.216	1.152	1.080
재평가 연도	2023	2024			
재평가율	1.033	1.000			

(예) 2008년 재평가율 1.764의 의미.
2008년 대비 2024년 전체 가입자 평균소득월액(A값)이 1.764배 올랐다는 뜻으로, 개인의 2008년도 소득도 1.764배로 재평가를 해 준다는 의미임.

자료: 보건복지부 '2025년도 국민연금 재평가율 및 연금액 조정'

예를 들어, 2004년 1월부터 2024년 1월까지 20년간 매월 200만 원의 소득에 대해 보험료(월 약 18만 원)를 납부한 사람이 국민연금을 받는 경우를 살펴보자. 만약 재평가율을 적용하지 않으면, 평균 소득 200만 원을 기준으로 국민연금을 매월 60만 5천 원 받게 된다. 그러나 재평가율을 적용하여 과거 소득을 현재가치로 환산하면, 개인의 평균 소득은 290만 원으로 재평가되고, 그에 따라 매월 71만 5천 원의 국민연금을 받게 된다.

재평가율은 국민연금 수급자가 과거의 소득을 현재의 경제 상황에 맞게 조정받을 수 있도록 하는 중요한 제도이다. 이 제도는 국민연금 수령액이 물가상승률을 반영하여 증가하는 효과를 더욱 강화시켜, 장기적으로 안정적이고 실질적인 노후보장을 제공한다.

셋째, 가입 기간에 따른 연금액 가산제도이다. 국민연금법 제51조는 기본연금액 산정 시 가입 기간이 20년을 초과하는 해마다 일정 비율(연 5% 정도)을 가산하도록 규정하고 있다. 다만 실제 연금액 산출은 가입 기간뿐 아니라 가입 기간 동안의 소득수준, 재평가율, 가입 기간 구성 비율 등이 복합 반영된다. 또한 조기 수령 여부, 연기 신청, 물가 연동 등 조건에 따라 실제 지급액은 달라질 수 있다.

가입 기간에 따른 연금액 가산제도를 실시하는 의미와 효과는 다음과 같다. 첫째, 장기 가입 유인책으로 오래 납부할수록 더 많이 받도록 설계해, 중도 탈퇴나 임의가입 중단을 줄이려는 목적이 있다. 둘째, 은퇴 안정성 강화로 장기 납부를 통해 생활 보장 수준을 높일 수 있다. 셋째, 실제로 20년 미만 납부자의 월평균 연금은 50~70만 원 대인 반면, 30년 이상 납부자는 100만 원을 넘는 경우가 많다.

국민연금은 다른 장점들도 많고, 또 앞으로 설명하는 단점들도 있지만, '소비자물가상승률에 따른 증액', '재평가율', 그리고 '가입 기간에 따른 연금액 가산' 이 세 가지 장점이 다른 모든 단점을 충분히 상쇄하고도 남는다. 일부 전문가들은 국민연금의 단점이 장점보다 크다고 주장하지만, 이는 국민연금이 지닌 핵심적인 장점을 충분히 이해하지 못한 데서 비롯된 것이라고 생각한다.

무엇보다도 국민연금은 5년만 받으면 본인이 낸 원금을 회수하게 된다. 즉, 5년 이후에 몇 년 더 생존할지는 개인마다 다르겠지만, 오래 생존할수록 그 혜택 금액은 눈덩이처럼 불어난다. 이는 다른 어떤 금융상품이나 연금제도에서도 찾기 힘든 매력적인 특징이다.

국민연금은 전 국민에게 혜택을 제공하는 경제적 제도로, 국가에서 시행하는 공적연금 외에는 비슷한 제도를 찾기 어렵다는 중요한 사실을 기억해야 한다. 이 제도는 일정 기간만 수령해도 본인의 원금을 회수할 수 있으며, 더 오랫동안 수령할수록 그 혜택이 커진다. 따라서 국민연금의 장점이 그 단점들을 충분히 능가하며, 모든 국민이 이 제도를 최대한 활용하는 것이 매우 중요하다.

국민연금의 단점

첫째, 기초연금 대상자에서 탈락할 수 있다. 국민연금 수령액이 많으면 기초연금 대상자에서 탈락한다. 기초연금 대상자 선정 기준 계산 시에 국민연금은 기본공제 없이 소득평가액에 100% 반영되므로 기초연금에 가장 불리하다고 할 수 있다. 이에 비해 근로소득은 기본공제 112만 원에 추가공제 30%를 적용하고, 임대소득 역시 필요경비를 공제해 준다. 그러나 국민연금은 기본공제 없이 소득평가액에

100% 반영되기 때문에 불합리하다.

둘째, 국민연금 연계 기초연금 감액이다. 국민연금을 받으면 기초연금 수령액의 최대 50%까지 감액된다. 2024년 기준 국민연금 전체 수급자의 6% 이상인 40여만 명이 기초연금이 감액되었다. 기초연금 감액 기준은 국민연금 수령액이 기초연금의 150%를 초과할 때부터 적용된다. 2025년으로 예를 들어 보면, 기초연금 기준액이 342,510원이었으니, 국민연금 수령액이 기초연금 기준액의 150%인 513,760원 이상일 경우 기초연금이 감액된다.

감액의 최대치는 기초연금의 50%까지이며, 감액액은 국민연금 수령액에 따라 다르게 산정된다. 즉, 국민연금 513,760원을 초과해서 받을 경우 최대로 기초연금 342,510원의 50%인 171,250원까지 감액된다. 국민연금 연계 감액은 수령 금액 외 가입 기간, 시기, 납입 금액 등에 따라 모두 달라서 계산이 복잡하다. 이 부분은 2장에서 좀 더 자세히 다루도록 하겠다.

정부는 국민연금 연계 기초연금 감액 제도가 불합리하다는 여론에 따라 2024년부터 국민연금과 기초연금의 연계 감액 제도를 폐지할 계획을 발표했으나, 아직 국회를 통과하지 못했다. 조속한 시일 내에 이런 불합리한 국민연금 연계 감액 제도가 폐지될 수 있기를 기대한다.

셋째, 건강보험 피보험자 자격 유지에 불리하다. 그동안 은퇴 후 연금 이외에 별다른 소득이 없는 시니어들은 자녀들의 건강보험 피부양자 자격을 유지함으로써 보험료를 내지 않고도 건강보험 혜택을 누릴 수 있었다. 그러나 정부가 피부양자 자격을 계산할 때 국민연금 수령액을 기본공제 없이 100% 합산 소득에 반영하고, 2022년 9월 시행된 건강보험 2단계 개편안을 통해 소득 기준을 3,400만 원에서 2,000만 원으로 대폭 인하했다. 그 결과 2024년 기준 약 31만 명의 시니어들이 피보험자 자격에서 탈락했으며, 앞으로 그 수는 더욱 늘어날 것으로 예상된다. 특히, 국민연금 수령자의 경우, 수령액이 기본공제 없이 전액 합산 소득으로 반영된다. 따라서 연금소득이 연간 2,000만 원(월 약 167만 원)을 초과하면, 다른 소득 유무와 관계없이 피부양자 자격을 상실하고 지역가입자로 전환될 수 있다.

물론 급속한 고령화로 인해 건강보험 지출이 급격히 늘어나면서 정부가 피부양자 자격을 더욱 엄격히 제한할 수밖에 없는 사정은 이해된다. 그러나 우리나라처럼 노인빈곤율이 이미 높은 상황에서 피부양자 자격을 잃고 건강보험료까지 부담하게 된다면, 노인 복지에 새로운 사각지대가 발생할 수 있다는 점은 우려스럽다.

넷째, 건강보험료가 증액된다. 2022년 건강보험 2단계 개편안의 시행으로 국민연금 수령액의 50%에 건강보험료가 부과되고 있다. 이는 이전까지 국민연금 수령액의 30%에 건강보험료를 부과하던 것과 비교하면 20%가 늘어난 것이다. 그러나 기초연금, 주택연금, 그리고 사적연금에는 건강보험료가 부과되지 않기 때문에 이 역시 불공평한 제도라 할 수 있다.

이상에서 국민연금의 장단점을 살펴보았다. 혹시 '장점은 세 가지, 단점은 네 가지이니 단점이 더 많지 않느냐'고 반문할 수도 있다. 그러나 국민연금의 장점이 지니는 가치는 단점의 무게를 훨씬 능가한다고 확신한다. 앞서 언급했듯이, 인류 역사상 국가가 고안한 복지제도 가운데 국민연금만큼 완성도가 높고 지속 가능한 시스템은 드물다. 나아가 모든 경제 제도를 통틀어 보아도 국민연금은 그 중요성과 효과면에서 단연 최고라 할 수 있다.

따라서 국민연금은 단순한 복지제도를 넘어 경제적 안정과 미래 보장을 위한 든든한 기초다. 나이에 상관없이 누구나 적극적으로 활용해야 할 제도이며, 아직 60세가 되지 않은 중장년층뿐 아니라 20~30대 젊은 세대에게도 노후 준비를 위한 매우 유익한 기회라는 사실을 강조하고 싶다.

2층 퇴직연금

현대사회에서 '100세 시대'는 이제 낯선 개념이 아니다. 최근에는 이를 넘어 '100+ 시대'라는 표현까지 자주 쓰이고 있다. 평균수명의 증가와 더불어 은퇴 이후의 삶이 수십 년에 이르는 시대에 접어들면서, 노후를 어떻게 준비할 것인가는 개인과 사회 모두의 중요한 과제가 되고 있다. 과거에는 은퇴 후 몇 년만 생활을 이어 가면 되었던 시기가 있었지만, 이제는 은퇴 후 30년 이상을 준비해야 하는 상황에 직면해 있다. 이로 인해 노후 준비는 단순한 선택이 아닌 생존 전략으로 여겨지고 있다.

특히 퇴직 후의 삶을 생각할 때 가장 먼저 떠오르는 것은 '안정된 수입'이다. 누구나 일을 그만두면 고정적인 소득원이 사라지게 되며, 이러한 현실은 불안감을 유발한다. 그러나 국민연금만으로는 노후생활에 필요한 생활비를 충당하기에 턱없이 부족한 것이 현실이다. 이러한 한계를 보완하기 위해 다양한 제도가 등장하고 있으며, 그중에서도 퇴직연금은 '연금 5층 집'의 두 번째 단계로서 안정적인 노후를 준비하는 데 중요한 역할을 한다.

이처럼 노후 소득의 불안정성은 개인의 삶의 질에 직결되며, 정부의 복지 부담 증가로도 이어질 수 있다. 퇴직연금은 국민연금의 부족한 부분을 보완하는 대표적인 제도로, 다양한 재무 수단 가운데에서도 실질적인 도움이 되는 수단으로 인식되고 있다.

퇴직연금은 근로자가 퇴직 후에도 안정적인 생활을 이어 갈 수 있도록 마련된 제도로, 일반적으로 다음의 세 가지 유형으로 구분된다. 확정급여형(DB), 확정기여형(DC), 그리고 개인형퇴직연금(IRP). 각 유형은 퇴직 이후 삶의 안정성에 직결되므로, 자신의 직업 특성과 재무 상태에 맞는 유형을 이해하고 선택하는 것이 중요하다.

확정급여형(DB형): 퇴직 후 지급받을 금액이 사전에 정해져 있는 제도로, 기업이 적립과 운용의 책임을 지며 근로자는 안정적인 퇴직급여를 보장받을 수 있다. 다만, 회사의 재무 상태나 운용 실적에 따라 그 안정성에 영향을 받을 수 있다. DB형은 대체로 대기업이나 공공기관 등에서 많이 운영되고 있으며, 근로자가 재무적 지식이 부족해도 안정적인 수령이 가능한 것이 장점이다. 그러나 기업이 파산하거나 경영상 어려움을 겪는 경우, 퇴직급여 수령에 위험이 따를 수 있다는 점은 유의할 필요가 있다.

확정기여형(DC형): 기업이 매년 일정 금액을 근로자의 퇴직연금 계좌에 납입하고, 근로자가 직접 자금을 운용하는 방식이다. 운용 성과에 따라 퇴직 시 수령액이 달라지므로, 근로자의 금융 지식과 투자 판단이 중요한 변수가 된다. 즉, 개인 근로자의 투자에 대한 기초 지식과 관심이 중요한 제도라고 할 수 있다. 최근에는 DC형을 선택하는 기업이 늘어나고 있으며, 이는 기업으로서는 재무 부담을 줄일 수 있고, 근로자는 더욱 유연하게 자산을 관리할 수 있다는 장점이 있다.

개인형퇴직연금(IRP): 근로자뿐만 아니라 자영업자, 프리랜서 등 소득이 있는 누구나 가입할 수 있는 제도이다. 노후 자산을 장기간에 걸쳐 적립해 만 55세 이후부터 연금 형태로 수령할 수 있다. 특히, 이 계좌는 세액공제 혜택과 함께 다양한 금융상품에 투자할 수 있어 단순한 저축 이상의 가치를 지닌다. IRP는 본인의 자산 상황과 투자 성향에 맞추어 자유롭게 상품을 선택할 수 있다는 점에서 유연성이 높다. 특히 세액공제 혜택은 소득이 높은 사람에게 매우 유리하게 작용하며, 장기적인 재무설계를 통해 실질적인 연금 효과를 기대할 수 있다.

이 세 가지 유형 중 정부가 최근 적극적으로 권장하고 있는 것은 IRP이다. 국민의 자발적인 노후 준비를 장려하기 위해 다양한 금융기관을 활용하여 접근성을 높이고 있다. 이러한 IRP에 대해 자세히 설명하자면 다음과 같다.

IRP는 은행이나 증권사를 통해 대면 또는 비대면으로 가입할 수 있으며, 가입 시 본인의 투자 성향을 진단한 후 이에 맞는 자산 배분 전략을 수립하게 된다. 이후 자유롭게 납부 금액을 설정하고, 각종 펀드나 예금 상품 등에 자산을 편입해 운용할 수 있다. 자산 배분 전략은 투자 위험을 줄이고 안정적인 이익을 얻는 데 매우 중요한 과정이다. 최근에는 비대면으로도 간편하게 IRP 계좌를 개설할 수 있어 젊은 세대의 참여도 점차 증가하고 있다.

어떤 상품에 투자할지는 가입자의 선택에 따라 결정된다. 예적금처럼 안정적인 자산을 중심으로 구성할 수도 있고, 상장지수펀드(ETF)나 타깃데이트펀드(TDF)와 같은 펀드를 통해 수익률을 추구하는 방식도

가능하다. 특히, 은퇴 시점에 맞춰 위험자산 비중을 조절해 주는 TDF는 중장기 투자 전략으로 많은 주목을 받고 있다. 예를 들어, 30대 직장인은 TDF를 중심으로 성장 자산에 투자하며, 50대 이상은 예금 및 채권형 펀드를 통해 안정성을 확보하려는 경향이 있다. 이처럼 투자 전략은 은퇴까지 남은 기간, 위험선호도, 시장 전망 등을 종합적으로 고려해야 한다.

IRP의 가장 큰 장점은 바로 세액공제 혜택이다. 연간 납입액에 대해 일정 한도 내에서 세액공제를 받을 수 있어, 실질적인 절세 효과를 누릴 수 있다. 근로소득자와 사업소득자는 연 700만 원 한도 내에서 납입 금액의 최대 16.5%를 세액공제로 돌려받을 수 있다. 연금저축과 IRP를 합산한 세액공제 한도는 연 900만 원이다. 특히 총급여 5,500만 원 이하(또는 종합소득 4,000만 원 이하)는 16.5%, 그 이상인 경우에는 13.2%의 세액공제를 받을 수 있다. 이 때문에 고소득자보다 중·저소득층이 더 큰 혜택을 누리는 구조다.

예를 들어, 총급여 5,000만 원인 직장인이 IRP에 연간 400만 원을 납입하면, 세액공제율 16.5%를 적용받아 약 66만 원을 세금에서 환급받는다. 이는 납입금의 실질수익률을 크게 높여 주는 효과가 있다. 더불어 연금 수령 시에도 분리과세 혜택이 적용되어, 기타소득세가 아닌 낮은 세율의 연금소득세(3.3~5.5%)를 부담하게 되므로 과세 구조 측면에서도 효율적이다.

또한, IRP 계좌 내 자산운용에 따른 운용수익에 대해서도 비과세 혜택이 적용된다. 일반 금융상품의 경우, 이자나 배당소득에 대해 15.4%의 세금이 부과되지만, IRP 계좌 내에서는 이러한 과세가 유예되며, 이는 장기 투자에 있어서 복리 효과를 극대화하는 데 중요한 요소가 된다.

더 나아가, IRP는 연금 계좌 통합 운용이 가능하다는 점에서도 장점이 있다. 직장에서 받은 퇴직금을 IRP로 이체하면 퇴직소득세 일부를 감면받을 수 있고, 향후 연금 수령 시점에 분산 수령을 통해 세 부담을 낮출 수 있다. 또한, IRP는 퇴직금 수령 계좌로도 활용할 수 있으므로 퇴직과 동시에 과세이연 및 분산 수령 전략을 수립할 수 있다.

하지만 세제 혜택을 보기 위해서는 몇 가지 유의할 점도 존재한다. IRP는 연금 형태로 수령할 것을 전제하므로 중도 인출이나 해지 시에는 기타소득세 16.5%를 부담해야 하며, 세액공제를 받았던 금액에 대해 다시 세금을 추징당할 수 있다. 또한, 연금 개시 연령은 만 55세 이후이므로, 충분한 계획 없이 가입할 경우 유동성 제약이 생길 수 있다.

IRP는 노후를 위한 장기적인 자산 형성과 동시에 세금 부담을 줄여주는 효과적인 수단이다. 특히 직장인, 자영업자, 은퇴 예정자 등 다양한 계층에게 맞춤형 절세 전략을 제공하며, 정부의 세제 지원이 집중되는 대표적인 제도이다. 다만, 해당 제도의 혜택을 극대화하려면 자신의 소득, 세율, 연금 수령 시점 등을 종합적으로 고려한 전략적 접근이 요구된다. 따라서 IRP는 단순한 절세 수단이 아닌, 장기적인 재무 독립을 위한 하나의 구조로 받아들여야 할 것이다.

중요한 것은 너무 늦기 전에 시작하는 것이다. 적은 금액이라도 꾸준히 납입하고, 자신의 투자 성향에 맞는 포트폴리오를 구성해 간다면 IRP는 장수 시대를 살아가는 개인에게 든든한 동반자가 될 것이다.

3층 연금저축펀드

노후보장 연금 5층 집의 제3층은 연금저축펀드이다. 현재와 같은 초고령화 시대와 초인플레이션 시대를 견뎌 나가기 위해서는 당연히 제1층 국민연금과 제2층 퇴직연금만으로는 부족하다. 따라서, 최근 몇 년 사이, 많은 사람이 노후 준비를 위해 연금저축펀드를 고려하고 있다. 노후를 위한 안정적인 재성석 기초를 다지기 위해시 다양한 금융상품들이 있지만, 그중에서 연금저축펀드는 세제 혜택과 장기적인 투자 성과를 바탕으로 많은 관심을 받고 있다.

지금부터 연금저축펀드의 정의와 특징, 장점과 단점, 그리고 실제 투자 시 고려해야 할 요소들에 대해서 살펴보고, 이를 바탕으로 연금저축펀드가 왜 중요한 노후 준비 수단으로 자리 잡고 있는지에 대해 깊이 있게 분석해 보고자 한다.

연금저축펀드의 정의와 특징

연금저축펀드는 국민연금 외에도 개인이 노후 자금을 마련하기 위해 정부가 세제 혜택을 주는 금융상품이다. 주로 투자자들이 자신의 소득 중 일부를 장기적으로 투자하여 노후에 일정 금액을 연금 형태로 수령할 수 있게 하는 상품으로, 일정한 세액공제 혜택이 제공된다. 일반적으로 주식형, 채권형, 혼합형 펀드로 투자 대상이 다양하게 구성되며, 투자자가 선택한 펀드에 따라 수익률이 달라진다.

연금저축펀드는 일정 기간 투자 금액을 적립하고, 이를 만 55세 이후에 연금으로 수령하는 방식이다. 연금은 월 단위로 지급되며, 이는 투자자가 원하는 대로 맞춤화할 수 있다. 또한, 연금저축펀드는 55세부터 연금을 수령할 수 있으므로, 투자자는 장기적으로 자신의 자산을 관리하며 안정적인 노후를 위한 기초를 다질 수 있다.

연금저축펀드의 장점

연금저축펀드의 가장 큰 장점 중 하나는 바로 세제 혜택이다. 연금저축펀드에 투자한 금액은 연간 일정 한도 내에서 세액공제를 받을 수 있어, 투자자는 현재의 세금 부담을 줄일 수 있다. 2025년 기준으로 연금저축펀드에 투자한 금액은 최대 600만 원까지 세액공제를 받을 수 있으며, IRP와 합산하여 연간 900만 원까지 세액공제를 받을 수 있다. 이 공제를 통해 실질적인 투자 비용을 절감할 수 있다. 이는 노후 준비를 위해 긴 시간 동안 꾸준히 적립할 수 있는 유인책이 된다.

또한, 연금저축펀드는 복리 효과를 누릴 수 있다는 점에서 매우 유리하다. 장기적인 투자에서 복리의 효과는 시간이 지날수록 더 큰 성과를 가져오며, 이를 통해 투자자는 안정적인 자산 성장을 기대할 수 있다. 특히, 주식형 펀드나 혼합형 펀드를 선택한 경우, 시간의 흐름에 따라 자산가치가 급격히 상승할 가능성도 있다.

연금저축펀드의 단점

하지만 연금저축펀드에도 단점은 존재한다. 첫째로, 연금저축펀드는 일정 연령 이상이 되어야 수령할 수 있다는 점에서 단기적인 재정적 필요를 해결할 수 없는 구조로 되어 있다. 만약 긴급한 자금이 필요한 상황에서 연금저축펀드를 해지하면, 세액을 공제받은 금액에 대한 세금이 부과되며, 예상보다 적은 금액을 회수할 수 있게 된다. 이는 연금저축펀드를 일종의 '장기 투자'로만 보고 접근해야 한다는 점을 시사한다.

둘째, 투자한 펀드의 종류에 따라 수익률이 크게 달라질 수 있다는 점이다. 투자자가 잘못된 펀드를 선택하거나, 시장 상황에 따라 투자 성과가 좋지 않은 경우가 발생할 수 있다. 특히, 주식형 펀드의 경우 시장 변동성에 따라 위험도가 높아, 신중하게 투자 결정을 내려야 한다.

셋째, 연금저축펀드는 55세 이후에 연금 형태로 수령할 수 있지만, 그동안 계속해서 세액공제를 받은 만큼 최종 수령 시 세금이 부과된다. 따라서 수령 시점에서의 '연령별 세율'과 '연간 연금소득 규모'에 따라 실제 수령액이 달라질 수 있다는 점을 고려해야 한다. 다음은 연금저축펀드 과세 방식을 요약한 표이다.

연금저축펀드 과세방식 요약표 (2025년 기준)

구분	연간 연금소득 1,500만 원 이하	연간 연금소득 1,500만 원 초과
과세 방식	분리과세 (연령별 세율 적용)	종합과세 또는 분리과세 선택 가능
세율 (지방소득세 포함)	만 55~70세: 5.5% 만 70~80세: 4.4% 만 80세 이상: 3.3% 종신형 연금: 4.4%	종합과세: 누진세율 6.6~49.5% 분리과세: 16.5%(일률 적용)
특징	저율 적용으로 세 부담 경감	종합소득에 합산 과세 → 세 부담 증가 단, 16.5% 분리과세 선택 가능

만약 사망이나 해외 이주 등 부득이한 사유로 인해 연금저축을 연금 형태로 수령하지 못하고 일시금으로 중도 인출하게 되면, 연금소득세율이 아니라 기타소득세율(16.5%)이 적용된다. 따라서 연금저축펀드 가입자는 세액공제를 통한 절세 혜택과 함께, 향후 수령 방식에 따른 세금 부과 구조를 충분히 이해하고 신중하게 가입을 계획해야 한다.

연금저축펀드 선택 시 고려할 요소들

연금저축펀드에 투자할 때, 어떤 펀드를 선택할지에 대한 결정은 매우 중요하다. 펀드의 유형, 투자 전략, 위험 수준 등을 꼼꼼히 살펴보는 것이 필요하다. 첫째로, 투자자의 투자 성향에 맞는 펀드를 선택하는 것이 중요하다. 주식형 펀드는 고수익을 기대할 수 있지만, 동시에 높은 변동성을 가지므로 안정적인 수익을 원한다면 채권형 펀드나 혼합형 펀드가 더 적합할 수 있다.

둘째로, 펀드의 운용 비용을 확인해야 한다. 운용 비용이 높으면 장기적으로 수익률에 부정적인 영향을 미칠 수 있으므로, 비용 대비 수익률을 잘 비교하여 선택하는 것이 중요하다. 예를 들어, 동일한 유형의 펀드라도 운용 비용이 다른 경우가 많으므로, 이에 따른 차이를 고려하여 더 나은 선택을 해야 한다. 워런 버핏이 아내에게 유산의 90%를 S&P500과 같은 인덱스펀드에 투자하라고 유언장에 남긴 이유도, 인덱스 펀드 운용 비용이 저렴하기 때문이다.

셋째로, 펀드의 운용 성과를 확인하는 것도 필수적이다. 과거의 성과가 반드시 미래의 성과를 보장하는 것은 아니지만, 운용 성과가 우수한 펀드는 안정적인 수익을 기대할 수 있는 가능성이 크다. 따라서 펀드를 선택할 때는 가능한 한 과거 실적을 참조하고, 최근의 운용 성과를 살펴보는 것이 중요하다.

연금저축펀드는 노후 준비를 위한 중요한 금융상품으로, 세제 혜택과 장기적인 투자 성과를 바탕으로 많은 사람에게 유리한 선택이 될 수 있다. 하지만 장기적인 투자가 필요하고, 펀드의 선택에 따라 수익률이 크게 달라질 수 있으므로 신중한 접근이 요구된다. 연금저축펀드를 통해 안정적인 노후를 준비하기 위해서는 투자자의 투자 성향과 목표에 맞는 펀드를 선택하고, 지속적인 관심과 관리가 필요하다.

4층 주택연금과 농지연금

　노후보장 연금 5층 집의 제4층은 주택연금과 농지연금이다. 이를 합쳐서 토지연금이라고 부르기도 한다. 만약 노후에 국민연금, 퇴직연금, 연금저축펀드가 준비되어 있다면, 어느 정도 적정한 생활을 할 수 있다. 그러나 대부분 노년층은 이 세 가지 연금만으로는 여유로운 노후생활을 영위하기엔 부족하다. 특히 자영업자나 프리랜서 등 많은 국민은 1~3층 기본적인 연금이 부족한 경우가 많다. 이때 대안으로 주택연금과 농지연금을 활용할 수 있다.

　주택연금과 농지연금은 고령자의 노후 재정적 안정성을 돕기 위한 중요한 제도로, 각각 주택과 농지를 담보로 연금을 지급받는 방식이다. 이 두 제도는 고령화 사회에서 발생하는 노후 빈곤 문제를 해결하려는 시도의 일환으로, 자산은 있지만 현금 유동성이 부족한 고령자들에게 실질적인 도움이 된다. 주택연금과 농지연금은 모두 일정 자산을 기반으로 고령자들에게 장기적인 재정적 지원을 제공하며, 제도마다 고유한 특징과 장단점이 있다.

주택연금

　주택연금은 주택을 담보로 연금을 지급받는 제도이다. 이 제도는 한국주택금융공사에서 운영하며, 자신이 소유한 주택을 한국주택공사에 맡기고, 해당 주택에서 계속 살면서 매월 일정 금액의 연금을 수령한다. 연금 수령은 부부 중 연소자(적은 나이 기준)를 기준으로 이루어지며, 부부가 모두 사망하면 그 주택은 한국주택공사에 귀속된다.

주택연금의 가장 큰 장점은 매월 일정한 금액의 연금을 받으면서 주택에 계속 거주할 수 있다는 점이다. 이로 인해 주택을 팔지 않고도 노후 자금을 마련할 수 있어 경제적 안정을 얻을 수 있다. 특히 주택의 가격이 상승하거나 고정금리가 적용될 경우, 안정적인 노후를 위한 기초를 마련할 수 있다.

주택연금 가입을 고려할 때 가장 중요한 요소는 주택 가격이다. 연금 수령액은 가입 시점의 주택 가격과 가입자의 연령을 기준으로 산정되며, 일단 연금액이 결정되면 이후에는 변동되지 않는다. 따라서 집값이 상승하더라도 연금액이 늘어나지 않고, 반대로 집값이 하락하면 가입 시 평가금액이 낮아져 수령액이 줄어들 수 있다. 예를 들어, 65세에 주택연금에 가입하면 주택 시가 1억 원당 월 약 25만 원 정도의 연금을 받을 수 있다. 즉, 시가 5억 원인 주택의 경우 부부가 모두 생존하는 동안 매월 약 125만 원을 수령하게 된다. 이러한 구조 때문에 주택연금은 집값이 앞으로 크게 오를 가능성이 낮다고 판단될 경우, 늦추기보다 가능한 한 빨리 가입하는 것이 유리하다. 다시 말해, 집값이 하락하기 전에 가입해 연금 수령액을 고정하는 전략이 현명할 수 있다.

다음 표는 가입연령별(부부 중 나이 연소자 기준), 주택 가격별 월 주택연금 수령액이다.

주택연금은 은퇴 이후 고정적인 수입이 없는 고령자들에게 매우 실질적인 도움을 주는 제도로 자리 잡고 있다. 그러나 그 이면에는 반드시 고려해야 할 제약이 존재한다. 특히, 주택 소유권의 이전이나 주거

연령과 주택 가격에 따른 주택연금 월 지급금 (단위: 만 원)

연령	1억	2억	3억	4억	5억	6억	7억	8억	9억
55세	15	30	46	61	76	92	107	122	138
60세	20	41	62	83	103	124	145	166	187
65세	25	50	75	100	125	150	175	200	225
70세	30	61	92	122	153	184	215	245	272
75세	38	76	115	153	191	230	268	293	293
80세	48	97	146	195	244	293	327	327	327

주) 연령은 부부 중 연소자 기준

자료: 한국주택금융공사

이동과 관련된 제약은 가입자의 생활 자유도를 크게 제한할 수 있다.

첫째, 주택연금에 가입하면 해당 주택에 대해 한국주택금융공사가 담보권을 설정하게 되며, 이로 인해 주택의 소유권 이전이 사실상 불가능해진다. 즉, 연금을 수령하는 동안에는 주택을 자녀에게 증여하거나 매매하는 것이 어려우며, 소유권을 이전하려면 주택연금을 해지하고 그동안 받은 금액을 일시 상환해야 한다. 이는 자산 이전의 계획이나 상속 설계에 상당한 제약이 될 수 있다.

둘째, 주거 이동이 제한된다. 인생 후반기에 건강 문제나 가족 관계 변화로 인해 거주지를 옮겨야 하는 경우가 생길 수 있다. 그러나 주택연금 수령 중에는 주택을 다른 곳으로 바꾸는 것이 어렵다. 이사나 주거 형태의 변경은 원칙적으로 주택연금 해지를 전제로 하며, 이 과정에서 대출 정산, 세금, 각종 수수료 등 예상치 못한 비용과 행정 절차를 감당해야 한다. 일부 예외적으로 일정 요건을 충족하면 새로운 주택으로 변경이 가능하지만, 그 조건이 까다롭고 절차도 복잡하여 실질적으로는 자유로운 이동이 어렵다. 결국 주택연금은 노후의 안정적 현금흐름을 보장해 주지만, 동시에 생활환경을 유연하게 바꾸는 데에는 제약이 있다는 점을 충분히 고려해야 한다.

셋째, 주택연금을 해지한 이후 재가입이 어렵거나 불가능할 수 있다. 연금 해지 후 새로 이사한 집이 주택연금의 가입 기준인 주택 가액(현행 9억 원 이하)을 초과하면 재가입 자체가 불가능해진다. 또한, 연령이나 자산 조건 등도 다시 충족해야 하므로, 한번 해지한 후에는 다시 주택연금의 혜택을 받기가 쉽지 않다.

주택연금은 고령자의 경제적 자립에 도움을 주는 훌륭한 수단이지만, 가입 전에는 반드시 장기적인 주거 계획과 자산 이전 계획을 충분히 고려해야 한다. 자녀와의 상의, 전문가의 상담을 통해 향후 삶의 변화를 반영한 판단을 내리는 것이 중요하다. 단기적 혜택만을 보고 섣불리 가입할 경우, 오히려 나중에 더 큰 불편을 겪을 수 있다. 따라서 주택연금의 혜택과 제약을 균형 있게 이해하고, 현명한 결정을 내리는 것이 노후를 보다 안정적으로 살아가는 지혜일 것이다.

농지연금

농지연금은 농지를 담보로 하여 평생 또는 일정 기간 동안 매월 연금을 수령할 수 있는 제도로, 고령 농업인의 안정적인 노후생활을 지원하기 위해 마련되었다. 한국 농업은 고령화가 가장 심각한 산업 중 하나이다. 전체 농업 인구의 절반 이상이 65세 이상 고령자이며, 이들은 은퇴 이후에도 여전히 생계 활동을 위해 농사를 짓고 있다. 하지만 수입이 일정하지 않고, 국민연금 등 제도권 내 연금 수령자 비율도 낮아 많은 고령 농업인들이 노후 빈곤의 위험에 직면해 있다. 이러한 상황에서 주목받는 제도 중 하나가 바로 '농지연금'이다.

농지연금은 한국농어촌공사가 운영하며, 65세 이상 농업인이 소유한 농지를 담보로 설정하고, 그 가치에 따라 연금을 수령하는 구조로 되어 있다. 가입자는 매월 일정 금액의 연금을 수령할 수 있으며, 사망 이후에는 해당 농지를 처분하여 정산하거나 상속인이 상환하는 방식으로 마무리된다. 연금 지급 방식은 종신형, 기간형, 전후후박형 등 다양한 옵션이 있으며, 개인의 선호와 재정 상태에 맞게 선택할 수 있다. 다음 표는 연령 및 토지가격에 따른 농지연금 월 지급금 예시이다. 이 표는 종신 지급 정액형 기준이며, 실제 지급금은 한국농어촌공사 산정 기준에 따라 다를 수 있다.

연령과 토지가격에 따른 농지연금 월 지급액(2024년 기준)

가입 연령	농지 감정가		
	1억 원	2억 원	3억 원
만 65세	약 32만 원	약 64만 원	약 96만 원
만 70세	약 37만 원	약 74만 원	약 111만 원
만 75세	약 44만 원	약 88만 원	약 132만 원
만 80세	약 53만 원	약 106만 원	약 159만 원
만 85세	약 66만 원	약 132만 원	약 198만 원

자료: 한국농어촌공사

농지연금의 가장 큰 장점은 농지를 팔지 않고도 그 가치를 활용할 수 있다는 점이다. 즉, 농사를 계속 지으면서도 연금을 수령할 수 있어 생활 안정성을 높일 수 있다. 또한, 자녀에게 농지를 물려주고 싶을 경우, 생전에는 연금을 활용하고 사후에는 상속인이 정산할 수 있는 유연한 구조를 제공한다. 이는 농지를 보유한 고령 농업인들에게 실질적인 선택지를 제공하며, 기존의 공적연금 체계를 보완하는 중요한 제도라 할 수 있다.

하지만 농지연금은 몇 가지 한계가 있다. 첫째, 농지의 가치에 따라 연금 수령액이 달라지기 때문에, 농지 가치가 낮은 지역에 거주하는 농업인들은 연금 수령액이 적을 수 있다. 즉, 일부 농지는 높은 가치를 지녔지만, 다른 지역의 농지는 상대적으로 낮은 가치를 지니고 있어 농지연금을 통해 얻을 수 있는 혜택이 차이가 날 수 있다. 둘째, 농지연금은 제도에 대한 인지도가 낮고 신청 절차가 복잡하여 많은 고령 농업인들이 제도를 알지 못하거나 신청을 꺼리는 경우가 많다. 이로 인해 실제로 농지연금을 활용하는 사람이 적다.

이러한 농지연금의 과제를 해결하기 위해서는 몇 가지 중요한 과제가 있다. 첫째, 농지연금에 대한 홍보가 필요하다. 많은 농업인이 이 제도를 모르거나 불신하는 경향이 있다. 따라서 정부와 한국농어촌공사는 농지연금에 대한 정보 제공과 상담 서비스를 확대하여 농업인들이 제도를 이해하고 가입할 수 있도록 해야 한다. 둘째, 농지 가치에 따라 차별화된 수혜가 이루어지는 문제를 해결하기 위해 지역별 특성을 고려한 탄력적인 제도 설계가 필요하다. 농지가 낮은 가치를 지닌 지역의 농업인들도 일정한 혜택을 받을 수 있도록 하는 정책적 배려가 필요하다. 셋째, 농지연금은 기존의 공적연금 체계와 연계될 필요가 있다. 현재 농지연금은 독립적으로 운영되고 있지만, 국민연금이나 기초연금 등과 유기적으로 연계해 서로 보완적으로 작용하도록 해야 한다. 그렇게 될 때 고령 농업인의 노후 소득을 보다 종합적으로 지원할 수 있다.

이상에서 살펴본 바와 같이 주택연금과 농지연금은 고령화 사회에서 고령자들의 재정적 안정을 지원하는 중요한 제도이다. 주택연금은 고령자가 보유한 주택을 담보로 하여 일정 기간 동안 매월 연금을 지급받는 제도로, 주택을 처분하지 않고도 생활비를 지원받을 수 있는 장점이 있다. 이는 고령자가 주거지를 유지하며 안정적인 노후생활을 영위할 수 있게 도와준다. 농지연금은 고령 농업인들이 농지를 팔지 않고도 일정 금액의 연금을 받을 수 있는 제도이다. 이를 통해 농업인들은 농지를 계속해서 보유하면서도 생활비를 확보할 수 있어, 농업의 지속 가능성과 고령 농업인들의 안정적인 노후를 도울 수 있다.

그러나 두 제도 모두 인식 부족과 신청 절차의 복잡성, 농지 가치 차이 등 여러 문제를 안고 있다. 예를 들어, 많은 고령자가 주택연금이나 농지연금의 존재를 알지 못하거나, 신청 절차가 어려워 실질적으로 혜택을 받지 못하는 경우가 많다. 또한, 농지연금의 경우 농지 가치에 따라 지급액이 달라지기 때문에, 농지의 가치가 낮은 지역에서는 상대적으로 적은 연금을 받을 수 있다.

따라서 정부와 관련 기관들은 제도의 홍보와 교육 강화, 신청 절차의 간소화, 농지 가치의 공정한 평가 등을 통해 이러한 문제를 해결해야 한다. 또한, 다양한 노후 소득 보장 시스템의 발전과 더불어 고령자들이 더욱 쉽게 접근할 수 있는 제도적 보완이 필요하다.

5층 월지급식 펀드

노후보장 연금 5층 집의 마지막 층은 월지급식 펀드이다. 최근 금융

환경에서 은행 이자는 낮고, 인플레이션은 지속해서 자산의 실질 가치를 떨어뜨리고 있다. 이에 따라 많은 사람이 은행에 자금을 예치하는 것만으로는 충분한 재정적 안정성을 확보할 수 없다는 현실에 직면하고 있다.

특히, 노후에 매달 일정한 현금흐름이 필요한 사람들에게는 대체투자 방법이 필요하다. 월지급식 펀드는 바로 이러한 문제를 해결할 수 있는 중요한 재정적 도구로 떠오르고 있다. 월지급식 펀드는 투자자가 일정한 주기로 현금을 받을 수 있도록 설계된 펀드로, 매월 또는 분기별로 일정 금액을 지급받을 수 있는 특징이 있다. 여기서는 월지급식 펀드의 개념, 특징, 장점과 단점, 그리고 활용 방법에 대해서 살펴보고자 한다.

월지급식 펀드의 개념

월지급식 펀드는 투자자가 특정 펀드에 투자하여, 그로부터 발생하는 수익을 정해진 주기에 따라 지급받는 방식의 펀드이다. 일반적으로 배당형 펀드나 채권형 펀드가 월지급식 펀드에 속한다. 이 펀드는 자산을 운용하여 발생한 수익을 투자자에게 매월 일정한 금액으로 분배하는 형태로 운영된다.

배당형 펀드는 주식에 투자하여 발생한 배당금을 지급하며, 채권형 펀드는 채권을 통해 발생한 이자를 정기적으로 지급한다. 이러한 펀드의 특징은 예상 가능한 현금흐름을 제공한다는 점이다. 매달 정기적으로 지급되는 현금은 투자자에게 안정적인 수입원 역할을 하며, 고정적인 월급처럼 활용할 수 있다.

월지급식 펀드의 특징

월지급식 펀드의 가장 큰 특징은 정기적인 현금흐름이다. 투자자는 일정한 금액을 매월 또는 분기마다 수령할 수 있어, 생활비나 노후자금으로 활용하기 적합하다. 주식형 펀드와는 달리 월지급식 펀드는 주로 안정적인 수익을 추구하는 투자자들에게 적합하다. 예를 들어, 채권형 펀드는 안정적인 이자수익을 바탕으로, 원금손실의 위험이 상대적으로 적은 특성을 가진다.

또한, 월지급식 펀드는 자동 재투자 기능을 제공하기도 한다. 투자자가 받은 배당금이나 이자를 다시 펀드에 재투자하는 방식으로, 복리 효과를 누릴 수 있다. 이로 인해 자산은 계속해서 성장할 수 있으며, 장기적으로 꾸준한 수익을 기대할 수 있다.

한편, 월지급식 펀드는 투자수익률이 상대적으로 낮을 수 있다는 단점도 있다. 특히 고정적인 수익을 추구하기 때문에 위험이 적은 금융상품에 투자하는 경우가 많으며, 이에 따라 수익률이 상대적으로 적은 경우가 많다. 따라서, 투자자는 수익률과 위험 사이에서 균형을 맞춰야 한다.

월지급식 펀드의 장점

월지급식 펀드의 장점은 크게 다음 세 가지로 나누어 볼 수 있다.

첫째, 안정적인 현금흐름 제공한다. 월지급식 펀드는 매월 일정한 금액의 배당금이나 이자를 지급하므로, 예상 가능한 현금흐름을 제공한다. 이 점이 가장 큰 장점이다. 특히 은퇴 후 일정한 소득을 원하는 투자자에게 매우 유용하다. 또한, 주식이나 채권에서 발생하는 배당금이나 이자를 매월 지급받을 수 있으므로 일상적인 생활비나 긴급한 자금을 위한 중요한 재정적 지원이 될 수 있다.

둘째, 안정적인 자산운용이다. 월지급식 펀드는 주로 안정적인 자산인 채권이나 배당주에 투자하므로, 자산운용의 안정성이 뛰어나다. 이는 특히 위험을 최소화하고자 하는 투자자들에게 유리하다. 변동성이 큰 자산보다는 상대적으로 안정적인 수익을 추구하기 때문에, 저위험 투자자에게 적합하다.

셋째, 자산 분배 및 다각화이다. 월지급식 펀드는 주식형, 채권형, 혼합형 등 다양한 자산에 투자할 수 있으므로 자산 분배 및 다각화가 쉽다. 다양한 자산군에 투자함으로써 위험을 분산할 수 있으며, 이는 펀드 수익률의 변동성을 줄여 주는 역할을 한다. 예를 들어, 채권형 펀드에 투자하면 주식시장의 하락에도 상대적으로 안정적인 수익을 기대할 수 있다.

넷째, 세제 혜택이다. 월지급식 펀드는 세제 혜택을 제공하는 경우가 많다. 특히 배당소득세나 이자소득세가 절세 혜택을 받을 수 있는 경우가 많아, 세금 측면에서도 유리하다. 이를 통해 투자자는 더 많은 수익을 실질적으로 확보할 수 있다.

월지급식 펀드의 단점

월지급식 펀드는 장점이 많지만, 다음과 같은 단점도 존재한다.

첫째, 낮은 수익률이다. 월지급식 펀드는 안정적인 현금흐름을 제공하는 대신, 상대적으로 낮은 수익률을 가질 수 있다. 따라서, 고위험 고수익을 추구하는 투자자의 경우 만족스러운 수익을 기대하기 어려울 수 있다. 특히 채권형 펀드나 배당형 펀드는 위험이 적은 대신, 높은 수익률을 기대하기 어려운 경우가 많다.

둘째, 인플레이션 위험이다. 월지급식 펀드는 매월 정기적으로 현금을 지급받을 수 있지만, 인플레이션에 의한 실질 가치 감소를 고려해야 한다. 만약 물가상승률이 펀드의 수익률을 초과하는 경우, 실제로 얻는 구매력은 감소하게 된다. 이를 대비하려면 인플레이션을 고려한 투자 전략을 세워야 한다.

셋째, 배당금의 변동성이다. 월지급식 펀드에서 지급되는 배당금이나 이자는 일정하지 않거나 변동성이 있을 수 있다. 예를 들어, 배당주 펀드의 경우 기업의 실적에 따라 배당금이 줄어들거나 증가할 수 있다. 따라서 예상치 못한 배당금의 감소가 발생할 수 있으므로, 일정한 현금흐름을 기대하기 어려운 상황이 발생할 수 있다.

월지급식 펀드는 고정적인 현금흐름과 안정적인 자산운용을 원하는 투자자들에게 유용한 재정적 도구이다. 특히 노후 자금 마련이나 긴급 자금 확보, 세금 절감 등의 목적을 달성하기 위한 중요한 수단이 될 수 있다. 그러나 낮은 수익률과 인플레이션 위험, 배당금 변동성 등 단점도 존재하기 때문에, 이러한 펀드를 활용하려면 투자자의 목적과 위험을 고려한 전략적 접근이 필요하다. 즉, 투자수익률과 위험 사이의 적절한 균형을 유지하는 것은 월지급식 펀드 투자에 아주 중요한 요소가 된다. 적절한 월지급식 펀드 투자를 통하여 노후에 자산을 효율적으로 운용하는 동시에, 안정적인 현금흐름을 확보하는 현명한 시니어가 되기 바란다.

이상에서 노후를 여유롭고도 행복하게 만들어 주는 '연금 5층 집'에 대해서 자세히 설명했다. 이 연금 5층 집 항목별 비교표를 보면 다음과 같다.

연금 5층집 각 층별 비교표

항목	국민연금	퇴직연금 (DB/DC/IRP)	연금저축펀드	주택연금 (농지연금)	월지급식 펀드
가입 대상	대한민국 국민 (18~60세)	근로자, 자영업자, 프리랜서(IRP)	소득 있는 누구나	만 55세 이상, 주택 보유자 (만 65세 이상 농업인)	투자자 누구나
적립 방식	강제 가입, 정액 납입	사업주 또는 본인 납입	자율 납입	주택이나 농지를 담보로 전환	금융상품 투자 원금 기반
운용 방식	공단이 일괄 운용	금융기관 또는 본인 운용	가입자가 직접 운용	한국주택금융공사 (한국농어촌공사)	펀드에서 매월 일정 금액 인출
수령 시기	만 65세 이후 (출생연도에 따라 상이)	퇴직 후 (만 55세 이후)	만 55세 이후	가입 즉시	투자 후 설정 가능
세제 혜택	보험료 일부 세액공제	연 700만 원까지 세액공제	연 600만 원 까지 세액공제	비과세	과세 (일반 과세)
수령 방식	매월 정액 지급	일시금 또는 연금	연금 (분리과세)	매월 일정액 지급	원금+수익 분할 인출
기반 자산	공적 기금	퇴직금 및 추가 자산	금융 자산 (펀드)	자가 주택 (농지)	금융 자산 (펀드)
위험	국가 보장	운용성과 변동	투자 위험 존재	가치 하락 가능	시장 변동성, 원금 손실 가능

현재 자신의 국민연금, 퇴직연금, 개인연금 수령액이 궁금하다면 금융감독원의 통합연금포털(https://100lifeplan.fss.or.kr)이나 국민연금 홈페이지(https://csa.nps.or.kr)에서 모든 예상 연금액을 조회해 볼 수 있다. 언제부터, 얼마의 연금을 받을 수 있는지 한눈에 살펴볼 수

있어 부족 부분을 파악하여 보강하면 된다.

마지막으로 아래의 '은퇴 준비 체크리스트'를 보시고 스스로 본인의 은퇴가 잘 준비되고 있는지 체크해 보기 바란다. 이 열 가지 중 6개 이상 'Yes'라면 노후 준비가 비교적 잘 준비된 상태이다. 그러나 만약에 4개 이상 'No'라면 지금부터라도 국민연금, 퇴직연금, 연금저축펀드 등 자신의 노후 준비 전략을 다시 점검해 보기 바란다.

은퇴 준비 체크리스트

번호	점검 항목	체크 여부 (O/X)
1	국민연금 예상 수령액을 알고 있는가?	
2	퇴직연금(IRP) 또는 연금저축펀드에 가입해 꾸준히 납입하고 있는가?	
3	퇴직연금 또는 연금저축펀드를 잘 분산 투자하고 있는가?	
4	퇴직금 수령 방식에 따른 세금 차이를 알고 있는가?	
5	퇴직 후 '월 소득 목표'를 설정했는가?	
6	연금 수령 시기와 금액을 구체적으로 계획했는가?	
7	주택연금(농지연금), 월지급식 펀드 등 자산 기반 소득수단을 검토했는가?	
8	은퇴 이후 예상되는 의료비, 간병비 등에 대한 대비가 있는가?	
9	부채가 있다면 은퇴 전 상환 계획이 마련되어 있는가?	
10	배우자와 은퇴 시기 및 생활 계획을 공유하고 있는가?	

1부 1장 이해를 위한 Q&A

Q. '연금 5층 집'이란 무엇인가요?

A. '연금 5층 집'은 안정적인 노후 소득을 마련하기 위해 다양한 연금제도를 층별로 구성한 모델입니다.

- 1층: 국민연금 (공적연금, 기본소득 역할)
- 2층: 퇴직연금(IRP 등) (기업 제공, 퇴직 시 일시금 or 연금 선택 가능)
- 3층: 연금저축(펀드, 보험 등) (개인이 가입, 세액공제 혜택)
- 4층: 주택연금(집을 담보로 노후 소득 확보)
- 5층: 월지급식 펀드(ETF, 배당 펀드 등) (개인 투자, 현금흐름 창출용)

Q. 국민연금만으로도 노후를 대비할 수 있지 않나요?

A. 어렵습니다. 국민연금의 평균 수령액은 60~70만 원 수준으로, 기본적인 생활비를 충당하기에는 부족합니다.

Q. 퇴직연금(IRP 등)은 어떻게 활용해야 하나요?

A. 퇴직금은 IRP(개인형 퇴직연금)에 넣어 연금 방식으로 수령하면 세제 혜택을 받을 수 있습니다.

- 55세 이후 연금 수령 시: 저율 분리과세(3.3~5.5%)
- 일시금 수령 시: 퇴직소득세 부과

Q. 주택연금은 어떤 방식으로 작동하나요?

A. 주택을 보유한 사람이 집을 담보로 맡기고, 매달 일정 금액을 연금처럼 수령하는 제도입니다.

- 가입 조건: 만 55세 이상, 부부 중 1인만 해당해도 가능
- 주택 보유 기준: 공시가격 12억 원 이하
- 장점: 거주 유지+소득 확보 가능
- 단점: 사망 후 주택은 금융기관 소유로 귀속될 수 있음

Q. 월지급식 펀드란 무엇인가요?

A. 은행 이자보다 높은 수익을 기대하며, 매달 일정 금액이 배당되는 펀드나 ETF를 말합니다. (예: S&P500 ETF, 고배당주 ETF 등)

Q. 연금 수령 시기는 언제가 좋을까요?

A. 수령 시기는 개인 상황에 따라 다르며 아래와 같은 전략을 고려할 수 있습니다.

- 조기 수령(60세부터): 수령액 최대 30% 감소
- 정상 수령(65세)
- 연기 수령(최대 70세): 수령액 최대 36% 증가

Q. 연금 관련 세제 혜택은 어떻게 받나요?

A. 연금저축과 IRP는 세액공제 혜택이 있으며, 연금 형태 수령 시 저율 과세를 적용받습니다.

- 세액공제율: 연 소득에 따라 13.2% 또는 16.5%
- 연금 수령 시: 분리과세 3.3~5.5%

Q. 국민연금에 추가로 가입할 수 있는 방법은요?

A. 임의가입 또는 임의계속가입을 통해 국민연금 보험료를 자발적으로 납부할 수 있습니다.

- 임의가입: 18세 이상, 60세 미만 미가입자
- 임의계속가입: 60세 이후에도 납부 연장 가능 (최대 65세까지)

Q. 여러 연금 수단 중 어떤 순서로 준비하는 것이 좋을까요?

A. 아래 순서로 준비하는 것이 일반적으로 권장됩니다.

- 국민연금 최대한 납부
- IRP 가입
- 연금저축 병행
- 주택연금 또는 월지급식 펀드는 상황에 따라 선택

2장

노후를 지켜 주는 제도와 전략

"효율적으로 일하지 않으면,
효율적으로 사는 것도 어렵다."

-벤자민 프랭클린-

국민연금 월 300만 원 전략

이 장에서는 국민연금 수령액을 최대화한 사례를 분석하여, 향후 연금 수급을 준비하는 이들에게 참고가 될 수 있는 정보를 제공하려고 한다. 특히 월 300만 원 이상의 연금을 받은 사례를 중심으로, 그 배경과 전략을 중립적이고 객관적인 시각에서 설명하고자 한다. 국민연금 수령액 증가는 단순한 개인의 재무 전략을 넘어, 고령화 사회에 직면한 한국 사회 전반의 노후 대비 방향성을 제시하는 중요한 시사점을 갖는다.

국민연금관리공단이 2025년 1월 발표한 바에 따르면 올해 1월부터 국민연금(노령연금) 수령 금액이 월 300만 원을 넘는 수급자(이후 A 씨로 지칭)가 최초로 나왔다고 한다. 1988년 2월 국민연금 제도가 도입

된 지 37년 만의 일이다.

이렇게 최초로 월 300만 원 이상 국민연금 수급자가 등장하긴 했지만, 아직도 국민연금 전체 수급자가 받는 평균 금액은 공무원연금이나 사학연금, 군인연금 등 다른 특수직역연금 수급자와 비교해 아주 낮아서 노후 대비에는 매우 부족한 실정이다.

국민연금연구원 발표 자료에 따르면 2024년 기준으로 국민연금 수급자의 1인당 월평균 국민연금 수령액은 월 65만 4천여 원에 불과했다. 이에 비해서 퇴직 공무원의 1인당 월평균 퇴직연금 수급액은 280만 원에 달한다.

물론 이처럼 국민연금과 공무원연금의 수령액 격차가 큰 이유는 각 연금제도 수급자의 평균 가입 기간, 가입 중에 낸 보험료, 지급률 등에서 차이가 크기 때문이다. 하지만, 우리나라의 경우 노인빈곤율(중위 소득자의 50% 미만)이 OECD 국가 중에서 가장 높은 현실을 고려할 때, 국가적 차원에서 국민연금 수령액을 늘리는 방법을 적극적으로 검토 시행해 나갈 필요가 있다. 다음은 국민연금과 공무원연금의 비교표이다.

국민연금과 공무원연금 비교표(2024년 기준)

구분		국민연금	공무원연금
제도 시작		1988년	1960년
기준 소득 상한		617만 원	856만 원
납부요율(본인부담율)		9%(4.5%)	18%(9%)
명목 소득대체율		42%(40년 재직)	62.7%(33년 재직)
가입 기간	최대	제한 없음	33년
	최소	10년	10년

평균 가입 기간	19.2년	32.3년
월평균 수령액	65만 원	280만 원
실질 소득대체율	24.2%	57.1%

주) 2024년 기준

A 씨가 매월 300만 원 이상을 받을 수 있게 된 이유는 다음 세 가지로 요약할 수 있다. 첫째, '소득대체율'이 높았던 국민연금 제도 시행 초기부터 가입해 30년 이상 장기 가입했고, 둘째, 국민연금 보험료 납부 시기가 지난 60세 이후에도 임의계속가입으로 계속 보험료를 냈으며, 셋째, 국민연금 수령 시점에 도달했을 때 5년 연기(1년 연기 시마다 국민연금 수령액 7.2% 증가)를 했다. 이 사항들이 많은 연금을 수령하는 데 큰 역할을 했다.

앞으로 국민연금 수급 시점이 다가오는 시니어들의 경우 A 씨가 국민연금 수령액을 최대로 늘린 방법을 참고해서 본인의 연금 수령액을 늘려야 할 것이다. 물론 모든 제도에는 장단점이 있듯이 국민연금 수령액을 늘리면 기초연금이 최대 50%까지 감액되고, 건강보험 피부양자 자격이 박탈될 수 있으며, 건강보험료가 늘어나는 등 단점이 있기도 하다. A 씨가 어떤 방법으로 국민연금 수령액을 이렇게 획기적으로 늘일 수 있었는지 자세히 살펴보면 다음과 같다.

높은 소득대체율

A 씨가 국민연금을 매월 300만 원 이상을 받게 된 비결은 '소득대체율'이 높았던 국민연금 제도 최초 시행 연도인 1988년부터 가입해, 30년 이상 장기 지속함으로 가입 기간이 길었던 것이 큰 역할을 했다.

'소득대체율'이란 일할 때 받던 생애 평균 소득의 몇 퍼센트를 노후에 국민연금이 대체해 줄 수 있는지를 나타내는 지표이다. 1988년 국민연금 출범 당시에는 70%(40년 가입 기준)로 아주 높았다. 하지만 급속한 고령화로 인한 기금 고갈 우려에 따른 1차 개혁으로 소득대체율은 1998년 60%로 낮아졌다. 이어 2007년 2차 개혁으로, 2008년 50%로 일시 인하된 후 매년 0.5%포인트씩 떨어져 2028년까지 20년에 걸쳐 단계적으로 40%까지 낮추는 계획이 도입되었다. 2025년 현재 소득대체율은 41.5%이지만, 국민연금 수령액이 너무 적다는 비판에 따라, 2026년부터 43%로 일시에 상향 조정한 개혁안이 확정되었다. 다음 그림은 1988년 국민연금 개시 시점부터 2026년 변경까지 소득대체율 추이를 나타낸 것이다.

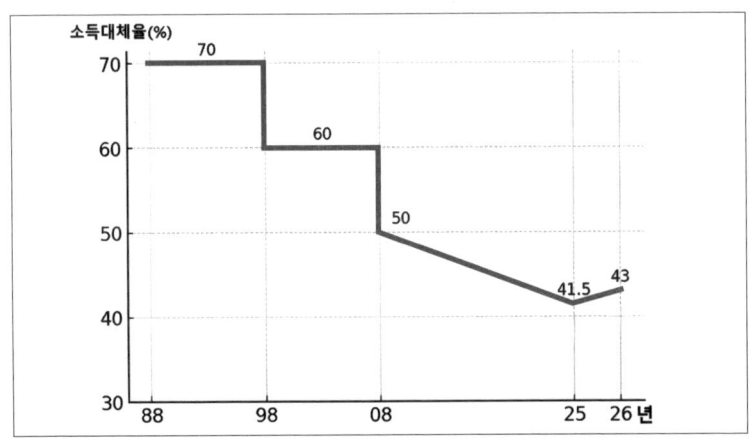

국민연금 소득대체율 추이(1988~2026)

참고로 '추후납부(추납)'의 경우 납부할 당시의 소득대체율이 적용된다. 추납이란 휴·폐업 또는 실직, 사업 중단, 군 입대 등으로 보험료를 납부할 수 없었던 기간의 보험료를 추후에 내게 되는 경우 가입 기간을 늘려 주는 제도이다.

추후납부는 국민연금 보험료를 납부 중이라면 언제라도 납부할 수 있다. 따라서 소득대체율이 낮은 지금 당장 추납을 하지 말고, 2026년 소득대체율이 43%로 높아진 이후 추납을 하는 것이 국민연금 수령액을 높이는 방법이다.

임의계속가입 활용

A 씨가 월 300만 원이라는 매우 높은 금액의 국민연금을 받을 수 있었던 두 번째 비결은 '임의계속가입' 제도를 활용했기 때문이다. 원래 만 60세 이후부터는 국민연금 보험료를 내지 않아도 된다. 하지만 국민연금을 수령하는 나이가 점차 늘어나고 있으므로(1969년생 이후 만 65세 수령), 60세 이후 국민연금을 받기 전까지 계속해서 국민연금 보험료를 납부할 수 있다. 이를 '임의계속가입'이라고 한다. 임의계속가입을 활용할 경우 총납부 보험료도 증가하고, 보험기간도 증가하기 때문에 당연히 국민연금 수령액도 늘어나게 된다.

일부 전문가들은 임의계속가입으로 국민연금 수령액이 많이 증가하지 않으므로, 그 돈으로 투자를 하는 것이 더 유리하다고 주장하기도 한다. 하지만 투자는 항상 위험이 따르기 때문에 원금손실 위험이 있다. 또한, 국민연금 수령액이 커지면 매년 1월에 전년도 물가상승률에 따라 인상되는 금액 또한 증가한다. 예를 들어 전년도 물가상승률이 5%라고 가정할 때 국민연금을 100만 원 수령하면 5만 원이 증가하지만, 150만 원을 수령하면 7만 5천 원이 증가하게 된다.

따라서 60세 이후에도 소득 활동을 하시거나 여윳돈이 있다면 임의계속가입을 활용하는 것이 최고의 재테크 방법이다. A 씨의 경우에 임의계속가입 제도를 활용하여 국민연금 수령액을 최대로 늘렸다. 또한, 필자도 60세 이후 국민연금을 수령하는 62세까지 2년 동안 임의계속가입 제도를 이용하여 국민연금 보험료를 계속 내서 국민연금 수령액을 최대로 높일 수 있었다.

물론 임의계속가입을 고려할 때는 반드시 기초연금은 얼마나 감액되는지, 건강보험 피부양자 자격을 계속 유지할 수 있는지, 그리고 건강보험료는 얼마나 증가하는지 등을 잘 검토해서 결정해야 할 것이다.

연기연금 제도 활용

A 씨가 2025년 1월부터 매월 300만 원의 국민연금을 받을 수 있는 가장 큰 요인은 '연기연금 제도'를 활용했기 때문이다. 연기연금이란 정해진 수령 나이보다 늦게 국민연금을 수령하는 것을 말한다. 이 제도는 국민연금 수급권자가 희망하는 경우 보험료는 더 내지 않고 연금 수령 시기를 최대 5년 동안 연금액의 전부 또는 일부(50%, 60%, 70%, 80%, 90% 등 선택 가능)를 늦춰서 받을 수 있게 한 제도로, 2007년 7월 도입되었다.

즉, 2025년 현재 국민연금의 수령 나이는 63세로 설정되어 있지만, 개인의 선택에 따라 최대 5년(64~68세)까지 수령을 연기할 수 있다. 수령 연기를 선택하는 경우 연금액이 증가하게 되며, 이는 노후생활에 대한 재정적 안정을 도모할 수 있는 가장 좋은 방법의 하나라고 할 수 있다.

수급 연령에 도달한 후에 1개월 연기할 때마다 연금 수령액이 0.6% 늘어난다. 따라서 1년 연기하면 0.6%×12개월=7.2% 늘어난다(미국의 경우 매년 8% 증가). 최고 5년까지 연기할 수 있다. 5년을 연기하면 국민연금 수령액이 7.2%×5년=36%가 늘어난다. 예를 들어 매월 120만 원 받을 것을 5년 연기하면 120만 원×(1+36%)=163만 원을 받게 된다.

많은 전문가가 연기 수령의 장점만을 설명하고, 치명적인 단점은 설명하지 않는 경우가 많다. 연기연금의 가장 큰 단점은 연기하는 기간 국민연금을 받지 못한다는 것이다. 즉, 만약에 정상 수령할 경우 매월 120만 원씩 받는다면, 연기 수령하는 5년 동안 약 7,200만 원(120만×12개월×5년)을 받지 못하게 된다. 따라서 일부 전문가들은 연기 수령을 하는 대신 정상적으로 받아 그 금액을 투자하는 것이 더 유리하다고 주장하기도 한다.

그러나 정상 수령과 연기 수령의 손익분기점은 약 14년이다. 즉, 국민연금을 14년 이상 받으면 그때부터는 이익이다: 7,200만÷(163만−120만)=167.5, 167.5÷12개월=13.96년

하지만 14년이 지나기 전에 사망한다면 당연히 정상 수령의 경우보다 적은 금액을 받게 된다. 따라서 자신의 건강 상태 및 재정 상태를 자세히 검토한 후에 연기 수령 여부를 결정해야 한다.

연기연금의 또 다른 단점은 유족연금은 수급권자가 조기 사망할 경우 남은 배우자가 수령액의 60%를 받게 되는데, 연기연금의 경우 수령 금액이 연기 수령 금액인 163만 원에 대한 60%인 97.8만 원이 아니라, 정상 수령 금액인 120만 원의 60%인 72만 원밖에 못 받는다는 것이다. 배우자가 먼저 사망한 것도 큰 문제인데, 연금 수령액마저 대폭 줄어드니 문제가 심각하다고 할 수 있다. 미국은 배우자 사망 시 유족연금으로 100%를 지급하고, 일본의 경우 75%를 지급하는데 한국은 유족에게 다소 불리하게 운영하는 것 같다.

미국의 사회연금제도(Social Security, 소셜 연금)는 수급권자에게 매우 유리하게 설계되어 있다. 미국에서는 부부 중 한 사람이 소셜 연금을 받을 자격이 있으면, 배우자도 배우자 연금(Spousal Benefits)으로 해당 금액의 50%를 받을 수 있다. 예를 들어, 부부 중 한 사람이 매월 2,000달러의 소셜 연금을 받는다면, 배우자는 그 절반인 1,000달러를 매월 받을 수 있다. 또한, 소셜 연금을 받던 배우자가 사망하면, 남겨진 배우자는 승계 연금(Widow or Widower Benefits)으로 매월 2,000달러를 받을 수 있다. 이 경우 기존에 받던 1,000달러의 배우자 연금은 더 이상 지급되지 않는다.

그러나 임의계속가입의 경우와 마찬가지로, 연기 수령 역시 다양한 상황을 종합적으로 고려하여 신중하게 결정해야 한다. 연기 수령을 검토할 때에는 본인의 건강 상태, 현재 소득수준, 기대수명 등을 우선적으로 살펴야 한다. 또한, 연기 수령으로 인해 수령 금액이 증가할 경우, 기초연금이 얼마나 감액되는지, 건강보험 피부양자 자격을 계속 유지할 수 있는지, 그리고 건강보험료가 얼마나 상승하는지도 꼼꼼히 따져 본 뒤 결정하는 것이 바람직하다.

A 씨의 사례와 같이, 임의계속가입이나 연기연금과 같은 다양한 제도를 적절히 활용하여 국민연금을 최대한 많이 수령하는 것은 노후 준비의 든든한 기반이 될 수 있다. 모든 시니어가 이러한 제도를 충분히 이해하고 활용함으로써 안정적인 노후생활을 누리게 되기를 기대한다.

이상 살펴본 바와 같이, 국민연금 수령액은 개인의 납부 기간, 납부 금액, 그리고 수령 시점에 따라 크게 달라질 수 있다. 특히 장기 가입, 임의계속가입, 수령 시점 연기와 같은 전략은 실질적인 연금 수령액을 크게 늘리는 데 중요한 역할을 한다. 앞으로 연금 수급을 계획하는 개인은 자신의 상황에 맞는 전략을 수립하고, 제도에 대한 충분한 이해와 함께 실천 가능한 선택지를 마련해야 한다. 이러한 분석과 실천은 단순한 개인 사례를 넘어, 국민연금의 실효성과 지속 가능성에 대한 사회적 논의에도 의미 있는 이바지를 할 수 있을 것이다.

국민연금 수령 전략: 조기 vs 연기

국민연금은 우리나라 국민의 노후생활을 보장하는 중요한 제도이다. 개인의 상황에 따라 최적의 수령 시기와 방법이 달라질 수 있다. 지금부터 국민연금 수령 시기와 관련된 다양한 정보와 고려 사항을 살펴보고, 본인에게 가장 유리한 선택을 할 수 있도록 도와드리고자 한다.

국민연금 수령 시기는 다음 표와 같이 출생 연도에 따라 다르다. 1957년~1960년생은 만 62세, 1961년~1964년생은 만 63세, 1965년~1968년생은 만 64세, 그리고 1969년 이후는 만 65세부터 연금을 받을 수 있다. 이처럼 수령 연령이 점차 늦춰지고 있는데, 이는 국민연금 기금 고갈 문제와 평균수명 증가에 따른 제도 개선의 일환이다.

연령에 따른 국민연금 수령 시기

출생 연도	1961년생	1962년생	1963년생	1964년생
수령 시기(만 63세)	2024년	2025년	2026년	2027년
출생 연도	1965년생	1966년생	1967년생	1968년생
수령 시기(만 64세)	2029년	2030년	2031년	2032년
출생 연도	1969년생	1970년생	1971년생	1972년생
수령 시기(만 65세)	2034년	2035년	2036년	2037년

국민연금 수령을 위해서는 최소 가입 기간 10년(120개월)을 채워야 한다. 이 기준을 충족하면 수급 연령의 생일 다음 달부터 연금을 받을 수 있다. 그러나 개인의 상황에 따라 조기 수령, 정상 수령, 연기 수령 이 세 가지 중 하나를 택해서 받을 수 있다.

이 세 가지 중 어떤 것이 자신에게 가장 유리한 선택일까? 그 선택은 개인의 건강 상태, 기대수명, 재정 상황 등을 종합적으로 고려해 판단해야 한다. 건강이 좋지 않거나 당장 생활비가 필요한 경우라면 조기 수령이 도움이 될 수 있다. 반면 건강이 양호하고 여유 자금이 있거나 현재 소득이 있다면 연기 수령이 더 좋을 수도 있다. 하지만 연기 수령의 경우 연금액이 늘어나 건강보험 피부양자 자격을 상실하거나 기초연금이 감액될 수 있다. 따라서 개인의 상황을 면밀하게 고려해서 결정하는 것이 좋으며, 시간이 있을 때 국민연금관리공단을 방문해서 상담을 받아 보기를 권한다. 각 수령 방법에 대한 장단점을 설명하면 다음과 같다.

조기연금(조기 수령)

조기 수령을 신청하면 수급 연령보다 1년~5년 일찍 연금을 받을 수 있다. 하지만 이 경우 연금액이 감액된다. 1개월 일찍 받을 때마다 0.5% 감액된다. 즉, 1년 일찍 받을 때 6% 감액이 된다. 2년 일찍 받으면 12%, 5년 일찍 받으면 30% 감액이 된다.

많은 사람이 만약에 1년 일찍 받으면 그해에만 감액이 되고 1년이 지나면 다시 전체 금액을 받을 수 있느냐는 질문을 하는데, 아쉽게도 평생 감액된 금액을 받아야 한다. 단지 다행인 것은 만약에 배우자가 먼저 사망할 경우 남은 배우자는 연금 수령액의 60%를 받게 되는데,

그 경우 감액된 금액이 아니라 원래 받게 된 금액의 60%를 수령하게 된다.

이를 좀 더 자세히 예를 들어 설명하면 다음과 같다. 만약에 A라는 사람이 65세에 정상 수령을 하면 100만 원을 받는다고 가정한다. 5년 이른 60세부터 조기 수령을 한다면 평생 100만 원의 70%인 70만 원을 수령하게 된다. 이 A라는 사람이 80세에 사망한다면 그의 아내는 70만 원의 60%인 42만 원이 아니라, 100만 원의 60%인 60만 원을 수령하게 되는 것이다.

이외에 한 가지 긍정적인 제도는 조기연금을 신청해 연금을 받다가, 소득이 생겨서 연금을 받지 않아도 되는 상황이 생기면 언제든지 연금 수령을 중지할 수 있다. 이상에서 설명한 바와 같이 조기 수령의 장점은 비록 감액이 되지만 연금을 일찍 수령할 수 있다는 것이고, 단점은 연금액이 감액된다는 것이다.

정상연금(정상 수령)

정상 수령은 정해진 나이에, 원래 받기로 된 연금액을 수령하게 된다. 한 가지 아쉬운 것은 현재 고령화와 연금기금 고갈 문제로 연금 수령 시기가 5년마다 1년씩 늦춰지고 있으므로, 1961년생, 1965년생, 1969년생은 1살 앞의 사람들보다 1년을 늦게 수령한다는 것이다.

예를 들어 1964년 5월생은 만 63세 생일 다음 달인 2027년 6월부터 국민연금을 수령한다. 그러나 1년 늦게 출생한 1965년 5월생은 2028년 6월이 아니라, 2029년 6월부터 국민연금을 수령하게 된다. 1년 늦게 출생했지만, 제도가 변함에 때라 국민연금은 2년 늦게 수령하는 억울한 상황이 발생하게 된 것이다. 연금 수령액이 크지 않다면 큰 손실이 아니겠지만, 만약에 그 수령 금액이 100만 원이라면, 늦춰지는 1년 동안 받지 못하는 연금 수령액이 무려 1,200만 원이나 된다.

그리고 65세 정상 수령의 가장 큰 장애는 '소득 크레바스(Income Crevasse)'이다. 소득 크레바스란 '빙하 속 깊이 갈라진 틈을 뜻하는 크레바스'에서 유래한 말로 직장에서 은퇴한 후 국민연금을 받을 때까지 소득이 없는 기간을 말한다. '은퇴 크레바스'나 '소득 절벽'이라고도 한다. 한국 직장인의 경우 만 60세에 정상적으로 은퇴한다고 해도 만 65세에 연금을 수령할 때까지 5년 정도의 공백 기간이 발생하는데, 이 기간 동안 생계의 위협을 받는 것에 대한 두려움을 '크레바스 공포'라고 한다. 문제는 한국 직장인들의 경우 주직장에서의 평균 퇴직 연령이 50세에 불과하니, 퇴직 후 연금을 받을 때까지 최장 15년이란 기간이 소요된다. 이는 '공포'를 넘어서서, '재난'이라고 할 수 있을 것이다.

연기연금(연기 수령)

만약에 현재 여유가 있거나 소득이 있을 경우 연기 수령을 선택할 수 있다. 연기 수령을 신청하면 수급 연령보다 1년~5년 늦게 연금을 받을 수 있다. 이 경우 연금액이 증액된다. 증액률은 1개월 늦게 받을 때마다 0.6% 증액된다. 즉, 1년 늦게 받을 경우 7.2% 증액이 된다. 2년 늦게 받으면 14.4%, 5년 늦게 받으면 36% 증액이 된다.

많은 유튜브나 블로그에서 연기 수령의 경우 매년 7.2% 증액이 되기 때문에 일반 이자율보다 훨씬 높다고 강조하는데, 그 설명에는 아주 치명적인 약점이 있다. 문제는 그 연기하는 동안 연금을 받지 못한다는 것이다. 즉, 연금액이 100만 원이라면 1년 연기하면 1,200만 원, 2년 연기하면 2,400만 원, 5년 연기하면 무려 6,000만 원이나 받지 못한다. 그래서 정상 수령하고 5년 동안 받은 6,000만 원을 잘 투자한다면 36% 이상 투자수익을 올릴 가능성도 있으므로, 연기연금이 무조건 손해라고 주장하는 전문가들도 많이 있는 것이 사실이다.

또한, 조기 수령과는 반대로 만약에 배우자가 먼저 사망할 경우 남은 배우자는 연금 수령액의 60%를 받게 되는데, 그 경우 증액된 금액이 아니라 원래 받게 된 금액의 60%를 수령하게 된다. 이를 좀 더 자세히 예를 들어 설명하면 다음과 같다. 만약에 B라는 사람이 65세에 정상 수령을 하면 100만 원을 받는다고 가정해 보겠다. 5년 늦추어서 70세부터 연기 수령을 한다면 평생 100만 원의 136%인 136만 원을 수령하게 된다(계산의 편의를 위해 물가상승률로 인해서 매년 증액되는 증가분은 고려치 않았음). 이 B라는 분이 80세에 돌아가셨다면 그분의 아내는 136만 원의 60%인 81만 6천 원이 아니라, 100만 원의 60%인 60만 원을 수령하게 되는 것이다. 이러한 점도 연금을 수령하는 처지에서는 다소 황당하다고 할 것이다. 한 가지 긍정적인 제도는 조기연금의 경우와 마찬가지로 연기연금을 신청해 놓고 지내다가 연금을 받을 상황이 생기면 언제든지 연금을 받을 수 있다.

이상에서 조기연금, 정상연금, 연기연금의 장단점에 대해서 비교적 자세히 설명했다. 요약해 보면 다음과 같다.

조기연금 정상연금 연기연금 비교표

구분	조기연금	정상연금	연기연금
수령 시기	최대 5년 일찍	정상 수령	최대 5년 늦게
연금액 변동	매월 0.5% 감액 1년당 6% 감액	-	매월 0.6% 증액 1년당 7.2% 증액
최대 변동폭	-30%	-	+36%

수령 시기에 따른 연금 손익분기점

많은 사람이 조기연금, 정상연금, 그리고 연기연금 이 셋 중에서 어떤 방법이 유리한가에 대해서 궁금해할 것이다. 결론적으로 말하면 어떤 방법이 제일 좋다는 정답은 없다. 국민연금 수령 시기를 결정할 때 종합적으로 고려해야 할 요소들은 다음과 같다.

건강 상태와 기대수명: 건강이 좋지 않거나 기대수명이 짧다면 조기 수령이 유리할 수 있다.

재정 상황: 생활비가 부족하다면 조기 수령이 도움이 될 수 있지만, 여유 자금이 있다면 연기 수령이 유리할 수 있다.

은퇴 계획: 은퇴 시기와 생활 계획에 따라 수령 시기를 달리 선택할 수 있다.

가족 상황: 부양가족이 있다면 연금액 감소를 감수하더라도 조기 수령이 필요할 수 있다.

기타 소득원: 근로소득, 임대소득 등 다른 소득원이 있다면 연금 수령 시기를 유연하게 선택할 수 있다.

이처럼 국민연금 수령 시기는 개인의 다양한 상황을 종합적으로 고려해 결정해야 한다. 단순히 연금액의 감액이나 증액만으로 판단할 것이 아니라, 개인의 전반적인 생활 여건과 은퇴 계획을 함께 고려해야 한다.

하지만 '장수 재난(장수 위험에서 더 강조된 표현)'이나, '재수 없으면 120살까지 산다.'라는 말들이 인구에 회자하는 작금의 현실에서, 오래 살면 살수록 연금 수령액은 눈덩이처럼 늘어난다는 사실을 꼭 기억할 필요가 있다. 또한, 필자가 누차 강조해서 말하지만, 나이 먹어서의 1만 원은 젊어서의 10만 원보다도 값어치 있다는 사실도 수령 방법을 결정하는 데 중요한 고려 사항이 되어야 할 것이다.

많은 사람이 '일찍 사망하면 연금을 받지 못해서 손해'라고 하는데 이러한 생각은 다음의 세 가지 이유로 적절치 않다.

첫째, 국민연금은 국가에서 국민의 노후 안정을 위해 시행하는 공직부조제도이기 때문에 5년만 수령하면 본인이 납부한 금액만큼 수령하게 된다. 즉, 5년 이상 받았다면 최소한 원금은 회수한 것이다.

둘째, 만약에 조기 사망해서 본인이 납부한 원금을 받지 못했다면 친절하게도 유가족들에게 그 차액을 지급해 준다.

셋째, 국민연금은 보장성보험과 유사한 성격을 지니고 있다. 예를 들어, 자동차보험은 대표적인 보장성보험으로, 1년 동안 교통사고가 발생하지 않으면 납부한 보험료는 소멸한다. 그러나 납부한 보험료가 아깝다고 해서 교통사고가 나기를 바라는 사람은 아무도 없다. 보험 이론에서는 이를 "일인은 만인을 위하여, 만인은 일인을 위하여(One for All, All for One)"라고 표현한다. 이는 '한 사람은 사고를 당할 가능성이 있는 모든 사람을 위해 존재하고, 모든 사람은 사고를 당한 한 사람을 위해 존재한다'는 의미이다. 따라서 자신이 국민연금에서 상대적으로 수령액을 적게 받게 되더라도, '오래 사는 누군가(All)를 위해 내가(One) 기여한 것'이라 생각한다면 손해가 아니라 오히려 의미와 보람을 느낄 수 있을 것이다.

이처럼 국민연금의 수령 시기는 단순히 연금액의 증감만을 기준으로 결정해서는 안 된다. 개인의 전반적인 생활 여건, 건강 상태, 은퇴 계획 등 다양한 요소를 종합적으로 고려하여 결정하는 것이 바람직하다.

이제부터는 다소 복잡한 내용을 다루겠지만, 여러분이 세 가지 방법 중 자신에게 가장 유리한 하나를 선택하는 데 도움이 되도록 조기연금·정상연금·연기연금 간의 손익분기점(Break-Even Point)을 계산해 보겠다.

조기연금과 정상연금의 손익분기점

조기연금과 정상연금 손익분기점

나이	조기연금 누적액 (매년 6% 감액)	정상연금 누적액	차액
60~64세	4,200만 원	0원	+4,200만 원
65~69세	8,400만 원	6,000만 원	+2,400만 원
70~74세	12,600만 원	12,000만 원	+600만 원
76세	14,280만 원	14,400만 원	−120만 원

주) 물가상승율을 감안하지 않았음

앞의 표에서 보듯, 60세부터 75세까지는 조기 수령이 유리하다. 매달 받는 금액이 적더라도 오랫동안 받게 되므로 누적 금액이 더 많아지는 이치이다. 그러나 76세가 되는 순간 상황이 역전된다. 이때부터는 정상 수령을 했을 때의 누적 금액이 더 커지기 시작한다. 다시 말해, 만 76세가 조기 수령과 정상 수령의 손익분기점이 되는 셈이다. 즉, 76세 이전에 사망한다면 조기 수령이 정상 수령보다 총 수령 금액이 많고, 76세 이후까지 생존한다면 정상 수령이 조기 수령보다 더 많은 금액을 받게 된다. 만약 100세까지 산다고 가정하면, 그 차이가 얼마나 벌어질지 쉽게 상상할 수 있을 것이다.

다만 이 계산식에는 두 가지 중요한 사항을 고려하지 않았다.

첫째, 물가상승률을 고려한다면 '규모의 이익'이 존재한다. 즉, 만약에 전년도 물가상승률이 3%라면 조기연금의 경우 그다음 해 1월부터는 70만×(1+0.03)=72만 천 원을 수령하게 된다. 즉, 2만 천 원이 증가한다. 그러나 정상연금의 경우 100만×(1+0.03)=103만 원을 수령하게 된다. 이처럼 금액이 많을수록 물가상승률에 따른 인상률은 더 커진다. 이를 12년간의 복리로 계산한다면 손익분기점에 달하는 76세는 1~2년 더 낮춰질 수 있다.

둘째, 조기연금을 받아 사용하지 않고 재투자하는 경우이다. 투자는 수익과 손실을 볼 가능성이 있지만, 필자가 권유한 것처럼 S&P500과 같은 인덱스 펀드에 적립식으로 투자한다면 물가상승률을 초과하는 추가 수익률을 올릴 수 있을 것이다. 이 경우 당연히 손익분기점에 달하는 연령은 76세 이상이 될 것이다.

정상연금과 연기연금의 손익분기점

정상연금과 연기연금 손익분기점

나이	정상연금 누적액	연기연금 누적액 (매년 7.2% 증액)	차액
65~69세	6,000만 원	0원	+6,000만 원
70~74세	12,000만 원	8,160만 원	+3,840만 원
75~79세	18,000만 원	16,320만 원	+1,680만 원
83세	22,800만 원	22,848만 원	-48만 원

주) 물가상승율을 감안하지 않았음

역시 앞의 표에서 보는 바와 같이, 65세부터 82세까지는 정상 수령이 유리하다. 매달 적은 돈을 받더라도 오랫동안 받다 보니 누적 금액이 더 많아지게 된다. 하지만 83세가 되는 순간 상황이 역전된다. 이때부터는 연기 수령을 했을 때 받게 되는 누적 금액이 더 커지기 시작한다. 83세가 정상 수령과 연기 수령의 손익분기점이 되는 셈이다. 즉, 83세 이전에 사망할 경우 정상 수령이 연기 수령보다 수령 금액이 많고, 83세 이후까지 생존한다면 연기 수령이 정상 수령보다 수령 금액이 많게 된다. 역시 100세 이후까지 산다고 가정해 보면 그 차이가 점점 벌어진다는 사실을 분명히 알 수 있다.

물론 앞의 표에서 '주'로 표기해 놓았듯이 계산의 편의상 물가상승률을 고려하지 않고 계산했으므로, 만약에 물가상승률과 투자수익률을 고려해서 계산해 본다면 조기 수령과 정상 수령의 손익분기점 연령이 1~2세 감소하거나 증가할 것이고, 정상 수령과 연기 수령의 손익분기점 연령 역시 1~2년 증가하거나 감소할 것이다.

이처럼 비록 조기 수령, 정상 수령, 연기 수령에 따른 손익분기점 연령을 계산해 볼 수 있지만, 자신의 생존 연령은 그 누구도 알 수 없으므로 각자의 상황을 종합적으로 고려해서 수령 시기를 결정하는 것이 좋다.

다음 그래프는 물가상승률과 투자수익률을 고려하지 않았을 경우, 조기연금, 정상연금, 연기연금의 '수령 시기에 따른 손익분기점'을 도표로 그린 것이다. 필자의 경우에는 연금 수령 시기인 만 62세에 도달했을 때 직장을 다니고 있었기 때문에 연기연금을 신청했다. 하지만 그다음 해 직장에서 퇴직했기에 1년 연기 후 만 63세부터 7.2% 증액된 국민연금을 받고 있다.

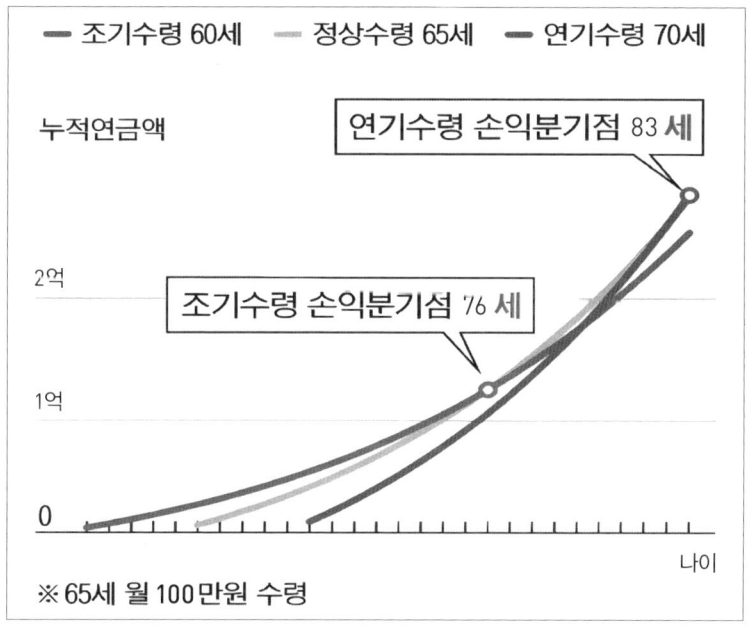

참고: 미래에셋투자와연금센터
(https://www.chosun.com/economy/money/2023/08/08/A6AXFFTJ5VBUBLYIQGI4ZAMJLM/)

기타 고려 사항

이외에도 연금 수령 시기를 결정할 때 건강보험 피보험자 자격을 유지할 수 있느냐와, 국민연금 때문에 기초연금이 감액된다는 사실 또한 꼭 고려해야 한다. 국민연금은 기초연금 자격 심사 시 100% 다 소득으로 계산된다. 따라서, 만약에 연기연금을 신청해서 월 167만 원(연간 2,000만 원) 이상이 된다면, 국민연금 때문에 건강보험 피부양자 자격을 상실해서 수십만 원의 건강보험료를 납부해야 하는 어이없는 상황이 발생할 수도 있다. 그래서 요즘은 건강보험 피보험자 자격을 유지하기 위해 국민연금 수령 금액을 줄이려는 목적으로 조기연금을 선택하는 경우도 있다.

또한, 국민연금 수령 금액이 기초연금의 150% 이상일 경우 기초연금이 최대 50%까지 감액될 수 있다. 2025년의 경우 기초연금 수급액이 342,510원이기 때문에, 국민연금 수령액이 기초연금 수령액의 150%인 513,760원을 초과할 경우 최대 50%까지 감액된다. 국민연금 수령액에 따른 기초연금 감액 금액은 '복지로'나 '보건복지부' 홈페이지에 들어가시면 간단히 알아볼 수 있다. 참고로 국민연금 수령액에 따른 기초연금 감액 추산 표를 보면 다음과 같다.

국민연금연계 기초연금 감액 예상액

국민연금 수령액	기초연금 감액 금액	수령 가능한 기초연금
513,760원 이하	0원	342,510원
600,000원	29,000원	313,510 원
700,000원	62,000원	290,510원
800,000원	95,000원	247,510원
900,000원	129,000원	213,510원
1,000,000원	162,000원	180,510원
1,027,500원 이상	171,250원(50% 감액)	171,250원

이상으로 국민연금의 조기연금, 정상연금, 연기연금의 차이점을 자세히 살펴보았다. 앞서 여러 차례 강조했듯이, 이 세 가지 방법 중에서 어떤 것이 더 낫다고 단정할 수는 없다. 사람마다 상황과 형편이 모두 다르기 때문이다.

따라서 본인의 상황을 종합적으로 고려하고, 국민연금공단 등 전문가의 조언을 받아 세 가지 방법 중 자신에게 가장 유리한 방안을 선택하는 것이 바람직하다. 다만 조기 수령이나 연기 수령을 선택했더라도, 만약 수령 기간이 아직 남아 있다면 정상 수령으로 전환할 수 있다. 이 점 역시 국민연금공단이나 전문가와 충분히 상의한 뒤 결정하는 것이 좋다.

연금 인출 전략: 4%와 7% 원칙

우리 사회는 점차 고령화되어 가고 있으며, 그에 따라 은퇴 이후의 삶에 대한 경제적 준비가 그 어느 때보다 중요해졌다. 특히 기대수명의 증가와 물가상승, 연금제도의 한계 등을 고려할 때, 개인 스스로의 은퇴자산 전략 수립이 필수적이다.

본서에서 제시한 연금 5층 집을 활용한 노후 재무설계에 있어서 가장 기초가 되고 중요한 부분은 국민연금이다. 그러나 현재와 같이 기대수명이 빠르게 증가하고, 물가상승률이 높으며, 생활비 또한 급격히 증가하는 추세에서는 국민연금만으로는 부족한 것이 분명하다. 이에 따라 제안된 연금 5층 집의 적정한 구성은 국민연금으로 은퇴 후 생활비의 50%를 충당하고, 나머지 50%는 퇴직연금과 연금저축펀드를 통해 보완하는 방식이다. 여유가 있는 사람이라면 주택연금과 월지급식 펀드를 활용함으로써 보다 여유로운 노후생활이 가능할 것이다.

지금부터는 은퇴자산 인출 전략으로 널리 알려진 '4% 원칙(Four Percent Rule)'에 대해 살펴보고, 4% 원칙을 강화한 7% 원칙의 실제 적용 시 고려해야 할 사항들을 정리해 보고자 한다.

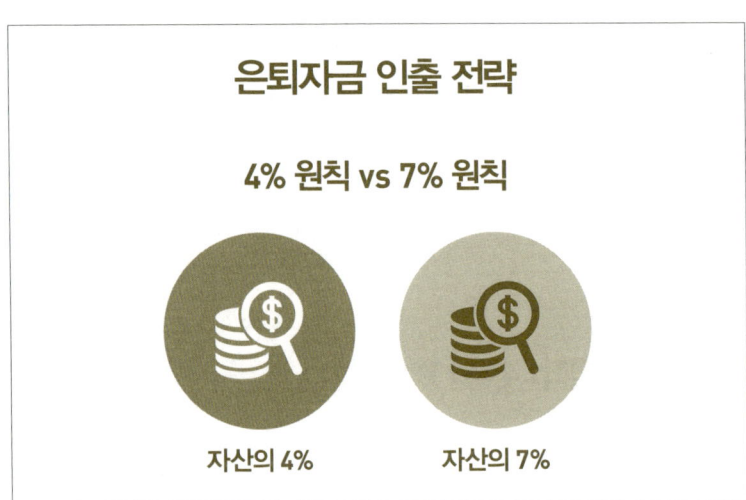

4% 원칙

4% 원칙은 1994년 미국의 재무설계사 윌리엄 벤젠(William Bengen)의 연구에서 출발하였다. 그는 미국 시장의 역사적 데이터를 분석하여, 주식과 채권으로 구성된 포트폴리오에서 4% 인출률을 유지하면 자산을 30년 이상 유지할 수 있다는 결론을 내렸다. 이후 트리니티 대학 연구진의 후속 분석을 통해 이 원칙의 유효성이 널리 알려지게 되었다.

4% 원칙에 따른 필요 은퇴자산은 다음과 같은 공식으로 계산한다.

필요 자산: 연간 생활비÷0.04=연간 생활비×25

예를 들어, 은퇴 후 연간 1,800만 원(월 150만 원)의 추가 생활비가 필요하다면 필요한 자산은 1,800만 원×25=4억 5천만 원이 된다. 즉, 4억 5천만 원을 투자해 두고 매년 4%에 해당하는 1,800만 원씩 인출한다면, 약 30년간 원금손실 없이 안정적으로 필요한 생활비를 마련할 수 있다.

단순하면서도 직관적인 4% 원칙 전략은 많은 은퇴자에게 실질적인 기준점으로 활용되고 있다. 그러나 이 방식 또한 몇 가지 가정과 한계를 전제하므로, 무작정 적용하기보다는 그 장점과 한계를 정확히 이해하고 활용하는 것이 필요하다.

우선, 4% 원칙의 가장 큰 장점은 계산이 단순하다는 점이다. 복잡한 금융 지식이 없어도 누구나 자신의 은퇴자산 규모에 따라 연간 인출 가능 금액을 손쉽게 산출할 수 있다. 이처럼 직관적인 구조 덕분에 노후 재무계획을 세우는 데 있어 실질적인 출발점이 되어 준다. 또한, 자산 고갈의 위험을 상대적으로 낮출 수 있다는 점도 이 원칙의 강점이다. 미국의 여러 연구 결과에 따르면, 과거 30년간 시장의 평균수익률을 기준으로 할 때 4% 인출률은 상당히 높은 지속 가능성을 보였다. 이러한 실증적 근거는 은퇴자의 생활 안정과 장기 재정 계획에 있어 신뢰할 수 있는 기준을 제공한다.

그러나 4% 원칙이 항상 완벽한 해결책이 되는 것은 아니다. 첫 번째 한계는 이 원칙이 고정된 수익률과 물가상승률을 전제로 하고 있다는 점이다. 실제 시장은 예측 불가능한 변동성을 동반하며, 특히 경제 위기 시기에는 자산가치가 급격히 하락할 수 있다. 이러한 상황에서는 4% 인출이 오히려 자산의 조기 고갈을 초래할 수도 있다.

또한, 개인의 삶에는 계획할 수 없는 변수들이 존재한다. 대표적인 예가 의료비와 같은 예상치 못한 고정 외 지출이다. 4% 원칙은 평균적인 생활비를 기준으로 설계된 것이기 때문에, 갑작스러운 의료비 지출이나 가족 돌봄 등과 같은 예외적 상황에 대한 대응력이 부족하다. 특히, 평균수명이 길어지는 추세에서는, 장수 위험과 예기치 못한 비용이 복합적으로 작용하여 이 원칙의 실효성을 낮출 수 있다.

4% 원칙은 출발점일 뿐, 개인 상황에 맞는 조정이 필요하다. 투자수익률이 낮은 시기에는 3% 원칙이 더 적절할 수 있으며, 투자수익률이 높은 시기에는 6~7% 원칙도 가능하다. 자신의 포트폴리오 구성, 생활비 계획, 인플레이션 예측 등을 바탕으로 조정해야 하며, 주기적인 리밸런싱(Rebalancing)과 유연한 생활비 지출 전략도 중요하다.

4% 원칙은 단순하면서도 강력한 은퇴자산 인출 전략이다. 그러나 이 원칙은 하나의 기준일 뿐, 개개인의 재무 상황과 시장 환경에 따라 유연하게 조정될 필요가 있다. 은퇴는 단순히 경제적 생존이 아닌 삶의 질과 직결된 문제이기에, 조기에 준비를 시작하고 자신에게 맞는 전략을 세우는 것이 무엇보다 중요하다.

7% 원칙(4% 원칙의 강화)

이상에서 은퇴자산의 4% 원칙에 대해서 자세히 설명하였지만, 물가상승률 3%와 수익률 4%를 적절히 조정하여 자신에게 적합한 노후 현금흐름을 설계하는 것이 중요하다. 미국 투자자들의 150년 연간 평균 투자수익률은 10%(물가상승률 3%)이다. 이 경우 물가상승률 3%를 차감하면 순수 투자수익률은 7%이다. 한국의 투자자들도 만약에 적립식 장기 투자를 한다면 연평균 7% 투자수익률은 충분히 달성할 수 있을 것이다. 따라서 이 글에서는 4% 원칙을 강화한 7% 원칙을 적용해서 국민연금으로 부족한 생활비의 나머지 부분을 충당하는 데 필요한 은퇴자금을 추정해 보고자 한다.

7% 원칙에 따른 필요 은퇴자산도 4% 원칙과 같은 공식으로 계산한다.
필요 자산: 연간 생활비÷0.07=연간 생활비×14.3

예를 들어, 은퇴 후 연간 1,800만 원(월 150만 원)의 추가 생활비가 필요하다면 필요한 자산은 1,800만 원×14.3=약 2억 6천만 원이 된다.

최근 여러 기관에서 발표한 자료에 따르면 2인 가구 기준으로 일상생활 유지에 필요한 매월 필요 자금은 최소 생활비는 월 250만 원 정도이고, 적정 생활비는 월 300만 원 정도이다.

여기서는 월 300만 원을 2인 가구 기준 필요경비로 설정하여 계산해 보겠다. 부부 기준 월 300만 원이 적정한 생활비라면, 우선 국민연금으로 50%인 150만 원을 충당하고, 나머지 150만 원은 퇴직연금에서 25%(75만 원), 연금저축펀드에서 25%(75만 원)를 보충하는 것이 이상적이라고 할 수 있다.

원금손실 없이 퇴직연금과 연금저축을 합산해 매월 150만 원의 현금흐름을 확보하려면, (4% 원칙과 7% 원칙을 적용하여 산정할 경우) 은퇴 시 두 계좌에 적립해 두어야 할 은퇴자금은 다음과 같다.

4% 원칙과 7% 원칙 비교표

항목	4% 원칙	7% 원칙	비고
연간 인출률	4%	7%	수익률 유지 가정
예상 수익률	7%	10%	물가상승률 3%
필요 은퇴자산	4억 5천만 원 (1,800만×25)	2억 6천만 원 (1,800만×14.3)	7% 원칙이 필요한 은퇴자금이 적음
적용 기간	평생	평생	원금 유지
유산 가능성	남길 수 있음	남길 수 있음	원금 유지
투자 성향	안정적 투자자	중립적 투자자	주식 비중 중요

앞의 표에서 보듯, 4% 원칙을 적용할 경우 은퇴 후 원금손실 없이 연간 1,800만 원(매월 150만 원)을 퇴직연금과 연금저축펀드에서 인출하려면 각 계좌에 2억 2천 5백만 원(합계 4억 5천만 원)의 자금을 적립해야 한다. 반면, 7% 원칙을 적용할 경우에는 퇴직연금과 연금저축펀드 계좌에 각각 1억 3천만 원(합계 2억 6천만 원)만 적립하면 된다. 물론 상황에 따라 퇴직연금과 연금저축펀드에 적립할 금액의 비중은 조정할 수 있다.

제한된 은퇴자금으로 노후의 적정 생활비를 충당하기 위해서는 7% 원칙을 지키는 것이 중요하다. 이를 위해서는 무엇보다도 연 7%의 투자수익률이 안정적으로 보장되어야 하며, 이러한 목표를 확실하게 달성하는 유일한 방법은 '장기·적립식 투자'라는 사실을 반드시 기억해야 한다.

종합해 보면, 4% 원칙과 7% 원칙은 단순한 공식이 아니라 장기적인 은퇴 전략을 수립하는 데 활용할 수 있는 유용한 틀이다. 투자수익률, 물가상승률, 기대 생활비 등 다양한 변수를 고려해 자신에게 적합한 전략을 마련하는 것이 중요하다. 따라서 노후에 최소한의 경제적 자립을 이루기 위해서는 가능한 한 이른 시점부터 자산을 축적하고, 장기 복리의 효과를 누릴 수 있도록 꾸준히 투자해야 한다.

진정한 경제적 자유란 단순히 일을 하지 않는 상태가 아니라, 자신이 원하는 삶을 살아갈 수 있는 선택지를 확보하는 데 있다. 그리고 그 선택의 기반은 바로 체계적인 노후 재무설계임을 잊지 말아야 한다.

공적연금 연계제도

100세 시대이자 초고령화 사회로 접어든 대한민국에서 공적연금 제도의 중요성은 날로 커지고 있다. 공적연금은 국민의 노후생활 안정을 보장하는 핵심 제도로, 국민연금, 공무원연금, 군인연금 등이 대표적인 예이다. 그러나 각기 다른 연금제도의 운영 방식과 혜택 차이로 인해 개인들은 노후 대비 과정에서 어려움을 겪고 있다. 이러한 문제를 해결하기 위한 방안 중 하나가 바로 '공적연금 연계제도'이다. 지금부터 공적연금 연계제도의 개념, 필요성, 구조와 운영 방식, 그리고 사회적·경제적 효과 등에 대해서 살펴보고자 한다.

공적연금 연계제도란 서로 다른 종류의 공적연금 제도를 상호 연계하여 국민이 보다 통합적이고 효율적인 연금 혜택을 받을 수 있도록 하는 제도이다. 즉, 국민연금과 공무원연금, 군인연금 등 다양한 공적연금 제도를 연결해 중복 수급이나 불평등을 해소하는 것을 목적으로 한다. 이러한 연계는 연금 수급자 간 혜택 불균형을 줄이는 데 이바지하며, 각 연금제도의 특성을 반영하여 운용된다.

공적연금 연계제도의 필요성은 다음과 같다. 최근 'MZ세대' 공무원들의 조기 퇴직 현상이 증가하면서 사회적 문제로 확대되고 있다. 과거 공무원 사회는 '평생직장'이라는 개념과 함께 퇴직 후까지 보장되는 안정적인 연금 덕분에 높은 인기를 누렸다. 특히 연금은 퇴직 결정을 주저하게 만드는 '황금 족쇄' 역할을 했다.

그러나 최근에는 경직된 조직문화, 낮은 보수 등으로 인해 20·30대 젊은 공무원들이 공직을 떠나는 사례가 급증하고 있다. 인사혁신처의 국정감사 자료에 따르면, 재직 기간 3년 미만 공무원 퇴직자는

2022년 7,462명, 2023년 8,492명, 2024년 8,773명으로 매년 증가세를 보인다.

공무원으로 재직하다가 10년 이내에 이직하면 연금을 받을 수 없어 노후 준비에 큰 걸림돌이 된다. 물론 퇴직 시 그동안 낸 공무원연금을 일시금으로 받을 수 있으나, 이는 노후 대비에 실질적 도움이 되지 못한다. 이는 공무원뿐 아니라 사립학교 교원, 군인, 우체국 직원 등 직역연금 가입자 모두에게 해당된다.

이러한 문제를 해결하기 위해 정부는 2009년 '공적연금 연계제도'를 도입했다. 이 제도는 국민연금과 공무원연금, 사학연금, 군인연금, 별정우체국연금 등 직역연금의 가입 기간을 합산하여 연금 수급권을 확보해 준다. 과거에는 각 연금제도가 분리되어 있어, 최소 가입 기간을 채우지 못하고 직장을 옮기면 연금 혜택을 받기 어려운 '연금 사각지대'가 존재했다.

그러나 2009년 제도 시행 당시에는 합산 가입 기간이 20년 이상이어야 연계 연금을 신청할 수 있었기에, 실제 혜택을 보는 경우가 많지 않았다. 예를 들어, 공무원으로 15년 근무 후 민간기업으로 옮겨 국민연금에 5년 가입해야만 연계 연금을 신청할 수 있었다.

이러한 제도의 한계를 완화하기 위해, 연금연계법은 2021년 개정되었고, 직역기관에서의 퇴직이 2016년 1월 2일 이후인 사람부터 합산 기간 요건을 10년 이상으로 낮추도록 하였다. 이에 따라 직역 간 이동이 잦은 현대사회에서 더 많은 가입자가 연금 수급권을 확보할 수 있게 되었다.

공적연금 연계제도의 구조와 운영 방식을 보면 공적연금 연계제도의 핵심은 가입자가 직역 간 이동 시 이전 직역에서의 가입 기간과 이후 직역에서의 가입 기간을 합산해 연금 수급 자격을 부여하는 것이다. 연금 지급 시에는 제도별 가입 기간에 비례하여 금액을 산정하고, 각 연금 기관이 해당 금액을 지급한다. 이를 통해 연금 재정의 부담을 분산하고, 가입자의 노후 소득 보장을 강화한다.

공적연금 연계제도의 사회적, 경제적 효과는 다음 세 가지로 요약할 수 있다.

첫째, 연금 사각지대 해소 효과. 직역 이동으로 인해 최소 가입 기간을 채우지 못했던 사람들도 연금 수급이 가능해졌다.

둘째, 직업 선택의 자유 확대. 과거에는 연금 수급권을 잃지 않기 위해 직업 이동을 포기하는 경우가 많았으나, 제도 도입 이후 이러한 제약이 완화되었다.

셋째, 노후 소득 보장 강화. 연계제도를 통해 가입자는 안정적인 노후 소득을 확보할 수 있으며, 이는 국가 차원에서 노인빈곤율을 낮추는 데 기여한다.

공적연금 연계제도는 고령화 사회를 대비하는 중요한 방안으로, 현재와 미래의 국민이 안정적인 노후를 보낼 수 있도록 돕는 핵심 제도이다. 각기 다른 연금제도의 혜택 차이를 해소하고, 보다 공정하고 효율적인 연금 지급 시스템을 구축하는 데 중요한 역할을 한다. 향후 이 제도가 더욱 확대되고, 다양한 형태로 개선된다면, 국민의 노후생활에 큰 도움이 될 것이다. 이를 통해 대한민국이 더 나은 사회적 안전망을 구축할 수 있을 것으로 기대된다.

농업직불금

　대한민국은 세계에서 가장 빠르게 고령화가 진행되는 나라 중 하나로, 농촌 고령화 역시 심각한 수준에 이르렀다. 특히 농업에 종사하는 고령 인구의 경우, 국민연금이나 퇴직연금 등 전통적인 노후 소득 보장 체계로부터 충분한 혜택을 받기 어려운 구조 속에 놓여 있다. 이처럼 취약한 노후 환경 속에서, 농지연금과 농업직불금은 고령 농업인의 노후 생계를 보장하고 사회적 안전망의 역할을 수행하는 핵심 수단으로 주목받고 있다. 지금부터는 농업직불금의 기본 개념과 구조를 살펴보고, 이를 어떻게 효과적으로 활용할 수 있는지를 고찰해 보기로 한다.

　농업은 인간의 생존을 위해 필수적인 식량을 공급하는 산업이지만, 경제 측면에서는 상대적으로 낮은 수익성과 불안정성을 지니고 있다. 이에 따라 정부는 농업인의 소득을 보전하고 농촌 사회의 안정을 도모하기 위해 다양한 지원 정책을 운영해 왔다. 그중 대표적인 제도가 바로 '농업직불금'이다. 농업직불금은 시장 가격과 관계없이 일정한 조건을 충족한 농업인에게 직접 지급되는 보조금으로, 농업의 공익적 가치를 보장하고 식량 안보를 강화하는 중요한 정책 수단이다. 이 제도는 특히 고령화와 인구 감소로 위기를 맞고 있는 농촌 지역의 지속 가능성을 높이기 위한 핵심적인 역할을 하고 있다.

　농업직불금은 크게 두 가지 유형으로 나뉜다. 첫째는 '기본형 직불금'으로, 일정 면적 이상 농사를 짓는 농업인에게 기본적인 보조금을 제공하는 제도이다. 이 제도는 소농 중심으로 설계되어 있으며, 농지 면적에 따라 지급액이 차등화된다. 둘째는 '선택형 직불금'으로, 친환경농업, 경관 보전, 조건이 불리한 지역 지원 등 공익적 가치를 실현하는 농업 행위에 대해 추가로 지원하는 방식이다. 직불금은 단순한 보조금이 아니라, 일정 기준을 충족해야만 지급되므로, 농업인의 자발적인 참여와 책임 있는 농업 경영이 전제된다. 특히 2020년부터 시행된 공익직불제는 농지 관리, 농약 사용, 교육 이수 등의 요건을 부과하여 제도의 투명성과 공공성을 강화하고자 했다.

고령 농업인들에게는 기본형 직불금이 중요한 소득원이 된다. 기본형 직불금은 일정 면적 이상을 경작하는 농업인에게 지급되며, 고령자와 소농에게 더 유리한 구조를 지니고 있다. 이는 연금소득이 부족한 고령 농가에 안정적인 현금흐름을 제공하며, 노후 생활비 충당에 실질적인 도움이 된다. 또한, 선택형 직불금은 친환경농업 등 공익적 가치를 실현한 경우에 추가로 지급되는데, 이는 노후에 건강과 공동체 기여를 중시하는 삶의 방식과도 잘 부합한다. 특히 은퇴 이후에도 일부 농업 활동을 유지하고자 하는 고령 농업인에게 직불금은 의미 있는 경제적 동기와 사회적 연결의 통로가 된다.

기본형과 선택형에 따른 농업직불금 수령 금액 예시 표를 보면 다음과 같다.

농업직불금 수령금액 예시표(2024년 기준)

구분	세부 항목	지급 단가 (원/ha 또는 농가)
기본형 직불금	소농직불금 (소농가)	1,200,000 / 농가
	면적직불금 (일반농가)	1,084,000~2,051,000 / ha
선택형 직불금	경관보전직불금	최대 4,000,000 / ha
	친환경직불금 (유기농)	1,000,000~1,600,000 / ha
	논이모작직불금	500,000 / ha
	쌀소득보전직불금	폐지, 기본직불에 통합

자료: 한국농어촌공사

농업직불금이 노후 소득 보장의 수단으로 자리 잡기 위해서는 몇 가지 한계를 극복해야 한다. 첫째, 직불금 지급 요건이 지나치게 복잡하거나 행정절차가 과중할 경우, 고령 농업인의 접근성이 낮아진다. 둘째, 직불금의 지급 수준이 실제 노후 생활비를 충당하기에는 다소 부족하여, 연금이나 다른 소득원과의 연계가 필요하다. 셋째, 일부 제도는 대농 위주로 설계되어 있어 진정한 의미의 노후 지원으로 기능하기 위해서는 소농과 고령자에게 실질적인 혜택이 돌아가도록 구조 개선이 필요하다. 이러한 문제를 해결하지 않으면 직불금은 단기적인 소득 보조에 머무를 뿐, 안정적 노후 준비라는 본래 취지를 달성하기 어렵다.

농업직불금은 단순한 보조금을 넘어, 고령 농업인의 삶을 지탱하는 공공정책으로 재정립되어야 한다. 노후 준비를 위한 정책 수단으로서 직불금의 역할을 강화하려면, 첫째로 지급 요건을 고령 농업인의 현실에 맞게 간소화하고, 둘째로 농촌복지와 연계된 직불금 활용 모델을 개발해야 한다. 셋째로, 직불금을 단순한 경작 면적 기준이 아니라, 지속 가능한 농업 활동과 공동체 기여도 등 공익적 기준에 따라 차등 지급하는 방식으로 발전시켜야 한다. 고령화가 심화하는 농촌에서 농업직불금은 연금의 보완재이자 사회적 돌봄의 도구가 될 수 있다. 앞으로의 농업직불금 제도는 노후를 보다 건강하고 존엄하게 살아갈 수 있도록 돕는 방향으로 개선되어야 할 것이다.

기초연금의 중요성

2025년은 필자가 드디어 공식적으로 만 65세 노인이 되는 해이다.

직업군인의 경우 대령에서 장군으로 진급하면 그 대우가 수십 가지 달라진다고 한다. 또한 직장에서 임원으로 승진하면 역시 그 대우가 크게 달라진다고 한다. 이와 마찬가지로 대한민국 국민으로서 만 65세가 되면 수십 가지에 달하는 다양한 혜택을 누릴 수 있다.

돌아보면 대한민국은 여러 문제점도 있지만, 복지 측면에서만큼은 국민에게 선진국 못지않은 많은 혜택을 제공하는 참 좋은 나라이다. 만 65세가 되면 누릴 수 있는 혜택 중 가장 대표적인 것은 기초연금을 받을 수 있다는 점과 지하철을 무료로 이용할 수 있다는 것이다. 이외에도 KTX나 SRT 등 고속열차표를 30% 할인(특실 요금 제외)된 가격에 구매할 수 있고, 고궁 입장료도 무료이다. 필자 역시 올해부터 이러한 다양한 혜택을 누릴 수 있게 되었다.

그러나 '노인들은 과연 혜택만 누리며 살아도 되는가?'라는 점에 대해 깊이 고민해 볼 필요가 있다. 우리가 잘 아는 바와 같이 '권리'에는 반드시 '책임과 의무'가 따른다. 따라서 연장자로서, 더 나아가 우리 조국을 사랑하는 국민의 한 사람으로서 우리가 누려야 할 권리는 무엇이며, 또 지켜야 할 의무는 무엇인지 성찰하는 '멋있고도 행복한 시니어'가 되었으면 한다.

지금부터 65세가 되면 누릴 수 있는 여러 혜택 중 하나인 '기초연금'에 대해 좀 더 자세히 살펴보고자 한다. 국가에서 소득 하위 70%에 해당하는 국민에게 지급하는 연금을 '기초연금'이라 한다. 이에 비해 국민연금은 '노령연금'이라고 부른다. 기초연금의 대상자 선정 기준은 매년 1월에 공고된다.

기초연금 수령 대상자를 가르는 기준이 되는 '소득인정액(선정기준액)'은 '월 소득평가액+재산의 월 소득환산액-부채'의 합계에 따른다.

그런데 의외로 그 소득인정액이 꽤 높아서 예금이 몇억 원이 있어도, 몇억 원짜리 아파트가 있어도, 소득이 100~200만 원이 있어도 기초연금 대상자가 될 수 있다. 그러나 절대 잊지 말아야 할 것은 기초연금은 '신청주의'이기 때문에 본인이 신청하지 않으면 국가에서 알아서 지급해 주지 않는다는 것이다. 그러니 소득과 재산이 몇억 원이 있어도 미리 포기하지 말고, 꼭 행복지원센터(구 동사무소)에 가셔서 기초연금을 받을 수 있는지 면담해 보기 바란다.

기초연금 대상자 선정 기준은 매년 바뀐다. 그 선정 기준에 대해서 좀 더 자세히 알아보면 다음과 같다. 먼저 다음 표에서 보는 바와 같이 2025년도에 변경된 소득인정액은 단독가구 228만 원, 부부가구 364.8만 원이다. 즉, 단독가구는 소득인정액이 228만 원, 그리고 부부가구는 364.8만 원 이하일 경우 기초연금을 수령할 수 있다. 이 글을 읽는 독자들은 선정기준액이 생각보다 높다는 생각을 할 것이다. 정부는 매년 초 전년도 물가상승률, 전 국민 소득증가액 등을 고려하며 소득인정액을 증가시키고 있다. 2025년도에는 7% 증가하였다.

기초연금 소득인정액 (2025년)

구분	2024년	2025년	증가액
단독가구	213만 원	228만 원	15만 원(+7%)
부부가구	340.8만 원	364.8만 원	24만 원(+7%)

다음 표에 보는 것처럼 기초연금액은 단독가구 342,510원이고, 부부가구는 548,010원이다. 2024년도 물가상승률 2.3%가 반영되어서 그만큼 오른 것이다. 여기서 부부가구라고 함은 부부 모두 65세가 넘

는 경우를 말한다. 예를 들어 부부가 4살 차이가 나는 경우 남편이 단독가구로 먼저 기초연금 342,510원을 수령하고, 아내가 65세가 되는 4년 뒤에야 부부가구로 548,010원을 수령할 수 있다.

기초연금액(2025년)

구분	2024년	2025년	증가액
단독가구	334,810원	342,510원	7,700원(+2.3%)
부부가구	535,690원	548,010원	12,320원(+2.3%)

주) 부부가구의 경우 20% 감액

기초연금이나 국민연금이 기타 사적연금보다 좋은 이유 중 하나는, 매년 물가상승률을 반영하여 지급 금액을 인상하기 때문이다. 이는 물건을 살 수 있는 능력인 '구매력(Purchasing Power)'을 일정 수준 유지해 주기 때문에 큰 장점이 된다.

단, 부부가구의 경우, 1인당 342,510원을 합산해 685,020원을 지급하는 것이 아니라, '부부 감액' 규정에 따라 20%를 감액한 548,010원을 지급한다. 이는 경제학적으로 볼 때 두 사람이 함께 살 경우 단독으로 사는 것보다 생활비가 적게 들기 때문에, 그 절약되는 비용만큼 차감한 것이다. 이론적으로는 이해할 수 있지만, 저소득층의 생활 안정을 위한 제도임에도 불구하고 경제적 비용효과까지 철저히 계산하여 적용하는 것은 다소 야박하게 느껴지는 것도 사실이다.

기초연금에는 '부부 감액'과 같이 다소 야박하게 느껴질 수 있는 감액 제도가 몇 가지 존재한다. 예를 들어, 기초생활보장 수급 노인에게 기초연금을 지급하면 그만큼 생계급여가 삭감되었다. 최근 정부는 이런 '줬다 뺏는' 구조를 완화하기 위한 제도 개편을 추진 중이며, 2026

년부터는 기초연금 일부를 소득인정액에서 제외하는 방식 등으로 감액을 줄이려는 계획을 세우고 있다.

또한 국민연금을 일정 금액 이상 수령할 경우 기초연금을 줄이는 '국민연금 연계 감액 제도'도 있다. 국민연금 수령자는 그 수령액에 따라 최대 50%까지 기초연금이 감액될 수 있다. 평생 성실히 국민연금을 납부했음에도, 정작 수령 시점에 기초연금이 줄어든다는 점은 매우 불합리한 규정이라 하지 않을 수 없다. 이러한 이유로 '국민연금 연계 감액 제도'가 부당하다는 민원이 꾸준히 제기되고 있으며, 국회에서도 매년 폐지를 위한 법안이 상정되고 있다. 그러나 아직까지 이 제도는 폐지되지 않고 있다.

또 다른 경우로, 이해는 되지만 수령자 입장에서는 다소 야박하게 느껴질 수 있는 제도가 바로 '소득역전방지 감액'이다. 예를 들어, 단독가구의 소득인정액 상한이 228만 원이라고 하자. A 씨의 소득인정액이 210만 원일 경우, 기초연금 342,510원을 전액 받을 수 있다. 그러나 소득인정액이 230만 원인 B 씨는 기초연금을 전혀 받을 수 없으므로, 결과적으로 A 씨가 오히려 142,510(2,100,000+342,510=2,442,510, 2,442,510-2,300,000=142,510)원을 더 받게 된다. 이러한 불합리를 방지하기 위해 A 씨의 경우에는 소득인정액 차액인 18만 원만 지급된다(228만 원-210만 원=18만 원).

이처럼 A 씨가 감액 적용으로 인해 기초연금을 절반밖에 받지 못한다면 억울하다고 느낄 수 있다. 그러나 소득인정액이 기준을 2만 원만 초과하여 단 한 푼의 기초연금도 받지 못하는 B 씨의 상황을 고려한다면, 절반이라도 받는 것이 더 나은 선택이라고 볼 수 있다.

이처럼 원칙적으로는 이해할 수 있으나 다소 야박해 보이는 여러 감액 제도로 인해, 정부는 형편이 어려운 저소득층 국민에게 기초연금이라는 일종의 '선물'을 제공하면서도 동시에 비난을 받고 있는 실정이다.

매년 소득인정액의 변동에 따라 기초연금 수령 자격에서 탈락할 수도 있고, 반대로 이전에는 받지 못했던 사람이 새롭게 기초연금 대상자가 될 수도 있다. 특히, 작년에 받지 못했다고 해서 올해도 당연히 받을 수 없는 것은 아니다. 소득인정액이 줄어들었다면 기초연금 수령 대상이 될 수 있으므로 매년 신청해 보는 것이 바람직하다. 또한 소득인정액의 변화에 따라 기초연금의 감액 금액 역시 달라질 수 있다.

이제부터 소득인정액을 계산하는 방법에 대해 알아보겠다. 다소 복잡한 계산이 필요하므로, 여기서는 개념만 간략히 살펴보도록 하겠다. 최대한 쉽게 설명하겠지만, 숫자만 봐도 어지럼증이 생기는 사람이라면 인터넷에서 '기초연금 계산기'를 검색해 보는 것이 좋다. 해당 사이트에 자신의 소득과 재산 등을 입력하면 기초연금 수급 가능 여부와 예상 수령액을 자동으로 계산해 보여 준다.

다음 인터넷주소는 보건복지부 홈페이지에 안내된 소득인정액 계산 사이트이다. 이곳에 접속해 직접 자신의 소득인정액을 계산할 수 있으며, 그것마저 복잡하다고 느껴진다면 행정복지센터를 방문해 담당자에게 계산을 요청하면 된다.

출처 : https://basicpension.mohw.go.kr/menu.es?mid=a10303000000

　소득인정액(선정기준액)'은 '월 소득평가액+재산의 월 소득환산액-부채'에서 고급 자동차(4,000만 원 이상) 및 회원권의 가액을 더한 금액이다. 4,000만 원 미만의 차량을 소유했을 경우 그 차량가액이 일반 재산에 합산된다. 소득, 일반 재산, 금융 재산 및 부채를 모두 합산해서 소득인정액을 산정하는 것이 아니라, 다음의 산정 방식에서 보는 바와 같이 각각을 환산액으로 계산을 한 후에, 이를 합해서 소득인정액을 산출한다. 특히, 소득평가액을 산정할 때 일정 한도 내에서 교육비와 의료비를 공제(차감)해 주기 때문에, 이를 잘 활용하면 실제 산정되는 소득평가액을 줄여 기초연금 수급 자격을 충족하는 데 유리하게 작용할 수 있다.

　　소득인정액=월 소득평가액+재산의 월 소득환산액-부채

　　-월 소득평가액={(근로소득-112만 원)×70%}+연금 등 기타소득

　　-재산의 월 소득환산액=[{(일반 재산-지역별 공제금액)+(금융 재

산-2,000만 원)-부채}×연 소득환산율(4%)/12월]+P

-P: 고급 자동차(4,000만 원 이상) 및 회원권의 가액

선정기준액(2025년): 단독가구 2,280,000원, 부부가구 3,648,000원

그 예로, 대도시에 거주하는 A 씨가 월 소득 200만 원, 연금 월 40만 원, 일반 재산 3억 원, 금융 재산 2억 원, 부채 5천만 원일 경우 소득인정액 계산 방식은 다음과 같다.

월 소득평가액: 1,016,000원

> 공식: [(근로소득-112만 원)X70%]+연금 등 소득

[(200만 원-112만 원)X70%]+40만 원

[(88만 원)X70%]+40만 원

[616,000원]+400,000원=1,016,000원(소득인정액)

일반 재산: 550,000원

> 공식: [(일반 재산-지역별공제금액) X 4%]÷12개월

[(3억 원- 대도시 (13,500만 원) / 중소도시 (8,500만 원) / 농어촌 (7,250만 원))X4%]÷12개월

[대도시 (16,500만 원) / 중소도시 (21,500만 원) / 농어촌 (22,750만 원))X4%]÷12개월

소득인정액
대도시 (550,000원)
중소도시 (716,667원)
농어촌 (758,333원)

금융 재산(현금, 예금, 보험, 주식, 채권 등을 모두 합한 금액): 600,000원

공식 : [(금융 재산−2,000만 원)X4%]÷12개월

[(2억 원−2,000만 원)X4%]÷12개월
[1억 8,000만 원X4%]÷12개월
[720만 원]÷12개월=600,000원

부채: 166,667원

은행 등 인정받는 기관에서 빌린 부채는 재산에서 공제하고 계산

공식 : [부채]X4%÷12개월

[(5천만 원)X4%÷12개월=−166,667원(소득인정액)

즉, 부채 5천만 원인 경우 소득인정액 166,667원 감소함.

A 씨의 소득인정액은 이상의 계산식을 통해서 각각 산출한 '월 소득인정액+일반 재산 월 환산액+금융 재산 월 환산액−부채'의 합계인 1,999,333원이다. 이를 정리하면 다음 표와 같다.

소득인정액 환산표

구분	금액	소득인정액 환산액	비고
소득	월급 200만 원 국민연금 40만 원	1,016,000원	61.6만 원 +40만 원
일반 재산	3억 원	550,000원	대도시기준
금융 재산	2억 원	600,000원	
부채	5천만 원	−166,667원	
합계		1,999,333원	

이상의 예에서 소득인정액 환산액이 월 1,999,333원이기 때문에 A씨가 단독가구라면 소득역전감액 때문에 2,280,000원(소득인정액 기준)−1,999,333원=280,660원을 받을 수 있다. 반면, 부부가구라면 소득인정액이 월 3,648,000원이므로 기초연금 전액(548,010원)을 받을 수 있다.

앞서 언급했듯이, 올해 기초연금을 받지 못했다고 해서 앞으로 영원히 받지 못하는 것은 아니다. 내년에 소득이나 재산이 줄어든다면 기초연금을 받을 수 있게 된다. 다만 소득인정액이 기준액에 근접한다면 감액을 피하기는 어려울 것이다. 따라서 소득과 재산을 체계적으로 관리하여, 국가가 국민에게 제공하는 가장 중요한 혜택 중 하나인 기초연금을 안정적으로 받을 수 있도록 해야 한다.

건강보험료 절감 전략

100세 시대, 노후생활에서 가장 중요한 요소 중 하나는 바로 의료비이다. 나이가 들수록 병원을 찾는 횟수는 자연스럽게 증가하고, 이에 따라 건강보험의 중요성도 더욱 커진다. 특히, 은퇴 이후 정기적인 수입이 줄어드는 상황에서 매월 고정적으로 나가는 건강보험료는 부담스러운 지출이 될 수 있다.

많은 사람이 은퇴 후 수입이 없으니 보험료도 줄어들 것이라 기대하지만, 실제로는 국민연금 수령이나 미미한 소득만으로도 보험료가 크게 오를 수 있다. 필자 역시 오랜 해외 생활을 마치고 한국에 돌아와 건강보험 제도의 복잡성과 변화된 부과 기준을 체감하게 되었고, 그 과정을 통해 많은 것을 배우게 되었다. 지금부터는 필자의 실제 사례를 바탕으로 건강보험료 산정 방식과 피부양자 자격의 기준을 짚어 보고, 노후에 실질적인 부담을 줄이기 위한 전략을 함께 고민해 보고자 한다.

필자는 1993년 한국을 떠났다가, 2022년 12월 약 30년 만에 한국으로 돌아왔다. 2022년 말에 막 한국으로 돌아왔을 때는 재산이 거의 없었고, 국민연금도 수령하기 전이라 최저 건강보험료 19,500원이 부과되었다. 그러나 2023년부터는 국민연금을 수령하게 되어서 건강보험료가 6만여 원 나왔고, 2024년부터 근처 대학에서 시간강사로 일하게 되면서 건강보험료가 10만 원으로 증가하였다.

늘어난 재산도 없고, 국민임대주택에서 살기 때문에 집도 없으며, 차도 없는데 왜 건강보험료가 증액되었는지 궁금했다. 그래서 국민건강공단에 전화를 해서 담당자와 통화를 했다. 담당자 말이 필자 부부의 건강보험료를 산정하는 데 국민연금 소득의 50%와 강남대학교 강사료를 반영하여 건강보험료가 증액되었다고 했다.

필자가 부담하는 건강보험료 월 10만 원이 다른 사람들에 비해서 그리 많지 않고, 또 필자가 한국에서 누리는 의료혜택이 큰지라 건강보험료가 오른 것에 대해서 큰 불만은 없다. 하지만 노후에 건강보험료 10만 원도 적은 돈은 아니기에, 마침 딸아이가 한국으로 돌아와서 회사에 다니고 있어서 건강보험 피부양자로 신청을 했다. 그러나 건강보험공단에서는 필자의 소득이 국민연금 포함해서 연간 2,000만 원을 초과해서 피부양자 자격이 없다고 했다.

이처럼 건강보험료 계산 방식은 일반인들이 쉽게 이해하기 어려울 만큼 복잡한 것이 사실이다. 따라서 필자 역시 충분히 숙지하지 못했던 건강보험료 계산 방식과 피부양자 자격에 대해 자세히 살펴보고자 한다.

건강보험료 부과 기준은 2018년 7월 1일 1단계 개편이 이뤄졌고, 2022년 9월부터는 2단계 개편이 시행되었다. 다음은 정부가 밝힌 국민건강보험 2단계 개편의 취지 설명이다.

> 2000년부터 적용되던 국민건강보험료 부과 기준이 저소득 지역가입자는 과중한 반면 고소득 피부양자는 무임승차한다는 비판이 있었습니다. 2018년 7월부터 1단계 개편, 2022년 9월부터는 2단계 개편을 통하여 단계적으로 저소득자 보험료를 줄이고 피부양자 요건을 강화하는 방향으로 국민건강보험 체계를 개편해 나갈 것입니다.

건강보험은 의무가입 제도로, 매달 보험료를 납부해야 하므로 국민 입장에서 부담이 큰 준조세 성격을 지닌다. 특히 1단계와 2단계 개편을 거치면서 많은 사람이 피부양자 자격을 상실해 지역가입자로 전환되었고, 이에 따라 건강보험료 부담이 급격히 증가했다.

따라서 현행 건강보험료 산정 방식을 제대로 이해하기 위해서는 먼저 2022년 9월부터 적용된 2단계 건강보험료 산정 방식의 변화 내용을 살펴볼 필요가 있다. 다음 페이지의 도표는 건강보험 2단계 개편의 주요 내용을 정리한 것이다.

2022년 9월 건강보험 2단계 주요 개편 내용

구분	항목	현행	부과체계 2단계 개편
지역가입자	재산 보험료 공제 확대	500만 원 ~ 1,350만 원 차등공제 (재산금액 구간 별 적용)	재산과표 5,000만 원 일괄공제
	소득 점수 폐지 정률제 도입	소득점수제(등급별)	정률제 (직장가입자와 동일한 보험료율 적용)
	자동차 보험료 부과대상 축소	배기량 기준 별 차등부과 1,600~3,000cc 보험료 30%↓ 1,600cc 이하 소형차 면제	4천만 원 이상 자동차만 부과
	최저보험료 기준 변경	연소득 100만 원 이하 → 월 14,650원	연 소득 336만 원 이하 → 월 19,500원 (직장가입자와 동일)
직장가입자	보수(월급) 외 소득 보험료 적용 강화	연간 3,400만 원 초과하는 경우 보험료 추가부담	연간 2,000만 원 초과하는 경우 보험료 추가부담
피부양자	자격기준 강화 (소득)	연소득 3,400만 원 초과 → 지역가입자 전환	연소득 2,000만 원 초과 → 지역가입자 전환
	자격기준 강화 (재산)	과표 5.4억 초과하면서 연소득 1천만원 초과 → 지역가입자 전환	현행 유지

자료: 보건복지부(https://www.bonghwa.go.kr/open.content/ko/news/news/other.machinery/news/?i=48072)

이처럼 1차 및 2차 개편을 거치면서 건강보험료 계산 방식은 더욱 엄격해졌다. 현재 시행 중인 2차 개편의 주요 내용은 다음과 같다.

첫째, 지역가입자 소득 부과 방식 변경되었다. 종전 97등급 소득 점수제를 폐지하고, 직장가입자와 동일하게 정률 부과로 변경했으며, 2023년 이후부터는 직전 연도 소득의 7.09%를 보험료로 부과하고 있다.

둘째, 재산 점수 공제를 확대했다. 재산 점수 산정 방식은 1차 개편과 동일하나, 재산공제를 종전 500만~1,350만 원에서 기본공제 5,000만 원으로 확대(2022년 9월부터)했다. 그리고 점수당 보험료는 2022년 205.3원에서 매년 인상하여 2025년에는 212.4원으로 인상됐다. 재산 점수는 재산세 과세표준을 기준으로 산출하며, 주택·건물·토지·선박·항공기·전세보증금·월세 등 다양한 항목이 포함되었다. 항목별 과세표준액 또는 보증금/월세 정보를 점수로 환산해(12만 원당 1점) 합산 후 최종 보험료를 산정한다.

셋째, 국민연금 반영 비율을 현행 30%에서 50%로 확대했다.

넷째, 건강보험료 부과 기준이 강화되어, 2022년 9월부터는 차량가액이 4,000만 원 미만인 자동차는 건강보험료 부과 대상에서 제외된다.

다섯째, 최저보험료 기준이 조정되었다. 개편 후 지역가입자 소득 기준이 연 336만 원 이하이면 월 19,500원을 최저보험료로 적용한다.

여섯째, 직장가입자의 경우, 근로소득 외의 소득이 연간 2,000만 원을 초과할 경우, 그 초과분에 대해 '소득월액 보험료'가 추가로 부과된다.

일곱째, 피부양자 자격 탈락 기준을 강화했다. 먼저 연 소득 요건은 종전 3,400만 원에서 2,000만 원으로 축소했다. 또한, 재산 요건은 과세표준 5.4억 원 초과+연 소득 1,000만 원 초과의 조합인 경우 피부양자에서 제외된다.

건강보험료 산정 예

퇴직 후 자녀의 피부양자 자격에서도 제외되어 지역가입자로 전환

될 경우, 납부해야 할 건강보험료가 얼마나 되는지는 국민건강보험공단에서 제공하는 모의 계산기를 통해 미리 확인할 수 있다.*

건강보험료 부과 방식은 크게 직장가입자와 지역가입자로 나뉜다. 직장가입자는 근로소득을 기준으로 보험료를 산정한다. 반면에, 지역가입자는 소득과 재산을 종합적으로 고려해 보험료를 산정한다. 각 가입 유형별 보험료 산정 방식을 살펴보면 다음과 같다.

첫째, 직장가입자의 건강보험료이다. 직장가입자의 건강보험료는 월급과 상여금 등 근로소득을 기준으로 7.09%를 부과한다. 회사(3.545%)와 개인(3.545%)이 절반씩 부담한다.

둘째, 지역가입자의 건강보험료이다. 지역가입자는 소득보험료와 재산보험료를 합산해 산출한다. 세대 기준으로 부과되며 소득과 재산 모두 반영한다. 먼저 소득보험료는 사업소득, 금융소득, 연금소득, 근로소득 및 기타소득을 모두 합산한 후 12개월로 나누어서 소득월액을 구한다. 이 소득월액에 건강보험료율 7.09%를 곱해서 구한다.

다음 재산보험료는 재산에 부과된 점수에 '점수당 금액'을 곱하여 산정한다. 2025년 기준으로 점수당 금액은 208.4원이다. 재산 점수는 재산세 과세표준 금액을 기준으로 산정하며, 재산세 과세표준은 주택·건물·토지·전세보증금·월세 등 보유 재산의 종류에 따라 각각 다른 비율로 계산된다. 재산 점수는 재산세 과세표준액에서 1억 원을 일괄 공제한 뒤, 60등급표에 따라 산정한다.

최종 건강보험료 산정은 소득보험료와 재산보험료를 더한다. 그

---

* 건강보험료 모의 계산기 바로 가기: https://www.nhis.or.kr/nhis/minwon/initCtrbCalcView.do

예로, 연간 소득이 2,000만 원이고, 국민연금 1,200만 원이며, 재산이 시가 5억 원 아파트 1채 보유했을 경우 건강보험료는 다음과 같다. (2025년 기준 재산점수당 금액은 208.4원이고, 재산공제는 1억 원이다.)

소득보험료: 118,160원

연간 2,000만 원×7.09%÷12개월=118,160원

연금보험료: 35,450원

연간 (1,200만 원×50%×7.09%)÷12개월=35,450원

재산보험료: 96,900원

시가 5억 원 아파트 → 공시가격 약 70%=3억 5천만 원

과세표준=3억 5천만 원×60%=2억 1천만 원

재산공제(1억 원) → 2억 1천만 원−1억 원=1억 1천만 원

재산점수=19등급 465점

보험료=465점×208.4원=96,900원

건강보험료: 118,160+35,450+96,900=월 250,510원

장기요양보험료(12.95%): 32,440원

지역보험료: 282,950원

다음으로 건강보험료를 절약하는 방법에 대해 살펴보고자 한다. 보험료를 줄이거나 전혀 내지 않는 가장 좋은 방법은 직장에 소속되어

건강보험료 산정표

구분	금액(원)
① 소득보험료×건강보험료율(7.09%)	118,160
② 연금보험료×건강보험료율(7.09%)	35,450
③ 재산점수	465점
④ 재산보험료(③×208.4원)	96,900
⑤ 건강보험료(①+②+④)	250,510
⑥ 장기요양보험료(⑤×12.95%)	32,440
지역보험료(⑤+⑥)	282,950

직장가입자가 되거나, 자녀의 건강보험에 피부양자로 등록되는 것이다. 그러나 주된 직장에서 퇴직한 뒤 새로운 직장을 구하는 일은 쉽지 않으며, 자녀의 건강보험 피부양자가 되는 것도 결코 간단하지 않다. 따라서 현실적으로 건강보험료를 최대한 줄일 수 있는 방법들을 이해하고 잘 활용하는 것이 중요하다.

첫째, 임의계속가입자 제도를 활용한다. 퇴직 시 바로 지역가입자로 전환되었고, 직장에서 내던 보험료보다 지역가입자 보험료가 높은 경우, 최대 3년간 퇴직 시점 보험료를 그대로 납부할 수 있다. 이를 '임의계속가입자' 제도라고 하며, 직전 18개월 중 12개월 이상 근무한 경우 신청 가능하다. 단, 퇴직 후 2개월 이내에 신청해야 한다.

둘째, 재산 증여를 통한 재산 인정액을 축소한다. 건강보험료 산정 시 반영되는 재산 인정액을 줄이기 위해 재산을 증여하는 방법이 있다. 다만, 직장가입자가 아닌 동거 가족의 재산은 지역가입자 보험료 산정 시 합산되므로, 지역가입자인 가족에게 증여하는 것은 이득이 없다.

셋째, 금융자산을 연금화한다. 금융자산이 많은 경우, ISA나 연금저축펀드 등 연금 계좌를 활용해 금융자산을 분산하는 방법이 있다. 이를 통해 이자 및 배당소득이 비과세되도록 하면 건강보험료 부과 대상 소득을 줄일 수 있다.

넷째, 공적연금 수령액을 조정한다. 국민연금 등 공적연금의 경우, 건강보험료 산정 시 연금 수령액의 50%가 반영된다. 따라서 조기연금을 신청해 국민연금 수령액을 줄이면 건강보험료 부담이 줄어들 수 있다. 다만, 조기연금 신청은 장기적으로 연금 총액이 줄어드는 불리한 선택이 될 수 있으며, 기초연금 산정에도 단순히 유리하다고 보기는 어렵다. 따라서 신중한 판단이 필요하다.

이상에서 살펴본 현행 건강보험료 계산 방식에는 여러 가지 불합리한 점이 존재한다. 주요 개선 필요 사항을 살펴보면 다음과 같다.

첫째, 국민연금의 소득 100% 반영 문제이다. 2022년 9월 건강보험 2단계 개편 시행으로 건강보험 피부양자 자격 요건이 대폭 강화되었다. 이전에는 소득 요건이 연 3,400만 원 이하였으나, 개편 이후에는 2,000만 원 이하로 낮아졌다. 또한, 재산 과세표준이 5억 4천만 원을 초과하면 합산 소득이 1,000만 원만 넘어도 피부양자 자격을 상실한다.

문제는 이 '합산 소득' 계산 시 국민연금을 포함한 공적연금 소득이 필요경비나 기본공제 없이 100% 반영된다는 점이다. 반면 금융소득은 2,000만 원 이하 분리과세가 가능하고, 임대소득도 필요경비율과 기본공제가 적용되므로 형평성 논란이 제기된다.

둘째, 국민연금에 대한 건강보험료 부과 비율 인상이다. 2022년 9

월 개편 이후, 국민연금 수령액의 50%에 건강보험료가 부과된다. 개편 이전 30%에서 20% 인상된 수치다. 반면 사적연금, 주택연금, 기초연금에는 건강보험료가 부과되지 않는다. 동일한 노후 소득임에도 공적연금만 부과 대상이 되는 것은 형평성에 문제가 있다. 따라서 국민연금 수령자의 특수성을 고려하여 일정 부분을 기본공제로 제외하고, 나머지만 반영하는 방식으로 개선하는 것이 더욱 합리적일 것이다.

셋째, 부동산에 대한 과도한 공제이다. 건강보험료 재산 점수 산정 시, 부동산 가액을 시가가 아닌 전년도 공시가격(재산세 과세표준) 기준으로 반영된다. 이 때문에 시가 대비 약 30~40% 낮게 평가되는 효과가 발생한다. 여기에 더해 2022년 9월 개편 이후 일괄 5,000만 원의 재산공제가 적용되어, 부동산 보유자에게 상대적으로 유리한 결과를 낳고 있다.

이상의 불합리한 요소들은 시급히 개선되어야 하며, 건강보험료 산정 방식은 국민 모두에게 공평하게 적용되어야 한다.

노후에는 절세 전략 못지않게, 준조세 성격을 띠는 건강보험료를 줄이는 일이 매우 중요하다. 특히 건강보험료는 단순히 의료혜택의 대가일 뿐만 아니라, 소득과 재산 수준에 따라 부담이 크게 달라지는 특성을 가지고 있다. 따라서 은퇴 이후의 재무 안정성을 지키기 위해서는 세금만이 아니라 건강보험료까지 함께 고려한 종합적인 재무설계가 필요하다.

소득과 재산을 효율적으로 관리하여 불필요한 보험료 부담을 최소화하는 것은 지혜로운 시니어의 실천적 지혜라 할 수 있다. 아울러 이는 단순히 개인의 부담을 줄이는 차원을 넘어, 합리적이고 지속 가능한 재정 운영을 가능하게 하여 삶의 질을 높이는 기반이 된다. 결국 현명한 시니어란 은퇴 후에도 소득, 세금, 보험료를 균형 있게 관리하며, 자신과 가족, 더 나아가 사회에 긍정적인 영향을 미치는 삶을 선택하는 사람이다.

1부 2장 이해를 위한 Q&A

Q. 국민연금으로 월 300만 원 수령이 가능할까요?

A. 예, 2025년 1월, 1988년 제도 시작(1988년) 이후 처음으로 월 300만 원 이상 국민연금을 받는 수급자가 나왔습니다. 국민연금은 납입 기간이 길고, 보험료를 많이 납부할수록 수령액이 커집니다.

- 월 300만 원 수령을 위해서는 가입 기간 30년 이상, 월 납입 상한액 납부가 거의 필수입니다.
- 월 300만 원 수령자의 경우 5년 연기연금을 활용해서 수령액을 36% 증가시켰습니다.
- 일반 근로자의 평균 수령액은 60~70만 원 수준이므로, 월 300만 원 수령은 고소득 장기 가입자에게만 해당합니다.

Q. 국민연금을 조기 수령할까요, 연기할까요?

A. 선택 기준은 아래와 같습니다.

- 조기 수령(최대 5년 앞당김): 수령액이 매년 6%씩 감액됨(5년 조기 시 약 30% 감액)
- 연기 수령(최대 5년 연기): 수령액이 매년 7.2%씩 가산됨(5년 연기 시 약 36% 증액)
- 조기 수령은 건강 문제나 소득 단절 상황일 때 유리하고, 연기

수령은 장수 가능성이 크고 다른 소득원이 있는 경우 유리합니다.

Q. 연금 인출 전략의 4% vs 7% 원칙은 무엇인가요?
A. 구분하여 설명하면 다음과 같습니다.
- 4% 원칙: 은퇴 후 초기 자산의 4%만 인출하면, 30년 이상 자산 유지 가능(예: 1억 원×4%=연 400만 원 인출)
- 7% 원칙: 장기 투자수익률을 연 7%로 가정하고 자산을 운용하며 인출(예: ETF, 배당주 투자)

※ 4% 원칙은 보수적이며 안정적, 7% 원칙은 적극적인 자산운용이 필요합니다.

Q. 농업직불금은 노후 소득으로 어떻게 활용할 수 있나요?
A. 농지 보유자 또는 일정 조건을 충족하는 고령 농업인은 공익직불금 등을 받을 수 있습니다.
- 조건: 실제 경작 여부, 농지 소유, 거주 요건 등
- 금액: 농지 면적 및 유형에 따라 연 30만~100만 원 이상

※ 소액이지만 정기 수입이라는 점에서 노후에 유용한 보완 소득입니다.

Q. 기초연금은 누가 받을 수 있나요?
A. 만 65세 이상 고령자 중 소득 하위 70% 이하이면 수급 대상입니다.
- 2025년 기준 월 최대 342,510원 지급(매년 전년도 물가상승률만큼 증액)
- 본인과 배우자의 소득인정액 기준으로 선정

- 국민연금과 병행 수령 가능(단, 일부 감액될 수 있음)

Q. 건강보험료를 줄일 수 있는 방법은 무엇인가요?

A. 건강보험료는 은퇴 후에도 소득과 자산 기준으로 부과되므로 다음의 전략이 필요합니다.

- 퇴직금 일시 수령 자제: 재산으로 간주하여 보험료 증가
- 임대소득 신고 주의: 월세 신고 시 보험료 부과 대상
- 가족 단위 피부양자 등록: 직장가입자인 배우자 또는 자녀의 피부양자로 등록
- 노령연금 수령 지연: 일정 소득 이하일 때 연금 수령 지연으로 피부양자 자격 유지 가능

3장

은퇴 후 주거 대안:
국민임대주택 가이드

"살고 싶은 곳에서 살기 위해
 준비하는 사람만이 그곳에서 살 수 있다."

-데이비드 소로-

국민임대주택 개요 및 신청 자격

노후 준비에 있어 주거의 안정성은 경제적 안정만큼이나 중요한 요소로 간주된다. 특히 자가 주택이 없거나 소득이 일정 수준 이하인 고령층에게 국민임대주택은 실질적인 주거 대안이 될 수 있다. 1부 3장에서는 국민임대주택의 신청 자격, 절차, 입주 조건 등을 중심으로 실질적인 정보를 제공하고자 한다.

노후생활에서 중요한 원칙 중 하나는 생활 규모를 줄이는 것이다. 그중에서도 주택 규모를 축소하는 것은 효과적인 방법으로 여겨진다. 그러나 한국 사회에서는 전통적으로 넓은 주택에 대한 선호가 강하게 나타난다. 이는 개인의 취향일 수도 있으나, 동시에 사회적 체면 문화의 영향으로 해석될 수 있다.

자연히 노후 준비도 부동산이 중심이었다. 그러나 다음 표에서 보는 바와 같이 한국 대부분의 시니어는 외국의 시니어들과는 다르게 자산구성에 있어서 주택과 같은 부동산의 비중은 너무 높고, 금융자산의 비중은 지나치게 낮다.

한·미·일 가계의 부동산과 금융자산 비율 (%)

국가	부동산	금융자산
한국	77.1	23.9
미국	37.3	62.7
일본	43.1	56.9

·자료: OECD(2023년 기준)

문제는 자산 대부분을 부동산으로 쥐고 있는 한국의 시니어들의 경우 보유 자산과 비교하면 매월 정기적으로 들어오는 현금흐름이 너무 적다는 것이다. 그 이유는 현금화가 가능하고 배당소득 등이 유입되는 금융자산과 달리, 부동산은 즉시 유동화하기 어렵고 대출이자 등으로 그나마 있는 소득을 갉아먹기 때문이다.

이런 상황은 또 다른 문제를 일으키는데, 한국에선 집 한 채가 고령층 보유 자산 대부분인 경우가 많아 노인빈곤층의 비율을 높이는 가장 중요한 이유 중의 하나가 되기도 한다. (노인빈곤율에 관한 자세한 내용은 후술하는 3부를 참고하기 바란다.)

전문가들은 이를 해결하는 방법으로 시니어가 되면 부동산 규모를 줄이고 금융자산을 늘리라고 조언한다. 지금처럼 인구가 급격히 줄고 있고, 경제발전이 침체기에 접어든 한국에서는 향후 과거와 같은 '부동산 불패'나, '부동산으로 갑부가 된 경우'는 찾아보기가 힘들 것이다.

그래서 필자도 친하게 지내는 지인들에게 부동산 비율을 줄이고 금융자산 비율을 늘리라고 적극적으로 권유하고 있다.

필자는 1993년 가진 재산을 모두 정리해 미국 유학을 떠났다. 10여 년의 유학 동안 가지고 있던 모든 재산을 소비하고, 2001년 미국을 떠나 중국의 연변과학기술대학교 교수로 부임했을 때는, 그야말로 우리 세 식구 옷 몇 벌만 가지고 갔다.

중국에서 21년 동안 교수로 근무하다가 2022년 12월 한국으로 돌아왔을 때 역시 우리 부부 두 사람 옷 몇 벌이 가진 것의 전부였다. 중국 대학은 외국인 교수들 대우에 박해서 월급도 적을 뿐만 아니라(그나마 연변과기대는 무보수 자원봉사였다), 퇴직금도 없었기 때문이다.

나이 60이 넘어서 달랑 부부 두 사람 몸만 가지고 한국으로 돌아왔을 때 앞으로 어떻게 살아야 할지 정말 막막했다. 하지만 한국의 복지제도는 어느 선진국 못지않았다. 한국으로 돌아온 후 1년도 안 돼서 훌륭한 입지 조건을 갖춘 수원 광교에 있는 국민임대주택에 입주할 수 있었고, 국민연금을 받아서 기본 생활비를 충당할 수 있었으며, 65세부터는 기초연금을 비롯한 각종 복지 혜택도 받을 수 있었다. 물론 이 수입만으로는 부부가 살기에 충분하지 않다. 그래서 그동안 노후 준비로 모아 둔 자금으로 미국과 한국의 ETF에 투자하여 매월 일정한 금액의 배당금을 받고 있으며, 연금저축펀드에 가입하여 개인연금을 받고 있다.

국민임대주택을 신청해서 입주하는 것은 번거롭고도 쉽지 않은 일이고, 국민연금의 경우는 장기간 납부해야 하며, 기초연금을 비롯한 각종 복지 혜택으로 받을 수 있는 금액은 많지 않은 것이 사실이다. 그럼에도 불구하고 비록 부동산은 없지만, 현금흐름이 매월 생활비를 충당할 수 있을 정도로 준비해 놓았기 때문에 남은 노후에 대해서 큰 걱정을 하지 않는다.

국민임대주택의 경우 필자가 지난 2년간 살아 본 결과 단점보다는 장점이 훨씬 많았다. 그래서 본 장에서는 필자가 30년 만에 돌아온 한국에서 어떻게 1년 만에 국민임대주택에 입주할 수 있었는지 비교적 자세하게 설명하려고 한다.

국민임대주택에 입주하기 위해서 제일 먼저 해야 할 일은 국민임대주택 자격 여부를 확인하는 것이다. 국민임대주택을 신청할 수 있는 자격은, 먼저 세대주 전원 무주택이어야 하고, 그다음 소득 및 자산 기준(매년 전년도 소비자물가지수만큼 증가)을 충족해야 한다.

■ 소득 및 자산보유 기준

구분	소득 및 자산보유 기준			
소득	가구원수	소득기준	월평균소득기준	참고사항
	1인가구	90%	(3,018,496)원 이하	* 가구원수는 세대구성원 전원을 말함 (외국인 배우자와 임신중인 경우 태아 포함) * 월평균소득액은 세전금액으로서 세대구성원 전원의 월평균소득액을 모두 합산한 금액임 * 7인가구(6,553,950원), 8인가구(7,016,753원)
	2인가구	80%	(4,004,301)원 이하	
	3인가구	70%	(4,702,739)원 이하	
	4인가구		(5,335,439)원 이하	
	5인가구		(5,628,344)원 이하	
	6인가구		(6,091,147)원 이하	
자산	총자산가액	세대구성원 전원이 보유하고 있는 총자산가액 합산기준 361백만원 이하		
	자동차가액	세대구성원 전원이 보유하고 있는 모든 자동차가액 3,683만원 이하		

국민임대주택 신청 1순위 자격은 다음 표에서 보는 바와 같이 50㎡ 미만과 50㎡ 이상이 다르다.

6. 모집일정

■ 주택단지별 모집일정

신청순위	신청접수 (모바일.인터넷)		서류제출 대상자 발표	서류제출일	서류제출처	예비입주자 당첨발표
1순위	50㎡미만	용인시 거주자	'23. 03. 21 (화) 10:00~17:00	'23.04.05(수) 18:00 이후 모바일 인터넷 청약센터	'23.04.06(목) ~ '23.04.12(수) 등기우편 제출	우편번호) 17006 경기도 용인시 기흥구 동백중앙로 225-6 쥬네브스타월드 9층 <국민임대 예비자담당앞> * 등기우편은 23.04.12 우체국 소인분까지 유효	2023.07.28(금) 18:00 이후 모바일 . 인터넷 청약센터 또는 ARS 1661-7700 * 당첨자발표는 사회보 장정보시스템 자격검색 처리 기간에 따라 연기될 수 있으며, 연기시 LH 청약센터 별도게시
		청약저축 24회 이상 납입자				
2순위	50㎡미만	인접지역 거주자	'23. 03. 22 (수) 10:00~16:00			
	50㎡이상	청약저축 6회 ~23회 납입자				
3순위	1순위, 2순위가 아닌 자		'23. 03. 23 (목) 10:00~16:00			

* 차세대 사회보장정보시스템 오류로 자격검증 및 예비입주자 발표가 지연될 수 있으니 유의하시기 바랍니다.

    2순위와 3순위도 신청할 수 있다고 되어 있지만, 경쟁률이 치열하므로 수도권의 경우 대부분 1순위에서 마감이 된다. 따라서, 2, 3순위의 경우 아예 신청할 자격조차 없게 된다.

    50㎡ 이상은 넓이도 넓을뿐더러 1순위 자격이 청약저축 24회 이상이면 되기 때문에, 비교적 누구나 쉽게 신청할 수 있어서 경쟁이 치열하다. 그래서 필자는 예비입주자 모집 공고를 하는 지역에 주민등록상 주소지가 1년 이상 등록된 주민들에게만 1순위 자격을 주는 50㎡ 미만 중 제일 큰 평수인 46.9㎡에 신청했다. 필자가 신청한 46.9㎡는 전용면적 약 14평으로, 분양면적으로 치면 약 20평 정도 된다. 방 2개, 거실, 주방, 화장실, 베란다 등으로 부부가 살기에 충분히 적합했다.

    1순위 중에서도 배점(가점)에 따라서 당락이 결정된다. 또한, 예비입주자로 당첨이 되었다고 해도 배점이 높은 사람이 먼저 입주하고,

배점이 낮은 사람은 심한 경우 2~3년 이상 대기해야 한다. 필자는 2018년 1월에 주민등록상 주소지를 용인으로 옮겼기 때문에 1순위 자격이 있을 뿐만 아니라, 배점도 5년 이상 거주로 3점을 받을 수 있었다.

임대 공고 확인과 인터넷 접수

국민임대주택에 신청할 자격이 확인되면, 첫 번째 단계로 인터넷에서 본인이 입주하고 싶은 지역의 국민임대주택 임대 공고를 확인한다. 서울의 경우 구별로 공고문이 뜨며, 지방의 경우 도시별로 공고문

임대공고문

| 문서뷰어 다운로드 | 한글 2010 | Acrobat Reader | Auto Cad |

공고개요   소득계산방법 >

용인시 지역 국민임대주택 예비 입주자 모집

공고상태	접수마감	유형	국민임대
공고일	2023.03.06		
공고문	공고문 ★용인시국민임대예비자모집공고문(23.3.6).hwp ★용인시국민임대예비자모집공고문(23.3.6).pdf		
다운로드			

공급정보   용인흥덕1(A2) ▼

| 용인동백백현9단지 ▼ | 용인동백 호수3 ▼ | 용인보라4 ▼ | **용인흥덕1(A2)** ▼ |

• 용인흥덕1(A2)   매물정보조회 >

소재지	지도보기 경기도 용인시 기흥구 흥덕1로79번길 7(영덕동,휴먼시아 흥덕마을1단지)		
전용면적(㎡)	36.65~51.93	총 세대수	512
난방방식	지역난방	입주예정월	1999.09

이 뜬다. 임대 공고문은 지역별로 다르지만 대략 두 달에 한 번쯤 공고가 된다. 임대 공고문은 'LH청약플러스 홈페이지'*에서 볼 수 있고, 원하는 지역을 등록해 놓으면 그 지역 모집 공고가 나왔을 때 통보해 준다.

필자의 경우 2023년 3월 6일에 필자가 입주하기 원하는 지역의 단지에서 모집 공고를 확인할 수 있었다. 다음 모집 공고에 나와 있는 5개의 단지 중에서 본인이 원하는 단지와 평형에 지원하면 된다. 필자는 용인 흥덕 2단지 46㎡에 신청했다. 이 지역에 신청한 이유는 비록 행정상으로는 용인이지만 수원 광교 생활권으로 교통이 편리하고, 이마트 등 편의시설도 많으며, 무엇보다도 걸어서 10분 정도 거리에 광교호수공원이 있어서 생활환경이 쾌적했기 때문이다.

2. 모집대상 주택

단지명	주택형 ㎡	세대당 계약면적(㎡)				구조/난방	건설 호수	대기중인 예비자수 (23.3.1기준)	모집할 예비자수 (210)
		주거전용	주거공용	기타공용	합계				
용인구성1	51	51.9300	23.5451	18.0336	93.5087	철근콘크리트/지역	86	15	30
용인백현9	46	46.9600	17.4560	13.1820	77.5980	철근콘크리트/지역	180	23	40
용인호수3	46	46.9600	18.5396	13.8025	79.3021	철근콘크리트/지역	234	32	40
용인보라4	46	46.8300	21.5733	22.2405	90.6438	철근콘크리트/지역	343	31	50
용인흥덕2	46	46.9000	22.0884	12.3750	81.3634	철근콘크리트/지역	292	32	50

■ 주택형 단위 (㎡ → 평) 환산 참고표, 단지별로 차이가 있을 수 있습니다.

주택형(평)	26㎡(12)	29㎡(13)	36㎡(16)	39㎡(17)	46㎡(19)	51㎡(21)	59㎡(25)

---

* https://apply.lh.or.kr/lhapply/apply/wt/wrtanc/selectWrtancList.do?mi=1026

두 번째 단계는 인터넷으로 접수하는 것이다. 공고문에 보면 인터넷 접수 기일이 정해져 있다. 필자는 공고문에 나와 있는 바와 같이 2023년 3월 21일에 인터넷으로 접수를 했다. 보통 하루밖에 주지 않기 때문에 잘 확인해서 해당 일에 접수해야 한다. 필자의 경우 배점(가점)은 총 9점으로 거주 기간 5년 이상 3점, 주택청약 납입 횟수 61회 이상 6점이었다.

■ 일반공급 배점기준

배 점 항 목	배 점 기 준
① 당해 주택건설지역 계속거주기간 (시흥시에 계속 거주한 기간)	가. 1년 이상 3년 미만 : **1점** 나. 3년 이상 5년 미만 : **2점** 다. 5년 이상 : **3점**
② 청약저축(주택청약종합저축) 납입횟수 (청약 시 기입한 가입은행정보로 조회)	가. 6회 이상 12회 이하 : **1점** / 나. 13회 이상 24회 이하 : **2점** 다. 25회 이상 36회 이하 : **3점** / 라. 37회 이상 48회 이하 : **4점** 마. 49회 이상 60회 이하 : **5점** / 바. 61회 이상 : **6점**
③ 미성년자녀수 (태아 및 동일 등본 상의 배우자의 전혼자녀 포함) * 만19세미만(2004.07.05 이후 출생자녀)	가. 2자녀 : **2점** / 나. 3자녀 이상 : **3점**
④ 신혼부부 또는 예비신혼부부	가. 신혼부부 (혼인중인 사람으로서 혼인기간이 7년 이내인 사람) : **3점** 나. 예비신혼부부 (혼인을 계획 중이며 해당 주택의 입주 전까지 혼인사실을 증명할 수 있는 사람) : **3점** * 예비신혼부부의 경우 입주 전에 혼인관계증명서, 계약자의 세대별 주민등록표 등본(배우자가 세대 분리된 경우 배우자의 세대별 주민등록표 등본 및 계약자의 가족관계증명서 추가 제출)을 제출하여야 하고, 미제출하거나 '혼인한 배우자'가 '신청 시 기

서류제출 및 당첨자 발표

인터넷으로 접수한 후 대략 두 주 후인 2023년 4월 5일에 서류제출 대상자가 발표되었다. 일단 서류제출 대상자로 선정이 되었다면 1차 관문은 통과한 것이다. 지역마다 경쟁률은 다르며, 특히 50㎡ 이상의 경우 경쟁률이 치열하다. 서류제출 대상자 경쟁률 확인 방법은 다음과 같다.

LH청약센터-분양·임대정보-공지사항-검색어: 용인

2023년 3월 6일 공고 용인시 지역 서류제출대상자

단지명	주택형	모집인원	커트라인 점수		비고
용인구성1	51	30	1순위 마감	8점	경쟁: 9점
용인백현9	46	40	1순위 마감	1점	경쟁: 5점
동백호수3	46	40	1순위 마감	4점	경쟁: 7점
용인보라4	46	50	1순위 마감	1점	경쟁: 5점
용인흥덕2	46	50	1순위 마감	3점	경쟁: 6점

그다음 단계로 서류제출 대상자로 선정된 신청자들에게 2023년 4월 6일까지 서류를 제출하라는 통보가 왔다. 제출해야 할 서류는 다음과 같다. 개인정보수집제삼자동의서, 금융정보제공동의서(사인이 아니라 반드시 이름을 써야 함), 자산보유사실확인서, 예비입주자 중복선정 불가사항 확인서, 주민등록표 등본 등이다.

서류를 제출한 약 4개월 후인 2023년 7월 28일에 예비입주자 당첨자를 발표했다. 필자는 예비 4번, 전체 대기 순위 14번으로 당첨되었다. 예비 4번이란 이번에 당첨된 50명 중에서 4번째라는 말이고, 대기 순위 14번이란 지난번에 당첨된 사람 중에서 아직 입주하지 못한 사람이 10명 있어서 그 사람들까지 포함해서 총 14번째라는 말이다.

예비입주자 명단

용인시 지역 국민임대주택 예비 입주자 모집-용인흥덕 국민임대주택 A2블록   당첨자발표일 : 2023.07.28

검색결과 48 건   커트라인

번호	단지	신청형	접수번호	성명	예비순번
1	용인흥덕 국민임대주택 A2블록	46	2000	김*주	19
2	용인흥덕 국민임대주택 A2블록	46	2001	김*희	21
3	용인흥덕 국민임대주택 A2블록	46	2002	전*옥	38
4	용인흥덕 국민임대주택 A2블록	46	2004	이*연	18
5	용인흥덕 국민임대주택 A2블록	46	2005	장*학	4
6	용인흥덕 국민임대주택 A2블록	46	2008	이*	5
7	용인흥덕 국민임대주택 A2블록	46	2010	최*희	25
8	용인흥덕 국민임대주택 A2블록	46	2013	이*윤	22
9	용인흥덕 국민임대주택 A2블록	46	2014	유*민	9
10	용인흥덕 국민임대주택 A2블록	46	2016	박*숙	24
11	용인흥덕 국민임대주택 A2블록	46	2018	김*호	44
12	용인흥덕 국민임대주택 A2블록	46	2019	방*희	34
13	용인흥덕 국민임대주택 A2블록	46	2020	차*준	29

예비입주자로 당첨된 이후에 자신의 순번이 돌아올 때까지 기다려야 하는데, 앞 번호 사람들이 얼마나 입주를 했는지, 그래서 현재 자신의 순위가 어떻게 변동이 되었는지 확인하는 방법은 다음과 같다.

LH청약센터-고객서비스-임대주택 예비입주자 순위

예비입주자는 현재 국민임대주택에 살고 있는 사람이 퇴거해야만 입주할 수 있다. 필자 앞에 13명이나 대기하고 있으므로, 7월에 당첨된 이후 입주하기까지 최소한 1년은 기다려야 할 것으로 예상했다. 그

러나 운이 좋게도 4개월 후인 12월 1일에 입주할 수 있었다.

입주할 아파트는 임의로 배정되기 때문에 운이 많이 작용한다. 1, 2층 등 저층이나 맨 꼭대기 층이 될 수도 있고, 다소 시끄러운 엘리베이터 옆집이 될 수도 있다. 필자는 15층 아파트의 6층, 제일 왼쪽 집(측면세대)에 배정이 되었다. 양쪽 측면 세대는 겨울에는 조금 춥지만, 베란다가 하나 더 주어진다. 필자로서는 아주 만족스러운 결과였다.

임대차계약서 체결 및 입주

입주하기 위해서는 먼저 한국토지주택공사(LH)와 임대차계약을 맺어야 한다. 필자는 12월 1일에 임대차계약을 하고, 보증금을 납입한 후에 아파트 열쇠를 받았다. 임대 조건은 보증금과 임대료로 나누어진다. '전환가능보증금'이란 보증금을 높이면 임대료가 낮아지고, 보증금을 낮추면 임대료가 높아지는 구조를 이르는 말이다. 필자는 임대료를 최소(10만 원 이하)로 하기 위하여 보증금을 최대(약 6,400만 원)로 했다. 그래서 월 임대료는 9만 9천 원이다.

3. 임대조건

단지명	주택형	임대조건				전환가능 보증금 한도액(원)	최대전환시 임대조건	
		월임대료 (원)	임대보증금(원)				보증금 (원)	월임대료 (원)
			계약금(5%)	잔금(95%)	계(100%)			
용인구성1	51	280,800	1,604,550	30,486,450	32,091,000	(+) 32,000,000	64,091,000	120,800
						(−) 23,000,000	9,091,000	328,710
용인백현9	46	198,970	1,027,550	19,523,450	20,551,000	(+) 23,000,000	43,551,000	83,970
						(−) 14,000,000	6,551,000	228,130
용인호수3	46	212,600	1,103,100	20,958,900	22,062,000	(+) 24,000,000	46,062,000	92,600
						(−) 15,000,000	7,062,000	243,850
용인보라4	46	207,780	895,800	17,020,200	17,916,000	(+) 24,000,000	41,916,000	87,780
						(−) 11,000,000	6,916,000	230,690
용인흥덕2	46	243,340	1,785,850	33,931,150	35,717,000	(+) 29,000,000	64,717,000	98,340
						(−) 28,000,000	7,717,000	301,670

- 임대조건의 임대보증금 및 월임대료는 모집공고일 현재 기준이며, 예비입주자로 선정된 고객께서 임대차계약을 체결하는 시점에 당해 주택의 임대조건이 변경된 때에는 변경된 임대조건으로 계약하셔야 합니다.
- 동일 주택형에서 주거전용면적 등 세대당 계약면적이 다소 다를 수 있으나, 임대보증금 및 월임대료는 주택형별로 동일하게 적용됩니다.
- 월임대료의 보증금 전환은 임차인의 선택사항으로서 100만원 단위로 보증금 추가 납부가 가능합니다.
- 위 최대전환 시 임대조건은 월임대료의 임대보증금으로 전환시 이율 6%, 임대보증금의 월임대료로 전환 시 이율 2.5%를 적용하여 산정한 것으로서, 향후 전환이율이 변경되는 때에는 변경된 이율을 적용하여 다시 산정하게 됩니다.

12월 1일 임대차계약서를 쓴 다음에 입주 청소, 가전제품 및 가구 구매 등의 과정을 거쳐서 최종적으로 12월 15일에 입주할 수 있었다.

아직 무주택이신 분 중에서 국민임대주택에 입주하시기를 희망하시는 분들에게 이 글이 도움이 되기를 바란다. 그리고 현재 거하는 집이 너무 크다고 생각하는 시니어들, 특히 은퇴한 분들의 경우 부동산을 처분하여 월급처럼 매월 들어오는 현금흐름(Cash Flow)을 확보하시는 것이 중요하다. 따라서, 현재 살고 있는 주택을 처분하고 규모가 작은 집으로 옮기든지, 아니면 필자처럼 국민임대주택을 신청해서 입주하면, 그 남은 자산으로 ETF와 같은 안전자산에 투자해서 매월 일정한 금액의 현금흐름을 창출할 수 있다.

혹시 국민임대주택 입주와 관련하여 문의 사항이 있으면 필자에게 개인적으로 문의를 하거나, SNS를 통하여 기존에 국민임대주택에 입주한 사람들이 쓴 글이나 유튜브 등을 참고하기 바란다. 참고로 필자는 '국민 공공 민간 임대아파트 들어가기'[*]란 카페를 통해서 국민임대주택 청약과 관련한 많은 유용한 자료들을 얻을 수 있었다.

갱신계약 심사기준 및 임대료 조정

국민임대주택은 2년마다 갱신계약을 해야 한다. 갱신계약에 필요한 서류와 심사기준은 다음과 같다.

갱신계약 시 필요 서류

갱신계약에 필요한 서류는 주민등록표 등본, 소득 증빙 자료(근로소득원천징수영수증, 소득금액증명원 등), 재산 관련 서류(자동차등록증, 금융자산 증빙 자료 등), 기타 관리 사무소에서 요구하는 추가 서류이다. 갱신계약 신청서와 함께 위 서류들을 준비한 후, 해당 아파트단지 관리사무소나 해당 지역 주거지원센터에 방문하여 접수하거나 온라인으로 제출하면 된다.

---

[*] https://cafe.naver.com/kookminlease

갱신계약 시 심사항목 및 심사기준

LH 국민임대아파트는 2년의 계약 기간이 끝날 때마다 갱신계약을 하기 위해 심사를 받는다. 이 과정에서는 입주자가 여전히 자격을 유지하고 있는지를 확인한다. 크게 세 가지를 본다. 첫째, 가구의 소득과 자산이 정해진 기준 이하인지 점검한다. 둘째, 세대원 전원이 무주택 상태를 유지하고 있는지가 중요하다. 셋째, 임대료나 관리비를 장기간 체납하지 않았는지, 불법으로 전대하지 않았는지 등 계약 의무를 잘 지켰는지를 확인한다. 이러한 조건을 충족해야만 갱신계약이 가능하며, 기준을 넘어서거나 위반 사항이 있으면 재계약이 거절될 수 있다. 다음은 계약갱신 심사기준을 요약한 표이다.

국민임대주택 계약갱신 심사기준 (2025년 기준)

1. 소득 기준	2. 자산 기준
도시근로자 월평균 소득 70% 이하	총자산 3억 3,700만 원 이하
가구원 수에 따라 기준 상이	부동산, 금융자산 등 포함
초과 시 할증율 적용	지역에 따라 기준 상이
3. 자동차 기준	**4. 예외 사항**
자동차 가액 3,803만 원 이하	1회 한정 초과 인정
생업용, 장애인용 차량 제외	소득 증가에 따른 임대료 조정
2대 이상 보유 시 합산 평가	일시적 소득 증가 시 고려 가능

심사기준 초과에 따른 조치

2년 후 갱신계약 시 입주자의 월평균 소득이 기준을 초과하면 소득 초과 정도에 따라 보증금과 임대료가 할증된다. 월평균 소득은 매년 초마다 통계청에서 기준을 산정하여 공고한다. 보증금과 임대료 할증 기준은 다음 표와 같으며, 소득 초과 비율이 50% 이상인 입주자는 갱신계약을 할 수 없고, 임대차 기간 종료일로부터 6개월 이내에 퇴거해야 한다.

갱신계약시 보증금과 임대료 할증 기준

소득 기준 초과 비율	할증 비율	
	최초 갱신계약 시	2회차 이상 갱신계약 시
10% 이하	0%	10%
10% 초과 ~ 30% 이하	10%	20%
30% 초과 ~ 50% 이하	20%	30%

국민임대주택을 신청하거나 재계약할 때 일정한 자산 기준을 충족해야 하며, 자산 기준 초과 시 입주가 불가능하거나 제한될 수 있다. 총자산 가액은 세대구성원 전원이 보유하고 있는 모든 자산을 합산한다. 총자산 가액을 산출하는 데 포함되는 자산은 다음과 같다.

총자산 가액 산출 시 포함되는 자산

총자산 가액	금융자산: 예금, 주식 등
	부동산: 토지, 건물
	자동차: 소유 차량 가액

국민임대주택을 신청하려는 경우 자산 기준 초과 여부를 사전에 잘 확인하는 것이 중요하다. 총자산 가액 기준은 매년 경제 상황과 정책 방향에 따라 조정된다. 2025년 국민임대 총자산 가액 기준은 약 3억 3,700만 원이다. 만약에 총자산 가액 기준을 초과할 경우 다음 표와

같은 문제가 발생할 수 있다. 따라서 자산 항목별로 상세히 파악하여, 기준을 초과하지 않도록 잘 관리해야 한다.

총자산 가액 기준 초과 시 주의사항

총자산 가액	사전 점검 시 주의사항
기준 초과 시 신청 자체 불가능	정기적인 자산 현황 파악
심사 과정에서 탈락 가능성 높음	기준 가액 근접 시 자산 조정 필요
허위 신고 시 법적 처벌	허위 신고의 위험성 인지
향후 공공임대주택 신청 제한	전문가 상담 통한 대응 방안 수립
정부의 정확한 자산 조회 시스템 구축	자산 관리 계획 수립의 중요성
자동차 가액 기준 초과 주의	고가 차량 소유 시 처분

국민임대주택을 신청하거나 재계약할 때 자동차 차량가액은 반드시 확인해야 할 중요한 요소 중의 하나이다. 해당 연도의 차량가액 기준을 정확히 파악하고 만약에 초과할 가능성이 있다면 사전에 대비하는 것이 필요하다. 차량가액 기준은 해당 연도의 경제 상황과 정책 방향에 따라 조정된다. 2025년 국민임대 차량가액 기준은 약 3,800만 원이다. 소유하고 있는 차량의 가액이 기준 금액을 초과할 경우 받을 수 있는 불이익은 다음 표와 같다.

차량가액 기준 초과 시 조치

신규 입주	신규 입주 자격 상실
	대기자 명단에서 제외
갱신계약	계약 갱신 불가
	퇴거 요구 가능성
	임대료 인상 후 거주 가능성

예외 사례	장애인 차량 특별 고려
	생업용 차량 별도 심사
	특수한 사항 개별 검토

국민임대주택은 주거 안정이 필요한 계층에게 실질적인 도움이 되는 제도로, 노후의 주거 불안을 해소하고 삶의 질을 높이는 데 기여할 수 있다. 신청 자격과 절차를 정확히 이해하고 준비한다면, 보다 안정적이고 체계적인 노후생활 기반을 마련할 수 있을 것이다. 개인의 소득과 자산 상황에 따라 적절한 주거 복지 정책을 적극적으로 활용하는 것이 중요하다.

1부 3장 이해를 위한 Q&A

Q. 국민임대주택이란 무엇인가요?
A. 국민임대주택은 무주택 서민을 위한 장기공공임대주택으로, 시중 임대료보다 저렴한 가격에 일정 기간(통상 30년) 안정적인 거주가 가능합니다.

Q. 국민임대주택에 신청하려면 어떤 자격이 필요한가요?
A. 기본적으로 무주택 세대구성원이어야 하며, 소득 및 자산 기준을 충족해야 합니다.
- 소득: 도시근로자가구월평균소득의 70~100% 이하
- 자산: 부동산·자동차 등 일정 기준 이하

Q. 임대주택에 신청하려면 어떻게 해야 하나요?
A. LH(한국토지주택공사)나 지자체 홈페이지에서 임대 공고를 확인한 후, 온라인으로 신청합니다.
- 신청 시기: 임대 공고 일정 확인 필수
- 접수 방법: LH청약센터 홈페이지를 통한 온라인 신청

Q. 신청 후에는 어떤 절차가 진행되나요?

A. 신청 후에는 서류제출 → 자격 심사 → 당첨자 발표순으로 진행됩니다.

- 서류: 주민등록등본, 소득확인서류 등
- 심사기준: 자산, 소득, 무주택 여부 등

Q. 당첨 후 입주까지 어떤 절차가 필요한가요?

A. 당첨자는 정해진 기간 내에 임대차계약서를 체결하고, 입주 지정일에 맞춰 입주합니다.

- 계약 체결: 보증금 및 월 임대료 납부
- 입주: 시설 점검 후 열쇠 수령 및 입주

Q. 계약갱신 시 어떤 기준이 적용되나요?

A. 계약갱신은 보통 2년 단위이며, 자격 재심사를 거쳐야 합니다.

- 심사기준: 여전히 무주택 상태인지, 소득·자산 기준 충족 여부
- 임대료 조정: 시세, 소비자물가상승률 등을 반영하여 조정

Q. 국민임대주택에 입주한 뒤 소득이나 자산 기준을 초과하면 어떻게 되나요?

A. 즉시 퇴거 조치는 아니지만, 일정한 제한과 불이익이 발생합니다.

- 계약갱신 제한: 소득·자산 기준을 초과하면 2년 단위 갱신 심사에서 탈락할 수 있습니다.
- 임대료 할증: 일부 경우, 소득 초과 시 임대료가 할증되어 인상될 수 있습니다.

- 퇴거 가능성: 기준 초과가 지속되면 임대 사업자가 계약 해지 및 퇴거 조치를 취할 수 있습니다. (서면 통보, 소명 절차, 유예기간 등을 거쳐 시행)

※ 2025년 기준 국민임대주택 자격 요건
- 소득: 도시 근로자 월평균 소득의 70% 이하 (3인 가구 기준 약 380만 원 내외)
- 자산: 총자산 3억 3,700만 원 이하, 자동차 가액 3,803만 원 이하

4장

은퇴 후 활용 가능한 투자 전략

"자산을 두 배로 만드는
 가장 좋은 방법은 시간과 인내이다."

−벤자민 그레이엄−

CMA, ISA 및 연금저축펀드

노후 자산의 안정적인 운용과 세제 혜택을 동시에 고려하는 것은 장기적인 재무설계에서 핵심적인 과제이다. 1부 4장에서는 CMA, ISA, 개인연금 등 주요 금융 계좌를 중심으로 실제 활용 방안을 소개한다. 이러한 계좌들은 자산의 유동성 확보, 수익성 향상, 절세 전략 등을 효과적으로 실현할 수 있도록 돕는 수단으로, 각 계좌의 특성과 이점을 잘 이해하고 활용한다면 장기적인 재무설계에 실질적인 도움이 될 것이다.

필자는 기업이나 기관에 가서 '노후 준비를 위한 투자 전략'에 관한 특강을 자주 진행한다. 강연 중 청중들에게 CMA, ISA, 연금저축펀드, IRA 등에 대해 알고 있는지 물어보면, 연세가 있는 직원들과 임원들

뿐만 아니라, 30~40대의 비교적 젊은 직원들조차 대부분 잘 모른다고 답한다. 그럴 때마다 필자가 청중들에게 꼭 해 주는 말이 있다.

> 지금부터 제가 말씀드리는 CMA, ISA, IRA 같은 단어들은 영어가 아니라 상식입니다. 우리가 AI나 키오스크 같은 영어단어를 영어가 아니라 상식으로 알고 있듯이, CMA, ISA, IRA 역시 상식적으로 반드시 알고 있어야 할 단어들입니다.

또한, 필자는 평소 지인들에게 이렇게 말하곤 한다.

> 대한민국은 참 좋은 나라입니다. 국민을 위해 다양한 제도를 마련했는데, 그중에서도 최고의 제도는 건강보험, 국민연금, 그리고 ISA와 연금저축펀드입니다.

그러나 안타깝게도 건강보험을 제외하면, 국가가 국민을 위해 제공하는 이러한 유용한 제도들을 제대로 활용하는 사람은 많지 않다. 그나마 국민연금은 정부의 적극적인 홍보 덕분에 요즘은 대다수 국민이 가입하고 있으며, 수령액도 상당히 늘어났다. 하지만 국민연금 제도에 버금가는 ISA와 연금저축펀드에 대해서는 여전히 잘 알지 못하고, 그 결과 제대로 활용하지 못하는 경우가 많다.

본 파트에서는 CMA, ISA, 연금저축펀드가 무엇을 의미하는지, 그리고 왜 투자 시 반드시 이러한 계좌들을 활용해야 하는지에 대해 간략히 살펴보고자 한다.

CMA(Cash Management Account, 자산관리계좌)

노후 준비와 일상적인 자산관리에서 CMA는 매우 유용한 수단으로 자리 잡고 있다. 이 계좌는 증권사나 종합금융회사를 통해 개설할 수 있으며, 일반 예금계좌와 달리 일정 수익을 제공하는 단기 금융상품에 자동으로 투자되어 수익을 창출한다는 특징이 있다. 즉, 언제든지 입출금이 가능하고 하루 단위로 이자가 계산·입금되므로, 유동성과 수익성을 동시에 추구할 수 있는 매력적인 금융상품이다.

CMA 계좌의 가장 큰 장점은 높은 유동성과 간편한 운용이다. 예치된 자금은 국공채나 양도성 예금증서(CD), 단기 회사채 등 비교적 안정적인 자산에 투자되며, 투자자가 별도로 운용하지 않아도 자동으로 수익을 얻게 된다. 또한, 급여 이체, 공과금 납부, 카드 결제 등 실생활에서의 활용도가 높아 결제 계좌로도 매우 유용하다. 특히 주식이나 펀드 계좌와 연계가 가능하여, 투자와 자산관리가 하나의 계좌에서 통합적으로 가능하다는 장점이 있다. 더불어 일부 CMA 유형은 예금자 보호 대상이 되어 금융 불안정 시에도 일정 금액까지는 안전하게 보호받을 수 있다.

그러나 CMA 계좌에도 단점은 존재한다. 가장 먼저 지적할 수 있는 점은 수익률이 제한적이라는 것이다. 기준금리가 낮을 경우 사실상 무이자에 가까울 정도로 이자수익이 줄어들 수 있으며, 단기적으로 큰 수익을 기대하기는 어렵다. 또한, CMA는 MMF형, RP형, 종합금융형 등 다양한 유형이 존재하는데, 일부 상품은 원금손실 가능성이 있으므로 사전에 상품 구조를 충분히 이해해야 한다. 아울러 이자소득에는 15.4%의 세금이 부과되므로, 비과세 혜택이 있는 ISA나 연금저축에 비해 절세 측면에서는 상대적으로 불리하다.

특히 소액 예치자의 경우 CMA의 이자수익을 체감하기 어려우며, 이체 수수료나 최소 잔액 요건 등으로 인해 실익이 크지 않을 수 있다. 따라서 CMA는 단독으로 운용하기보다는 다른 계좌와 병행하거나, 유동성 자금의 임시 보관 용도로 활용하는 것이 바람직하다.

CMA 계좌는 자산의 일시적 보관과 입출금의 유연성, 일정 수준의 수익 확보를 동시에 기대할 수 있는 실용적인 금융 수단이다. 그러나 각 계좌 유형의 특성과 세제 조건, 수익률 구조 등을 충분히 숙지한 후 개인의 재무 상황과 목적에 맞게 활용하는 것이 바람직하다. 이러한 이해를 바탕으로 한다면, CMA는 단순한 예금계좌 이상의 기능을 수행하며 현명한 자산관리의 기반이 될 수 있다.

ISA(Individual Savings Account, 개인종합자산관리계좌)

ISA는 정부가 국민으로 하여금 절세를 통해 재산 형성을 돕는 것을 목적으로 제도화한 상품의 하나이다. 2016년 3월에 최초로 도입되었으며, 하나의 계좌에 예금 · 펀드(ETF, 리츠 포함) · 주가연계증권(ELS) 등 다양한 금융상품을 담을 수 있다. 또한, 계좌에서 발생한 이익과 손실을 통산해서 이익금에 대해 500만 원까지(서민형은 1,000만 원까지) 비과세이고, 초과 금액은 9.9% 분리과세 한다. 여러 가지 좋은 점이 많아서 '만능통장'이라는 별명을 가지고 있다.

개인의 재무적 안정과 자산 증식을 위한 수단으로 ISA는 중요한 역할을 하고 있다. ISA의 구조와 기능을 이해하고 효과적으로 활용하는 것은 개인의 재무 전략에 있어 매우 유리한 선택이 될 수 있다.

ISA의 가장 큰 장점은 절세 혜택이다. 가입자가 계좌를 3년 이상 유지할 경우, 금융투자로 발생한 수익 중 일정 금액(일반형은 500만 원, 서민형은 1,000만 원)까지 비과세 혜택이 주어진다. 이러한 혜택은 특히 금융소득이 많은 고소득자나 투자수익률이 높은 자산을 운용하는 경우에 매우 효과적으로 작용한다. 또한, ISA는 다양한 금융상품을 하나의 계좌 내에서 운용할 수 있도록 허용하고 있어, 예금, 적금, 펀드, 주식 등에 대한 통합 관리를 가능하게 한다. 이는 자산 배분과 위험관리 측면에서도 유리한 구조라 할 수 있다.

ISA는 자격 요건도 비교적 완화되어 있다. 만 19세 이상이면 누구나 가입할 수 있으며, 연간 납입 한도는 2025년 기준으로 일반형은 연간 4,000만 원, 총 2억 원까지, 서민·농어민형은 연간 6,000만 원, 총 3억 원까지로 확대돼서 중장기적 자산운용에 적합하다. 또한, 납입 금액에 대한 투자처의 선택이 자유롭고, 주식형 펀드나 ETF, 예적금 등 다양한 포트폴리오 구성이 가능하다는 점도 큰 장점이다. 더불어 가입자의 소득수준이나 자산 규모에 따라 세제 혜택의 범위가 조정되기 때문에, 맞춤형 재무설계 도구로도 활용 가치가 높다.

그러나 ISA에도 몇 가지 단점이 존재한다. 우선 비과세 혜택이 제한적이라는 점이다. 일정 한도 이상 수익에 대해서는 과세가 적용되며, 계좌를 3년 이상 유지해야만 비과세 혜택이 주어지기 때문에 단기 투자자에게는 효용성이 낮을 수 있다. 또한, ISA는 과세이연 효과가 없는 구조이므로, IRP나 연금저축계좌와 같이 세액공제를 받을 수 있는 구조와 비교하면 절세 효과는 다소 제한적이다.

더불어 ISA 계좌의 상품 구성이 복잡하다는 점도 단점으로 지적된다. 금융기관별로 운용 가능한 상품군이 다르고, 상품 선택에 따른 수익률 격차가 크기 때문에, 가입자가 사전에 충분한 비교와 분석을 하지 않으면 오히려 기대 이하의 수익률을 경험할 수도 있다. 또한, 중도

해지 시 비과세 혜택이 사라지고 과세가 부과되므로 운용 기간 동안 자금 유동성 확보에 유의해야 한다.

ISA 계좌는 일정 금액의 금융소득에 대해 비과세 혜택을 받을 수 있는 매우 유용한 금융상품이다. 중장기적으로 자산을 운용하고자 하는 개인에게 절세와 자산관리의 두 가지 측면에서 강점을 제공하지만, 제도의 복잡성이나 세제 혜택의 한계 등도 함께 고려하여 활용하는 것이 바람직하다. 재무적 목표와 투자 성향에 따라 ISA의 구조를 올바르게 이해하고 전략적으로 접근한다면, ISA는 개인 자산 증식의 든든한 기반이 될 수 있을 것이다.

연금저축펀드

연금저축펀드는 1부 1장에서 자세히 다루었지만, 여기서는 CMA 및 ISA와의 비교를 위해서 다시 한번 간략히 언급하려고 한다. 전술한 바와 같이 연금저축펀드는 노후 자산 마련을 위한 대표적인 금융상품 중 하나로, 개인이 자발적으로 가입해 장기적으로 자금을 운용하고, 노후에 연금 형태로 수령할 수 있도록 설계된 제도이다. 국민연금과 같은 공적연금의 보완 수단으로 활용되며, 세액공제 혜택과 과세이연 구조를 통해 장기 투자에 유리한 특징을 지닌다. 특히 근로소득자나 자영업자 등 소득이 있는 개인이라면 누구나 가입할 수 있어 범용성과 접근성이 높다.

연금저축펀드의 가장 큰 장점은 세제 혜택이다. 매년 최대 600만 원까지 납입 금액에 대해 세액공제 혜택이 주어지며, IRP와 합산하여 최대 900만 원까지 세액공제 혜택을 받을 수 있다. 이로 인해 실제 세금 환급을 통해 직접적인 절세 효과를 기대할 수 있다. 또한, 펀드 운용에서 발생하는 이익에 대해서는 인출 시점까지 과세가 이연되므로, 복리의 힘을 극대화할 수 있는 구조로 되어 있다. 장기 투자에 따른 수익 증가 효과를 체감할 수 있다는 점에서 매우 유리하다. 연금저축펀드의 또 다른 장점은 운용의 유연성이다. 연금저축계좌 내에서는 다양한 펀드 간 전환이 자유롭고, 수수료 없이 리밸런싱을 할 수 있다는 점에서 투자 전략을 탄력적으로 조정할 수 있다. 특히 장기적인 관점에서 주식형, 채권형, 혼합형 등 다양한 펀드 포트폴리오를 구성하여 자신의 투자 성향에 맞는 방식으로 운용할 수 있다. 또한, 연금 수령 시 5.5~3.3% 수준의 낮은 연금소득세율이 적용되므로, 일반 금융소득세보다 부담이 적다.

반면 연금저축펀드에는 몇 가지 단점도 존재한다. 가장 주의할 점은 '연금 전용 계좌'라는 특성상, 55세 이전에 중도 인출을 하게 되면 기타소득세(16.5%)가 부과되며, 세액공제를 받은 금액에 대해서는 다시 추징될 수 있다. 따라서 단기 유동성이 필요한 자금은 적절치 않다. 그러나 ISA와 마찬가지로 원금은 만기 전이라도 언제든지 출금할 수 있다. 다만 한번 출금하면 다시 원상태로 회복시킬 수는 없다. 또한, 펀드 상품이기 때문에 운용 성과에 따라 원금손실 가능성이 존재하며, 투자자 스스로 펀드를 선택하고 관리해야 하는 책임도 따른다.

연금저축펀드는 세제 혜택을 유지하기 위해 반드시 연금 형태로 수령해야 한다. 원칙적으로 만 55세 이후부터 5년 이상에 걸쳐 나누어 받아야 하며, 이 경우에는 연령에 따라 3.3%에서 5.5% 사이의 낮은 연금소득세만 부담하면 된다. 그러나 일시금으로 한꺼번에 인출하면 상황은 달라진다. 지금까지 세액공제를 받았던 납입금과 운용수익에 대해 기타소득세 16.5%가 부과되기 때문에, 세제 혜택이 사실상 사라지고 예상보다 큰 세금 부담이 생길 수 있다. 따라서 연금저축펀드는 장기간에 걸쳐 꾸준히 연금으로 수령할 때 가장 큰 효과를 발휘한다. 이는 은퇴 이후의 현금흐름 계획과도 밀접하게 연관되므로, 연금 수령 시기와 방식에 대한 사전 계획이 필요하다. 아울러 수익률이 낮거나 운용이 부실한 펀드에 장기간 투자할 경우 기대한 수준의 자산 축적이 어려울 수 있으므로, 지속적인 점검과 운용 전략의 재조정이 요구된다.

연금저축펀드는 절세와 장기 자산 형성을 동시에 추구할 수 있는 효과적인 수단이다. 특히 세액공제와 과세이연이라는 구조는 복리 수익을 극대화할 수 있는 유리한 환경을 제공한다. 그러나 제도적 제한과 투자 책임이 따르는 만큼, 연금저축펀드는 단순한 예금 형태가 아닌 투자 상품으로서의 성격을 명확히 인식하고, 신중하고 체계적인 운용 전략을 수립하는 것이 필요하다.

개인이 자유롭게 가입할 수 있는 '개인연금'은 연금저축펀드와 IRP(Individual Retirement Plan, 개인형퇴직연금) 2가지가 있다. 참고로 ISA와 개인연금(연금저축펀드 및 IRP)의 비교표를 제시하면 다음과 같다.

ISA와 개인연금의 비교표

구분	ISA	개인연금 연금저축펀드	퇴직연금(IRP)
계좌수	전 금융권 1인 1계좌	무제한	전 금융권 1인 1계좌
소득여부	제한 없음	제한 없음	소득이 있는 자
납입한도	일반형 연 4,000만 원, 총 2억 원 서민형 연 6,000만 원, 총 3억 원	연 1,800만 원	연 1,800만 원

세액공제	순이익에 대해 일반형 500만 원, 서민형 1,000만 원 초과금액에 대해 9.9% 분리과세	600만 원 (IRP와 합산하여 900만 원)	900만 원
중도인출	중도인출 가능 (단, 복원 불가능)	중도인출 가능 (단, 복원 불가능)	원칙상 불가
투자가능 상품	해외주식과 해외 ETF 제외 모두 가능	제한적	제한적
계좌 운용 유연성	다양한 상품 통합관리	펀드 간 변경 가능	상품 변경 가능
과세 이연	없음	있음	있음
수령	3년 의무가입 이후 언제든 가능	만 55세 이후 연금으로 수령	만 55세 이후 연금으로 수령
소득세율	초과금액 9.9% 분리과세	3.3~5.5% (수령 나이별 상이)	3.3~5.5% (수령 나이별 상이)
적합 대상	비과세 혜택을 원하는 일반 투자자	장기 절세 및 연금수령 계획 있는 개인	연금저축펀드와 합산해 절세 및 연금운용 원하는 개인

이상에서 우리는 은행 보통예금보다 이자율이 훨씬 높은 CMA, 절세 효과와 투자 기능을 갖춘 ISA, 그리고 세액공제·이연과세·낮은 소득세율·투자 가능 등의 장점을 지닌 연금저축펀드에 대해 간략히 살펴보았다.

결론적으로, ISA를 개설해 3년 동안 ETF나 리츠(REITs)에 투자한 뒤, 만기가 되면 이를 연금저축펀드로 이전하면 된다. 이후 연금저축펀드에서 한국형 S&P500 ETF를 적립식으로 매수해 자금을 불려 가다가, 가입 5년 후(55세 이후)부터 연금으로 수령하면 된다. 이렇게 하면 평생 매월 연금을 받을 수 있으며, 남은 금액은 배우자나 자녀에게 유산으로 물려줄 수 있다.

CMA, ISA, 연금저축펀드 등은 단순한 금융상품을 넘어 개인의 자산 형성과 노후 준비에 핵심적인 역할을 한다. 각 계좌의 구조와 장단점을 충분히 이해하고, 자신의 투자 성향과 재정 상황에 맞게 적절히 활용하는 것이 중요하다. 국가가 제공하는 다양한 금융 혜택과 제도를 적극적으로 활용하면 보다 안정적이고 효율적인 자산관리가 가능해질 것이다.

ETF 투자 전략

100세 시대를 맞아 노후 준비는 더 이상 선택이 아니라 필수가 되었다. 과거에는 국민연금이나 퇴직연금만으로도 노후생활을 충분히 보장할 수 있다고 여겨졌으나, 급격한 물가상승과 평균수명 연장으로 인해 이러한 제도만으로는 충분하지 않은 상황이다. 이에 따라 많은 사람은 주식, 부동산, 펀드 등 다양한 자산에 투자하며 노후를 준비하고 있다. 그중에서도 ETF(Exchange Trade Fund, 상장지수펀드)는 개인투자자에게 비용 효율적이고 안정적인 분산투자 수단으로 주목받고 있다. 지금부터는 ETF의 개념과 종류, 운용 방법, 장점과 단점, 그리고 노후 재무설계에의 활용 방안을 중점적으로 살펴보고자 한다.

투자에 관한 지식과 경험이 충분하지 않은 일반인이 주식이나 채권에 직접 투자하는 일은 종종 큰 부담이 된다. 개별 종목을 선택하기 위해서는 시장분석, 재무제표 검토, 산업 전망 파악 등 복잡한 과정을 거쳐야 하며, 그 과정에서 불확실성과 위험을 감수해야 한다. 특히 직장이나 가정에서 바쁜 일상을 보내는 사람들에게는 이러한 분석에 충분한 시간과 에너지를 할애하기란 쉽지 않다.

이러한 이유로 필자는 개별 주식보다 '주식 묶음 금융상품'이라 할 수 있는 ETF에 투자하는 방식을 권한다. ETF, 즉 상장지수펀드는 하나의 종목처럼 거래되지만, 그 안에는 여러 주식이나 채권이 묶여 있어 자연스럽게 분산투자가 이루어진다. 덕분에 특정 종목이 부진하더라도 전체 수익률에 미치는 영향이 줄어들어 안정성이 높아진다.

또한, ETF의 운용 보수는 일반 펀드에 비해 낮다. 장기 투자에서 비용은 복리 효과를 약화하는 주요 요인인데, ETF는 이러한 비용 부담을 줄여 준다. 더불어 ETF는 편입 종목과 비중이 투명하게 공개되므로, 투자자는 자신이 무엇에 투자하고 있는지를 명확히 알 수 있다. 유동성 측면에서도 ETF는 주식과 동일하게 장중에 자유롭게 매매할 수 있어, 필요할 때 현금화가 쉽다. 게다가 국내외 주식, 채권, 원자재, 리츠(REITs) 등 다양한 자산군에 손쉽게 투자할 수 있는 폭넓은 선택지를 제공한다.

ETF는 안정성과 효율성을 모두 원하는 투자자에게 적합한 도구다. 노후 준비를 위해 장기적이고 꾸준한 투자를 계획하는 사람이라면, 복잡한 종목 선정의 부담을 줄이고 안정적으로 자산을 늘릴 수 있는 ETF를 적극적으로 고려할 필요가 있다. 그것은 단순히 '편리하다'는 차원을 넘어, 불확실한 시대에 자산을 지키고 성장시키는 하나의 지혜이기 때문이다.

그러나 개별 주식과 마찬가지로 ETF 역시 종류가 워낙 다양해, 어떤 상품을 선택해야 할지 여전히 망설이게 된다. 이러한 이유로 워런 버핏은 보통 사람인 자신의 아내에게 S&P500과 같은 인덱스 펀드에 90%, 그리고 국채에 10%를 투자하라고 유언장에 남겼다.

일반 주식 ETF뿐 아니라 채권 ETF도 다양하게 존재한다. 그중 TLT ETF는 미국의 20년 이상 장기국채에 투자하는 상품이다. 따라서 워런 버핏의 조언에 따르면, 투자자산의 90%는 S&P500 ETF에, 나머지 10%는 미국 국채 ETF인 TLT ETF에 투자하면 된다.

다만 S&P500이든 TLT든, 전 세계의 많은 자산운용사가 각기 다른 고유 상품을 만들어 판매하고 있어 그 종류가 너무 많다는 단점이 있다. 그렇다면 어떤 상품을 선택해야 할까? 이를 알기 위해 먼저 ETF 투자 상품의 종류를 살펴볼 필요가 있다.

ETF 투자 상품의 종류

1. **자산별 ETF:** 자산별 ETF는 어떤 자산에 투자하는가에 따라 여러 가지 유형으로 나뉜다. 주식형 ETF는 가장 일반적인 형태로, 코스피200, S&P500, 나스닥100 등 국내외 대표 주가지수를 추종한다. 장기 투자에 적합하며, 성장성과 유동성이 높다. 채권형 ETF는 국채, 회사채, 단기채, 장기채 등에 투자하며 주식보다 안정적이다. 노후 자금의 안전 운용이나 시장 하락기 방어 수단으로 활용할 수 있다. 원자재 ETF는 금, 은, 원유, 농산물 등 실물 자산에 투자한다. 인플레이션 헤지 수단으로 적합하며, 포트폴리오 다변화에 효과적이다. 부동산 ETF(REITs ETF)는 상장된 리츠(REITs)에 투자하며, 주기적인 배당수익이 기대된다. 안정적인 현금흐름을 추구하는 투자자에게 매력적이다. 통화 ETF는 외환시장에 투자하며 환율 변화에 대응하거나 달러화 자산을 보유하고자 할 때 유용하다.

2. **지역 및 산업(섹터) ETF:** 지역 및 산업 ETF는 특정 국가나 산업의 장기적 전망이 긍정적일 때 선택할 수 있으며, 경제 사이클에 따라 유

망 섹터를 선별하여 교체하는 전략과 병행할 수 있다. 지역별 ETF는 미국, 중국, 베트남, 일본 등 특정 국가 또는 신흥국·선진국 지수에 투자한다. 글로벌 분산투자 전략을 세우기에 유리하다. 산업별 ETF는 헬스케어, 반도체, 에너지, 금융, 인프라 등 산업군별로 구성된다. 특정 산업의 성장 가능성에 베팅하는 전략에 적합하다.

3. 운용 전략별 ETF: 전략형 ETF는 단순한 인덱스 추종형을 넘어 다양한 운용 전략을 담고 있다. 레버리지 ETF는 기초 지수의 2~3배 수익을 추구한다. 단기 고수익을 노리는 투기적 전략에 활용되며, 위험이 크다. 인버스 ETF는 시장이 하락할 때 수익을 내는 구조이다. 하락장에 대한 헤지 수단이나 단기매매에 사용된다. 액티브 ETF는 펀드 매니저가 종목을 선별하여 운용하는 방식이다. 수동적 추종보다 높은 수익을 기대하되, 보수가 높고 전략의 투명성이 떨어질 수 있다.

4. 테마형 및 ESG ETF: 최근에는 특정 트렌드를 반영한 테마형 ETF와 윤리적 투자를 실현할 수 있는 ESG ETF가 주목받고 있다. 이러한 ETF는 투자수익뿐 아니라 사회적 가치를 추구하는 데 관심 있는 투자자에게 적합하다. 테마형 ETF는 전기차, 인공지능, 메타버스, 클린에너지 등 미래 산업에 집중적으로 투자한다. 고성장 분야에 장기 투자할 때 적합하다. ESG ETF는 환경(E), 사회(S), 지배구조(G)를 고려한 기업들에 투자하며, 지속 가능성과 기업의 사회적 책임을 중시하는 투자 방식이다.

ETF 투자 전략

ETF는 구조는 단순하지만, 투자 방식은 전략적일수록 강력한 결과를 낳는다. 정액 투자, 자산 배분, 리밸런싱, 배당 활용 등 기본 원칙만 잘 지켜도 ETF 투자는 장기적인 자산 증식과 노후 준비에 매우 효과적인 수단이 된다. 중요한 것은 '어떤 ETF를 사느냐?'보다 '어떻게 운용하느냐?'이다. ETF 투자 방식을 나누어서 살펴보면 다음과 같다.

1. 정액 분할 투자(DCA, Dollar-Cost Averaging): ETF 투자에서 가장 기본이 되는 방식은 정액 분할 투자이다. 일정한 금액을 정기적으로 동일 ETF에 투자함으로써 시장의 고점과 저점을 평균화시키는 전략이다. 노후 준비를 위한 장기 투자자에게 가장 추천되는 방식이다. 특히 급격한 시장 변동성을 흡수하며 꾸준히 자산을 쌓을 수 있다는 점에서 안정적이다. 정액 분할 투자 ETF의 장점은 시장 타이밍을 맞추지 않아도 되며, 장기적으로 투자 단가를 낮출 수 있다. 그 활용 예시로는 매달 50만 원씩 S&P500 ETF에 10년간 투자를 하는 것이다.

2. 자산 배분 전략(Asset Allocation): ETF는 다양한 자산군에 분산 투자할 수 있으므로, 자산 배분 전략의 구현이 매우 쉽다. 주식, 채권, 원자재, 리츠 등 다양한 ETF를 조합해 투자자의 위험 성향과 생애주기에 맞는 포트폴리오를 구성할 수 있다. 이 방식은 장기적인 자산 증식뿐만 아니라 위험관리에도 효과적이다. 공격형 포트폴리오는 주식형 ETF 비중을 높이고 성장 섹터 ETF 포함한다. 중립형 포트폴리오는 주식과 채권형 ETF를 6:4 혹은 5:5로 구성한다. 그리고 보수형 포트폴리오는 채권형 ETF와 배당 ETF 중심으로, 일부 현금성자산을 보유한다.

3. 리밸런싱 전략(Rebalancing): 주식투자와 마찬가지로 ETF 포트폴리오 역시 시간이 지나면 시장의 흐름에 따라 자산 비중이 변하게 된다. 이를 조정해 주는 것이 리밸런싱 전략이다. 예컨대 60% 주식형,

40% 채권형으로 구성한 포트폴리오가 주식 상승으로 70:30이 되었을 경우, 일부 주식 ETF를 매도하고 채권 ETF를 추가 매수해 원래 비율로 복원한다. 정기 리밸런싱은 매년 혹은 매 분기 비율을 점검하고 조정한다. 목표 리밸런싱은 특정 자산 비중이 기준을 넘거나 밑돌 때 재조정한다.

4. **배당 중심 투자 전략**: 은퇴 후 생활비 마련을 고려한 투자자에게는 배당형 ETF를 활용한 수익형 전략이 적합하다. 매월, 혹은 분기별로 정기적인 현금흐름을 제공하는 ETF는 생활비 일부를 대체할 수 있다. 이 전략은 자산을 보존하면서도 정기적인 소득을 원하는 노후 투자자에게 매우 유용하다. 배당 중심 투자 전략의 장점은 자산을 유지하면서도 현금유입을 얻을 수 있다는 것이다. 그 활용 예시를 보면 미국 고배당주 ETF, 국내 배당주 ETF, 리츠 ETF 등이 있다.

5. **시장 상황 대응 전략**: 이 전략은 장기 투자에는 부적합하며, 고위험 고수익을 감수할 수 있는 숙련 투자자에게만 추천된다. 인버스 ETF는 시장 하락 시 수익을 내는 구조로, 하락장 방어용으로 사용된다. 레버리지 ETF는 시장 수익률의 2~3배를 추구하며, 단기 고수익을 노리는 전략이다. 인버스 ETF와 레버리지 ETF는 고수익 고위험 전략으로, 펀드매니저와 같은 전문가가 주로 사용하는 전략이다.

ETF 투자 원칙

ETF 투자전문가마다 투자 원칙은 다를 수 있다. 그러나 원칙이 많아질수록 오히려 복잡해질 뿐이다. 그래서 필자는 가장 중요한 원칙 세 가지로 요약했다. 여기서 제시하는 원칙은 필자가 이론과 실전을 바탕으로 개발한 ETF 투자 원칙으로, 어디까지나 참고 자료로만 활용하기 바란다.

첫째, 운용 수수료가 낮은 자산운용사의 ETF 상품에 투자한다. 미국의 유명한 투자전문가 존 보글은 "수수료와 비용은 최소화하고 궁극적으로 장기로 가져가는 것이 제일 좋다."라고 말했다. 다시 말해서 수수료가 제일 싼 ETF 상품을 고르라는 말이다. 필자는 존 보글의 말에 전적으로 동의한다. 다음 표는 현재 미국에서 제일 판매가 잘되고 있는 S&P500 ETF 상품들이다.

미국 S&P ETF 상품 비교표

구분	SPY ETF	IVV ETF	VOO ETF
발행사	스테이트 스트리트	아이 쉐어스	뱅가드
추종지수	S&P500	S&P500	S&P500
상장일	1993. 1. 22	2000. 5. 15	2010. 9.7
운용규모	6,224억 달러	5,673억 달러	5,813억 달러
운용수수료	0.09%	0.03%	0.03%
1주 가격	603.63 달러	606.71 달러	555.01 달러

5번째 줄에 '운용 수수료'가 보일 것이다. 이 운용 수수료는 자산운용사가 ETF를 운용하는 데 필요한 총경비를 의미한다. 예를 들어, SPY ETF는 스테이트 스트리트라는 자산운용사가 만든 S&P500 ETF로, 역사도 가장 오래됐고 운용 규모도 가장 크다. 그러나 운용 수수료가 0.09%로 비교적 높은 편이다. 특히 장기 투자에서는 운용 수수료가 투자수익률에 직접적인 영향을 미친다. 따라서 장기적으로 높은 수익률을 달성하기 위해서는 운용 수수료가 낮은 ETF를 선택하는 것이 바람직하다.

둘째, 자산운용 규모(AUM)가 큰 자산운용사의 ETF 상품에 투자한다. 자산운용 규모(AUM, Assets Under Management)는 펀드매니저가 관리하는 총자산 금액을 의미한다. 자산운용 규모가 큰 ETF는 일반적으로 유동성이 높아, 투자자가 원하는 시점에 쉽게 매수·매도할 수 있다. 또한, 규모의 경제(Economies of Scale)를 통해 운용 비용을 절감할 수 있으며, 거래량과 시가총액(ETF 가격×ETF 발행 수)도 상대적으로 크다.

셋째, ETF 가격이 저렴한 ETF 상품에 투자한다. S&P500 ETF 중 운용 규모가 가장 큰 SPY의 경우, 2024년 12월 말 현재 1주당 가격이 603.63달러로, 한국 돈으로 환산하면 거의 85만 원에 달한다. 물론 미국에서는 금액 단위로도 ETF를 매수할 수 있어(예: 0.01주 단위 매수 가능) 부담을 줄일 수 있지만, 여전히 가격이 높은 편이다. IVV는 1주당 606.71달러, VOO는 555.01달러로 역시 비싸다. 이러한 이유로 최근에는 가격이 저렴한 SPY의 미니 버전인 SPLG에 투자하는 투자자들이 늘고 있다.

다음 표에서 보듯이 SPY ETF와 SPLG ETF는 모두 스테이트 스트리트에서 출시한 상품이다. SPLG는 운용 수수료를 크게 낮춰 비교적 뒤에 출시된, 일종의 SPY의 '동생' 격인 ETF다. 자산운용사들이 이처럼 주가와 수수료를 획기적으로 낮춘 '동생 ETF'를 출시하는 이유는, 투자자들이 타사의 후발 주자 ETF로 이탈하는 것을 방지하기 위해서다.

SPY와 SPLG 비교표

구분	SPY ETF	SPLG ETF
발행사	스테이트 스트리트	
추종지수	S&P500	
상장일	1993. 1. 22	2005. 11. 8
운용규모	6,224억 달러	524억 달러
수수료	0.09%	0.02%
1주 가격	603.63 달러	71.01 달러

TIGER S&P500(미래에셋자산운용), KODEX S&P500(삼성자산운용), ACE S&P500(한국투자신탁운용) 등 국내 자산운용사에서 출시한 S&P500 ETF의 투자 원칙은 기본적으로 미국 ETF에 투자할 때와 동일하다. 다만 국내 자산운용사의 경우, 미국 자산운용사와 달리 홍보 시 제시하는 운용 수수료에 기타 비용이나 매매 중개수수료가 포함되지 않는 경우가 많다. 따라서 실제 투자 시에는 이러한 항목을 포함한 총비용이 얼마인지 반드시 확인할 필요가 있다.

ETF 투자를 하기 좋은 대표 계좌 4가지

ETF 투자를 시작하려는 많은 사람은 어떤 종목을 고를지에만 집중하는 경향이 있다. 그러나 ETF의 성과에 못지않게 중요한 요소는 바로 '투자 계좌의 선택'이다. 계좌에 따라 세금, 수수료, 운용 제약이 다르며, 이는 장기 수익률에 큰 영향을 미친다.

노후 준비라면 세제 혜택이 큰 IRP나 연금저축계좌가 유리하고, 중장기 자산관리에는 ISA가, 전술적 운용에는 일반 증권계좌가 적합하다. 계좌별 장단점을 이해하고 자신의 투자 목적과 기간, 위험 성향에 맞게 선택한다면, ETF는 훌륭한 자산 증식 도구가 될 수 있다. 여기서는 ETF 투자에 적합한 네 가지 대표 계좌를 살펴보고, 각각의 특징과 장단점을 비교해 본다.

1. **개인종합자산관리계좌(ISA)**: ISA는 중장기 자산관리에 적합한 계좌로, 다양한 금융상품을 하나의 계좌에 통합하여 관리할 수 있다. 특히 '중개형 ISA'는 ETF와 주식을 직접 매매할 수 있어 유연한 운용이 가능하다. 이 계좌는 일정 요건을 충족하면 수익에 대해 비과세 혜택도 받을 수 있다. ISA는 세제 혜택을 받을 수 있는 대표적인 절세 계좌로, 일정 기간 이상 유지해야 그 효과가 발생한다. 2025년 현재 ISA의 최소 유지 기간은 3년으로, 이 요건을 충족하면 계좌 내에서 발생한 수익에 대해 비과세와 분리과세 혜택을 누릴 수 있다. 일반형 ISA의 경우 최대 500만 원까지, 서민형이나 농어민형 ISA의 경우 최대 1,000만 원까지 비과세가 적용된다. 비과세 한도를 초과한 수익은 일반 금융소득세율(15.4%)보다 낮은 9.9%의 분리과세율이 적용된다. 이러한 구조 덕분에 금융소득이 연 2,000만 원 이하인 투자자에게 ISA는 특히 유리하며, 장기적인 자산 형성을 위한 효율적인 절세 수단으로 평가된다. 단점으로는 유지 기간 요건과 비과세 한도 조건이 다소 복잡하다는 점이 있다. 그럼에도 불구하고 다양한 ETF를 활용해 유연하게 투자하고자 한다면 ISA는 매우 유용한 선택지다.

2. **퇴직연금(IRP) 계좌**: IRP는 퇴직금을 장기적으로 운용하거나 노후 준비를 위한 대표적인 계좌이다. 2021년부터 ETF 직접 투자가 허용되면서, IRP를 활용한 자산 증식 전략이 본격화되었다. 연간 최대 700만 원까지(연금저축펀드와 합산 시 총 900만 원까지) 세액공제를 받을

수 있어 절세 효과도 크다. 다만, IRP는 55세 이전에는 원칙적으로 중도 인출이 불가능하며, 일부 금융기관은 ETF 상품 구성을 제한하는 경우가 있다. IRA는 자금 유동성은 떨어지지만, 은퇴자산을 계획적으로 운용하려는 투자자에게는 강력한 세제 혜택과 안정적인 자산 축적 수단이 될 수 있다.

3. **연금저축펀드 계좌**: 연금저축펀드 계좌는 자발적으로 노후 자금을 마련하려는 개인에게 적합한 계좌이다. ETF에 직접 투자하려면 '연금저축펀드' 유형을 선택해야 하며, 이 경우 증권사에서 계좌를 개설해 주식처럼 다양한 ETF를 매매할 수 있다. 연금저축펀드 역시 세제 혜택이 큰 장점이다. 납입액에 대해 연간 최대 600만 원까지 세액공제를 받을 수 있으며, 개인형 퇴직연금(IRP)과 합산할 경우 그 한도는 최대 900만 원까지 확대된다. 다만 세제 혜택을 유지하려면 연금을 중도에 해지하거나 일시금으로 찾지 않고, 만 55세 이후부터 일정 기간에 걸쳐 연금 형태로 수령해야 한다. 이때 적용되는 세율은 연령에 따라 3.3%에서 5.5% 수준의 연금소득세로, 일반 과세보다 낮아 과세 구조 측면에서도 유리하다. 연금저축펀드는 자금이 일정 기간 묶이는 제약이 있지만, 장기 투자와 절세를 동시에 노릴 수 있는 장점이 크다. 특히, 저비용 인덱스 ETF나 배당 ETF 등을 활용하면 시장 변동성에 대비하면서도 안정적인 장기 수익을 기대할 수 있어, 노후 준비에 있어 매우 효과적인 수단이 된다.

4. **일반 증권계좌**: 일반 증권계좌는 ETF 투자에 있어 가장 유연한 방식이다. 국내외 상장된 모든 ETF를 자유롭게 매매할 수 있으며, 수수료 우대 조건도 다양하다. 국내 ETF의 매매차익은 비과세지만, 배당소득과 해외 ETF의 양도차익은 과세 대상이 된다. 세제 혜택은 없지

만, 유동성이 매우 높고 단기 및 전략적 운용에 적합하다. 다만, 일반 증권계좌는 세액공제나 분리과세 등 절세 혜택이 전혀 없고, 투자로 얻은 수익이 전액 과세 대상이 된다. 또한, 장기 보유를 통한 세금 이연 효과가 없으므로, 장기 노후 준비보다는 단기매매나 전략적 자산 운용에 더 적합하다. 이 때문에 노후 자금을 전액 일반 증권계좌로 운용하는 것은 바람직하지 않으며, ISA나 연금저축계좌 등 절세형 계좌와 병행하여 사용하는 것이 효율적이다.

다음 표는 ETF 투자를 하기 좋은 4가지 계좌에 대해서 항목별로 요약한 표이다.

ETF 투자 가능한 4가지 계좌 요약표

구분	ISA (중개형)	IRP	연금저축계좌	일반 증권계좌
투자 가능 ETF	대부분 가능	제한적	가능	모두 가능
세제 혜택	일정 수익 비과세	세액공제 + 분리과세	세액공제 + 분리과세	없음
유동성	중간	낮음	낮음	매우 높음
수익 과세	초과분만 과세	연금 수령 시 낮은 세율	연금 수령 시 낮은 세율	배당·양도차익 과세
적합 용도	중장기 자산관리	퇴직연금, 은퇴설계	노후 준비	단기/전략 투자

이상에서 ETF 투자 전략, 상품의 종류, 투자 원칙, 그리고 ETF 투자를 하기 좋은 4가지 계좌에 대해 살펴보았다.

퇴직 후 안정적인 현금흐름을 고려한 ETF는 단순히 분산투자가 가능한 상품을 넘어, 노후를 준비하는 투자자가 스스로 자산 배분을 설계하고 시장변화에 유연하게 대응할 수 있도록 돕는 도구이다. 투자 목적과 기간, 위험 성향에 따라 다양한 전략을 수립할 수 있으며, 정기적인 점검과 리밸런싱을 통해 안정성과 수익성을 동시에 추구할 수 있다. 올바른 ETF 활용은 퇴직 후 안정적인 현금흐름을 확보하는 것은 물론, 전 생애에 걸쳐 노후 재무 건전성을 높이는 핵심 역할을 하게 될 것이다.

10년 안에 자산을 두 배로 늘리는 전략

투자는 시간과 복리의 힘을 활용해 자산을 증식하는 대표적인 방법의 하나다. 그러나 많은 투자자가 장기적인 관점에서 안정적으로 자산을 불리는 방법을 모색하기보다, 단기간의 수익에 집착하다가 투자에 실패하곤 한다. 본 파트에서는 장기적이고 안정적인 투자를 통해 '10년 후 투자자산을 두 배로 만드는 전략'을 제시하고, 이를 달성하기 위한 원칙과 고려 사항을 살펴보고자 한다.

은퇴 후 노후 자금을 마련하겠다며 무리하게 자영업을 시작하거나, 단기 수익을 노리고 증권사 이곳저곳을 기웃거려 봐야 돈을 잃고 마음만 상할 가능성이 크다. 그 대신 S&P500 ETF와 같은 인덱스 펀드를 매월 꾸준히 적립식으로 매수한다면, 10년 후에는 자산이 두 배로 늘어날 가능성이 높다. 여기서 '적립식 투자'란 마치 적금을 붓듯이 매월 일정 금액을 투자하는 방식을 의미한다.

워런 버핏이 말한 '10년 후 투자 금액을 두 배로 만드는 전략'은 앞선 두 가지 핵심 요소로 구성된다. 첫째는 인덱스 펀드에 투자하는 것이고, 둘째는 적립식으로 장기 투자하는 것이다. 이제 이 두 가지 요소를 차례로 살펴보기로 한다.

인덱스 펀드(Index Fund, 지수연동형 펀드)

1970년대에 처음 소개된 인덱스 펀드는 특정 주가지수(Index)를 그대로 추종하는 패시브 투자 상품이다. 예를 들어, 미국의 대표 지수인 S&P500을 추종하는 펀드는 S&P500에 포함된 500개 기업의 주식을 동일 비율로 편입함으로써 시장 전체와 유사한 움직임을 보인다. 한국에서는 KOSPI200, KOSDAQ150 등 주요 지수를 추종하는 펀드가 있다.

이러한 펀드는 액티브 펀드와 달리 개별 종목을 선별하거나 시장 타이밍을 예측하려 하지 않는다. 오히려 시장 전체를 반영하는 방식으로 분산투자를 구현하며, 장기적으로 시장 평균수익률을 추구하는 데 목적을 둔다.

인덱스 펀드와 ETF의 차이를 보면 다음과 같다. 인덱스 펀드는 ETF와 유사한 목적을 가지지만, 구조상 차이가 있다. 인덱스 펀드는 보통 펀드매니저를 통해 가입하고 하루에 한 번 기준가로 거래되지만, ETF는 주식처럼 실시간으로 사고팔 수 있다. 따라서 거래 유연성을 중시하는 투자자들은 ETF를 선호한다.

인덱스 펀드의 장점은 다음과 같다.

첫째, 저비용 구조이다. 인덱스 펀드는 운용에 드는 비용이 매우 낮다. 펀드매니저의 적극적인 개입이 없으므로 운용 보수가 낮고, 거래 빈도가 적어 수수료도 줄어든다. 이러한 비용 절감은 장기적으로 투자자에게 큰 수익률 차이를 만들어 낸다.

둘째, 시장 평균수익률 확보이다. 많은 액티브 펀드가 시장 수익률을 초과하기 위해 노력하지만, 실제로 장기적으로 시장을 이기는 펀드는 소수에 불과하다. 인덱스 펀드는 시장 전체를 추종하므로, 단기

성과에선 변동이 있지만, 장기적으로는 안정된 수익률을 기대할 수 있다.

셋째, 높은 분산 효과이다. 지수를 구성하는 수많은 기업에 분산 투자함으로써, 특정 기업의 부진이 전체 펀드에 미치는 영향을 줄일 수 있다. 이는 투자 위험을 체계적으로 분산시켜 장기 투자에 유리한 환경을 조성한다.

넷째, 투명성과 단순성이다. 어떤 종목에 투자되고 있는지가 지수 구성으로 공개되어 있어 투명성이 높고, 복잡한 조사 없이도 투자할 수 있다는 점에서 초보자에게 적합한 투자 방식이다.

인덱스 펀드는 여러 가지 장점이 있지만, 당연히 그 한계도 존재한다. 인덱스 펀드의 단점은 다음과 같다.

첫째, 시장 하락 시 회피가 어렵다. 지수를 그대로 따라가므로 시장 전체가 하락할 경우, 인덱스 펀드도 그대로 손실을 보게 된다. 패시브 펀드처럼 시장 상황에 따라 방어적 포트폴리오를 구성하는 투자 상품은 유연성이 부족할 수밖에 없다.

둘째, 인덱스 펀드는 시장 평균수익률을 추종하기 때문에, 초과 수익을 기대하기는 힘들다. 인덱스 펀드는 시장보다 높은 수익률을 추구하지 않는다. 따라서 특별히 높은 성과를 원하는 투자자에게는 만족스럽지 않을 수 있다.

셋째, 단기적 성과에 취약하다. 장기적으로는 유리하지만, 단기 급락이나 변동성 상황에서는 대응 능력이 떨어질 수 있다. 이는 시장 타이밍 전략이나 위험 회피 수단이 필요한 투자자에게는 제약으로 작용한다.

시장을 예측해서 투자하려는 불안과 두려움 대신, 전체 시장과 함께 성장하는 믿음을 바탕으로 한 인덱스 펀드 투자 전략은 워런 버핏을 비롯한 수많은 거장이 권장하는 방식이다. 물론 단점도 존재하지만, 장기적인 관점에서 인덱스 펀드는 자산을 안정적으로 늘려 가고자 하는 개인 투자자, 특히 노후에 일반 투자자들이 적극적으로 활용해야 하는 탁월한 선택지이다.

인덱스 펀드(Index Fund)와 헤지 펀드(Hedge Fund) 투자자들이 투자수익률을 놓고 서로 대결한 흥미로운 사례가 있어서 소개한다. 이는 인덱스 펀드의 유용성과 수익성을 실증적으로 보여 준 사례이다.

2008년, 전설적인 투자자 워런 버핏은 "미국의 평균적인 투자자라면 고비용의 헤지 펀드보다 저비용 인덱스 펀드에 투자하는 것이 훨씬 더 나은 결과를 얻을 수 있다."라고 주장하며, 월가의 헤지 펀드 운용사인 프로테제 파트너스(Protege Partners)와 내기를 했다. 버핏은 단순하게 S&P500 지수를 추종하는 Vanguard 500 Index Fund 한 종목에 투자했다. 반면, 버핏의 상대는 복수의 헤지 펀드에 분산투자 하는 전략을 선택했다. 양측 모두 실제 자금을 운용한 것은 아니었으며, 만기 시점에 승리한 쪽의 이름으로 자선단체에 100만 달러를 기부하기로 합의했다.

2008년부터 2017년까지의 실제 수익률은 버핏이 126%, 헤지 펀드가 36%로, 버핏이 압도적인 차이로 승리했다. 이 대결은 단순한 승패 이상의, 다음과 같은 중요한 의미를 지닌다.

첫째, 시장 평균을 추종하는 인덱스 펀드가 고비용의 헤지 펀드를 장기적으로 이길 수 있다는 사실을 실증적으로 입증했다. 둘째, 수수료와 거래비용이 장기 수익률에 미치는 영향을 명확하게 보여 주었다. 헤지 펀드는 일반적으로 연 2% 내외의 운용 보수와 성과 수수료를 부과하는 반면, 인덱스 펀드는 0.1% 이하의 저비용 구조를 갖는다. 버핏은 이후에도 일반 투자자들에게 인덱스 펀드의 장점을 거듭 강조하며, 복잡한 전략보다 단순한 원칙에 충실할 것을 조언했다.

적립식 장기 투자

적립식 투자는 일정한 금액을 정기적이고도 장기적으로 투자하는 방식으로, 개인 투자자들에게 특히 유용한 방법이다. 초기 목돈이 없어도 시작할 수 있다는 접근성과 장기적인 복리 효과가 주요 장점으로 언급된다. 그러나 모든 투자 방식이 그렇듯 적립식 투자 역시 단점이 존재하며, 투자자의 성향과 시장 환경에 따라 그 효과는 다르게 나타날 수 있다.

적립식 투자의 장점은 다음과 같다.

첫째, 평균 매입 단가 하락 효과(코스트 애버리지 효과)이다. 적립식 투자의 가장 큰 장점은 시장의 등락에 따라 평균 매입 단가가 자동으로 조정된다는 점이다. 가격이 낮을 때는 더 많은 수량을, 높을 때는

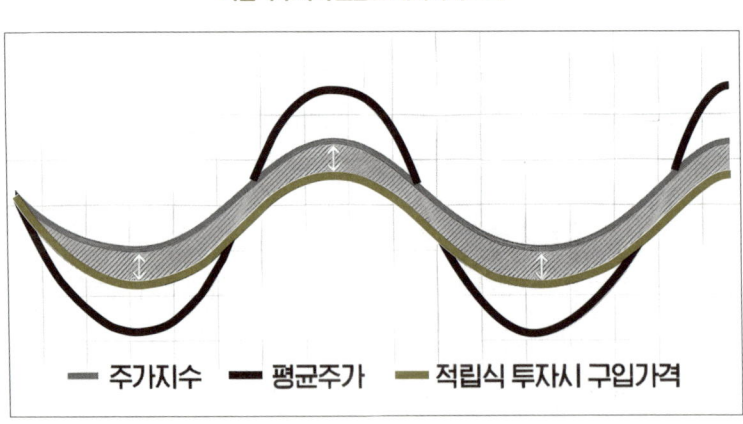

적립식 투자의 코스트 애버리지 효과*
— 주가지수 — 평균주가 — 적립식 투자시 구입가격

적은 수량을 매입하게 되어, 결과적으로 시장의 변동성을 완화하는 효과를 기대할 수 있다.

둘째, 심리적 부담을 감소시킨다. 일시에 큰 금액을 투자하는 거치식 투자에 비해, 적립식 투자는 일정한 금액을 나누어 투자하기 때문에 심리적 부담이 상대적으로 적다. 시장 하락 시에도 '다음 달에도 투자할 수 있다'는 심리적 여유가 생기며, 장기 투자를 지속하는 데 유리한 구조를 제공한다.

셋째, 소액 투자 및 습관화가 가능하다. 적은 금액으로도 투자할 수 있으므로 초보자나 사회초년생이 투자에 입문하기에 적합하다. 일정 금액을 지속해서 투자함으로써 자연스럽게 저축 및 투자 습관이 형성되는 효과도 있다.

넷째, 복리 효과를 극대화할 수 있다. 장기적으로 자산이 누적되며 이자나 수익이 다시 재투자되는 구조가 형성되어 복리 효과를 극대화할 수 있다. 특히 수익이 재투자될 수 있도록 설계된 펀드나 ETF는 이 효과를 더 강화한다.

적립식 투자는 많은 우수한 장점을 가지고 있지만 분명한 한계도 지니고 있다. 적립식 투자의 단점은 다음과 같다.

첫째, 상승장에서는 수익률이 낮을 수 있다. 시장 전체가 지속해서 상승하는 경우, 초기 투자 시점에 거치식으로 일괄 투자한 경우보다 적립식 투자의 수익률이 낮을 수 있다. 이는 매입 시점마다 가격이 점차 올라가면서 평균 단가가 높아지는 구조 때문이다.

＊ https://blog.naver.com/honge_e/223380878870

둘째, 시장분석 부족으로 이어질 위험이 있다. 적립식 투자에만 의존하면 투자자가 시장 흐름이나 종목에 대한 분석 없이 단순히 자동이체만 지속할 위험이 있다. 이는 투자 의사 결정 능력을 저하할 수 있으며, 비효율적인 투자로 이어질 수 있다.

셋째, 투자처 선정 실패 시 손실이 지속될 가능성이 존재한다. 적립식이라고 해서 무조건 수익이 나는 것은 아니다. 부적절한 펀드나 종목을 선택할 경우, 장기간에 걸쳐 손실이 누적될 수 있으며, 이 경우 회복까지 오랜 시간이 필요하다.

넷째, 수수료 누적 부담이다. 적립식 투자는 거래가 반복되므로 수수료가 누적될 수 있다. 특히 판매 수수료나 운용 보수가 높은 금융상품의 경우, 장기적으로 총 투자수익을 낮추는 요인이 될 수 있다.

적립식 장기 투자는 소액으로도 장기 투자 효과를 누릴 수 있는 효율적인 방식이지만, 그 장점만을 맹신해서는 안 된다. 상승장에서는 기대 이하의 수익률을 기록할 수 있고, 투자 대상에 대한 신중한 선택이 없을 경우 손실이 누적될 수 있다. 따라서 투자자는 자신의 재무 상황과 투자 목표, 시장 흐름을 종합적으로 고려하여 적립식 장기 투자의 전략을 수립해야 한다.

이상으로, '10년 후 투자 금액을 두 배로 만드는 전략'을 '인덱스 펀드 투자'와 '적립식 장기 투자' 두 가지로 요약해 살펴보았다. 자산을 두 배로 만든다는 것은 단순한 숫자 이상의 의미를 지닌다. 그것은 재정적 독립과 미래의 안정성을 향한 첫걸음이며, 나아가 노후를 스스로 설계할 수 있는 든든한 기반이 된다.

이 글에서 제시한 두 가지 원칙을 꾸준히 실천한다면, 복리의 힘은 분명히 실질적인 투자 성과로 이어질 것이다. 투자에서 가장 중요한 것은 빠른 수익이 아니라, 일관성과 인내심임을 잊지 말아야 한다.

이제 우리는 더 깊이 있는 주식투자 전략으로 들어간다. 2부에서는 단순한 상품 선택을 넘어, 투자자의 사고방식과 자산 배분의 원칙, 그리고 균형 잡힌 위험관리에 대해 본격적으로 살펴볼 것이다.

1부 4장 이해를 위한 Q&A

Q. 은퇴 후 투자 전략이 중요한 이유는 무엇인가요?
A. 은퇴 후에는 정기적인 근로소득이 사라지므로, 축적된 자산을 효율적으로 운용해 안정적인 현금흐름을 확보해야 합니다. 투자는 단순한 수익 추구를 넘어, 인플레이션으로 인한 자산가치 하락을 방어하고, 예기치 못한 지출에 대비할 수 있는 재무적 안전망을 마련하는 데 핵심적인 역할을 합니다.

Q. CMA, ISA, 연금저축펀드는 어떤 계좌이며 어떻게 활용할 수 있나요?
A. CMA는 단기 유동성 자금을 예치하며 이자와 함께 간편한 입출금 기능을 제공하는 계좌이고, ISA는 다양한 금융상품을 한 계좌에서 운용할 수 있으며 세제 혜택이 있습니다. 연금저축펀드는 은퇴 후 연금 수령을 위한 중장기 투자 상품으로, 연간 납입액에 대해 세액공제를 받을 수 있습니다. 세 계좌 모두 은퇴 후 자산운용에 있어 절세와 분산투자 측면에서 중요한 수단이 됩니다.

Q. 은퇴자에게 적합한 ETF 투자 전략은 무엇인가요?
A. ETF(상장지수펀드)는 분산투자와 저비용의 장점이 있어 은퇴자에게 적합합니다. 대표적인 전략은 다음과 같습니다.

- 고배당 ETF를 통한 정기적 수익 창출
- 글로벌 ETF를 통한 지역 및 산업 분산
- 채권 ETF를 활용한 안정적 수익 추구
- 분기 또는 반기 리밸런싱을 통한 위험관리

Q. 국내에서 해외 ETF에 투자할 수 있나요?

A. 국내 투자자도 해외 ETF에 투자할 수 있습니다. 크게 두 가지 방식으로 가능합니다.

1. 국내 상장 해외 ETF에 투자
- 한국 증권거래소(KRX)에는 미국, 중국, 일본 등 주요 국가의 지수에 연동되는 '해외 지수 추종 ETF'가 상장되어 있습니다. (예: KODEX 미국 S&P500TR, TIGER 차이나전기차 SOLACTIVE 등)
- 원화로 거래가 가능하고, 환전 없이 국내 증권사 계좌에서 매매할 수 있으므로 접근성과 편의성이 높습니다.

2. 직접 해외주식 계좌를 통해 투자
- 미국 나스닥(NASDAQ)이나 뉴욕증권거래소(NYSE) 등에 상장된 ETF에 직접 투자할 수도 있습니다. (예: SPY(S&P 500), QQQ(Nasdaq 100), VOO(Vanguard S&P 500), VT(전 세계 지수 추종 ETF) 등)
- 이 경우 해외주식 전용 계좌 개설, 환전, 해외 세금(배당소득세 등)에 대한 이해가 필요합니다.

※ 주의할 점
- 해외 ETF는 달러 등 외화로 거래되기 때문에 환율 리스크가 존재합니다.

- 해외 배당에 대해 미국 원천징수세(15%)가 부과되며, 향후 국내 종합소득세 신고 시 고려되어야 합니다.

Q. 10년 안에 자산을 두 배로 늘리는 전략이 가능한가요?
A. 복리의 힘을 활용하면 10년 안에 자산을 두 배로 늘리는 것이 가능합니다. '7%의 법칙'에 따르면, 연 7% 수익률을 달성할 경우 약 10년이면 자산이 두 배가 됩니다. 이를 위해 필요한 전략은 다음과 같습니다.
- 장기 분산투자와 정기적 리밸런싱
- 적절한 주식·채권·대체투자 비중 조절
- 세제 혜택 계좌 적극 활용
- 감정 개입 없이 꾸준히 투자 유지

Q. 패시브 펀드와 액티브 펀드는 무엇인가요?
A. 패시브 펀드(Passive Fund)와 액티브 펀드(Active Fund)는 운용 방식과 투자 전략에서 차이가 있습니다.

패시브 펀드는 S&P500이나 KOSPI200과 같은 특정 지수를 그대로 추종합니다. 펀드매니저가 종목을 일일이 고르기보다, 지수 구성 종목과 비중을 맞춰 운용합니다. 시장과 함께 오르고 함께 내리는 것이 특징이며, 운용 보수가 낮아 장기 투자에 유리합니다. 시장의 평균 성과를 그대로 가져가려는 투자자에게 적합합니다.

반면, 액티브 펀드는 시장을 분석해 종목을 선별하고 적극적으로 매매하며, 시장 평균 이상의 수익을 목표로 합니다. 성공한다면 높은 수익을 거둘 수 있지만, 운용 보수가 높고 매니저의 판단에 따라 성과가 크게 달라질 수 있습니다.

2부

주식투자의
원칙과 전략

| 은퇴 후 자산을 키우는 법 |

1장

주식투자의 필요성

"당신이 잠든 사이에도 돈이 벌리지 않는다면,
 당신은 죽을 때까지 일해야 할 것이다."

-워런 버핏-

    오늘날의 경제 환경은 복잡하고 불확실성이 높은 구조로 변화하고 있다. 물가상승, 금리 변동, 그리고 경기침체와 같은 외부 요인들은 개인의 재무 안정성에 직·간접적인 영향을 미친다. 이러한 변화 속에서 단순한 저축만으로는 자산을 유지하거나 증식하기 어려운 시대가 도래하였다. 이에 따라 많은 사람은 주식투자라는 수단을 통해 자산을 방어하고 성장시키는 방법을 모색하고 있다. 2부 1장에서는 주식투자의 필요성과 그 중요성에 대해 살펴보기로 한다.

    최근에 인터넷에서 어느 집의 가훈이라는 그림이 떠돈 적이 있다. 그 그림에는 다음과 같은 두 가지 사항이 적혀 있었다. 1. 보증을 서지 말자. 2. 주식을 하지 말자.

    필자는 주위에서 보증을 섰다가 패가망신한 사람들을 많이 보았다. 그래서 필자도 그 집의 가훈 첫 번째 항목인 '보증을 서지 말자'라는 말에는 전적으로 동의한다.

하지만 두 번째 항목인 '주식을 하지 말자' 역시 21세기에서도 필요한 가훈일까? 필자는 그에 대해 절대적으로 '아니오'라고 단언할 수 있다. 그 이유는 현대의 경제생활에 있어서 가장 위협적인 요인은 바로 인플레이션(지속적인 물가상승)이며, 이 인플레이션을 극복하기 위해서는 반드시 주식 등 고수익 금융상품에 투자해야 하기 때문이다. (인플레이션이 왜 우리 경제생활에 가장 큰 위협적인 요인이 되는지는 후술하는 '노후를 위협하는 경제 위험' 중 '인플레이션 위험' 편을 참고하기 바란다.)

'주식을 하지 말자'라는 가훈이 나온 이유는 많은 사람이 주식투자를 통해 손해를 본 경험이 있기 때문일 것이다. 하지만 주식으로 손해를 보는 이유는 주식투자를 했기 때문이 아니라, 잘못된 방식으로 주식투자를 했기 때문이다. 지금부터 반드시 주식투자를 해야 하는 이유에 대해서 이론적이고도 실천적으로, 가능한 한 자세히 살펴보고자 한다.

돈이 스스로 일하게 만드는 방법

오늘날 우리는 역사상 유례없는 저금리와 고령화 시대에 살고 있다. 단순히 은행에 저축하거나 부동산만을 보유하는 방식으로는 더 이상 안정된 노후를 기대하기 어렵다. 이에 따라 많은 이들이 자산이 스스로 일하게 만드는 구조, 즉 '투자'의 중요성을 인식하고 있으며, 그 중심에는 주식투자가 있다.

전설적인 투자자이자 '오마하의 현인'으로 칭송받는 워런 버핏은 투자와 관련된 수많은 명언을 남겼다. 그중에서 필자가 가장 좋아하는 말은 돈이 스스로 일하게 하는 방법에 관한 명언이다.

> "당신이 잠든 사이에도 돈이 벌리지 않는다면, 당신은 죽을 때까지 일해야 할 것이다(If you don't find a way to make money while you sleep, you will work until you die)."

워런 버핏의 이 말은 단순한 경고를 넘어, 자본주의 사회를 살아가는 우리에게 던지는 통찰이 담긴 조언이다. 그는 오랜 시간 동안 꾸준한 투자로 부를 축적해 온 경험을 바탕으로, 자산이 스스로 수익을 창출하는 구조를 만들어야 한다는 점을 강조한다. 우리가 잠든 사이에도 자산이 일하게 만들지 못한다면, 결국 노동소득에만 의존하는 삶에서 벗어날 수 없다는 뜻이다.

이러한 철학은 특히 은퇴 이후의 삶을 준비하는 사람들에게 매우 중요하다. 젊었을 때는 노동으로 생계를 유지할 수 있지만, 시간이 흐르면 자연스럽게 노동능력이 감소하고, 수입은 줄어든다. 이때 필요한 것이 바로 스스로 돈을 버는 자산, 특히 주식과 같은 생산적인 자산에의 투자이다.

또한 『부자 아빠 가난한 아빠(Rich Dad Poor Dad)』의 저자로 유명한 로버트 기요사키(Robert Kiyosaki)는 "부자는 돈을 위해 일하지 않고, 돈이 자신을 위해 일하게 한다."라고 말했다. 그는 자기의 저서에서 주식투자야말로 '돈이 돈을 버는 구조'를 만드는 핵심 도구라고 거듭해서 강조하고 있다.

명목이자율 vs 실질이자율

이자율은 경제 전반에서 자본의 흐름과 가치를 결정짓는 핵심 요소 중 하나이다. 그러나 이자율이라고 해서 모두 같은 의미가 있는 것은 아니다. 일반적으로 사람들이 접하는 이자율은 명목이자율로, 세금과 인플레이션을 고려하지 않은 수치이다. 반면 실질이자율은 세금과 인플레이션을 반영하여 실제로 돈의 구매력이 얼마나 증가했는지를 나타낸다. 이 두 이자율의 차이를 명확히 이해하지 못하면 잘못된 재무 판단을 내릴 위험이 크다. 아래는 명목이자율과 실질이자율의 차이를 비교한 요약표이다.

명목이자율 vs 실질이자율 비교표

구분	명목이자율(Nominal Interest Rate)	실질이자율(Real Interest Rate)
정의	물가상승률을 고려하지 않은 이자율	물가상승률을 고려한 실제 구매력 기준 이자율
표현 방식	계약서상에 명시된 이자율 (예: 대출금리, 예금금리)	경제적 실질수익률 (예: 돈의 실제 가치가 얼마나 늘었는가)
계산 공식	공표된 이자율	실질이자율 ≈ 명목이자율 − 인플레이션율
예시	예금 금리 5%	인플레이션이 3%이면 실질이자율은 2%
의미	통화 단위로 얼마나 이익을 보는가	구매력으로 얼마나 이익을 보는가
오류 위험	화폐환상 발생 가능	보다 정확한 경제 판단 가능

명목이자율과 실질이자율의 차이를 은행 예적금의 사례를 들어서 구체적으로 설명하면 다음과 같다. A 씨는 은행에 명목이자율 5%의 1년 만기 정기예금과 정기적금에 각각 들었다. 정기예금은 연초에 1,200만 원을 예금하고 만기 시 원금과 이자를 받고, 적금은 매월 100

만 원씩 붓고, 역시 만기 시 원금과 이자를 받는다.

　은행에서는 예적금 모두 이자율이 5%라고 알리지만, 실질이자율이 얼마인지는 말해 주지 않는다. 왜냐하면, 고객에게 실질이자율이 얼마인지를 알려 준다면, 고객은 은행에 예적금을 드는 데 매력을 느끼지 못할 것이기 때문이다. 다음 표는 은행 예적금의 명목이자율과 실질이자율 비교표이다.

예적금의 명목이자율과 실질이자율

구분	1년 만기 정기예금	1년 만기 정기적금
가입 금액	1,200만 원	월 100만 원
원금	1,200만 원	1,200만 원
명목이자율	5.0%	5.0%
세전 이자	60만 원	32만 5,000 원
세금	15.4%	15.4%
세후 이자	50만 7,600원	27만 4,950원
세후이자율	4.23%	2.29%
2024년 물가상승률	2.30%	2.30%
실질이자율	1.93%	−0.01%

　예금과 적금의 명목이자율은 같은 5%인데, 왜 적금의 세전 이자(32만 5,000원)는 예금 세전 이자(60만 원)의 절반밖에 되지 않는 것일까? 그 이유는 적금은 한 번에 목돈을 넣는 것이 아니라 매월 일정 금액을 납입하는 '적립식' 구조이기 때문에, 실제로는 회차별로 이자가 붙는 기간이 다르기 때문이다. 즉, 첫 달에 낸 100만 원은 12개월 동안 이자가 붙지만, 마지막 달에 낸 100만 원은 단 1개월만 이자가 붙는다. 따라서 전체 납입 원금은 1,200만 원이지만, 평균적으로는 약 6개월

의 이자만 발생하기 때문에 예금의 이자보다 훨씬 적은 것이다. 필자는 이를 '적금의 착시현상'이라고 부른다.

세전 이자에 세금 15.4%를 차감하고, 물가상승률 역시 차감한 실질이자율은 각각 예금이 1.93%, 적금 -0.01%로 정말 눈을 의심할 만큼 작아진다. 더군다나 적금의 경우는 마이너스다. 2022년처럼 소비자물가상승률(CPI)이 5.1%로 높은 연도의 경우 실질이자율은 예금(-0.87%), 적금(-2.81%) 모두 큰 폭의 마이너스를 나타낼 것이다. 이것은 1년 동안 예적금을 부었는데도 불구하고 자산의 실질 가치(구매력)는 오히려 줄어들었다는 사실을 의미한다.

일반인들의 경우 이자율을 깎아 먹는 두 가지 요소 인플레이션과 세금을 정확히 인식하지 못하기 때문에 은행이 홍보하는 이자율 5%만 믿고 자산이 5% 증식되었다고 환상에 빠지게 된다. 영국의 저명한 경제학자 케인즈는 명목이자에 대한 이러한 환상을 '화폐환상'이라고 명명했다.

노년기에는 대부분 사람이 정기적인 근로소득 없이 연금, 예금, 투자수익 등으로 생계를 유지한다. 이때 실질이자율을 무시하고 명목수익률만 기준으로 삼을 경우, 실제 구매력은 지속해서 감소하게 된다. 이는 장기적으로 의료비, 주거비, 생활비 부담을 증가시키고 빈곤 위험을 키우는 요인이 된다. 따라서 모든 경제주체, 특히 노년기에는 이 두 이자율의 차이를 명확히 이해하고 실질 가치 중심의 사고를 통해 금융 의사결정을 내려야 할 것이다.

화폐환상(Money Illusion)

이자율(금리)은 자본시장의 흐름을 좌우하는 핵심 변수이다. 자금의 수급 조절, 투자 판단, 자산평가 그리고 가계와 기업의 재무 안정성 등 자본시장 전반에 걸쳐 중대한 영향을 미친다. 특히 명목이자율과 실질이자율의 차이를 이해하지 못한 채 의사결정을 내리는 경우, 인플레이션에 따른 실질구매력 감소를 인식하지 못하고 '화폐환상(Money Illusion)'에 빠질 위험이 크다.

화폐환상이란 명목소득이나 명목이자율의 변화는 민감하게 반응하면서도, 인플레이션이나 실질구매력 변화는 간과하는 인지적 오류를 말한다. 이러한 현상은 저축과 투자, 소비에 있어 왜곡된 판단을 낳으며, 결과적으로 일반 개인의 자산 형성에 부정적인 영향을 미칠 수 있다. 따라서 이자율에 대한 정확한 이해가 현대 경제생활에서 필수적임을 인식해야 한다.

특히, 노년층은 비교적 금융 정보접근성과 계산 능력에서 제한을 받는 세대이다. 따라서 단순한 숫자(명목이자율)에 의존하여 판단하는 경향이 높고, 이는 화폐환상으로 이어지게 된다. 따라서 은퇴 설계와 자산운용에서 명목 수치보다 실질 수치에 주목하고, 인플레이션을 고려한 자산 배분과 투자 전략이 필수적이다. 노후의 평안하고 안정된 삶을 위해서는 화폐환상에서 벗어나 수치의 진짜 의미를 읽는 지혜, 즉 실질이자율 중심의 금융 인식이 필요하다.

부자 남성, 가난한 여성

　필자는 미국 대학원에서 박사과정을 밟던 시절, 연금에 관한 과목을 수강한 적이 있다. 그때 강의를 맡은 교수는 벤더라이 박사로, 미국에서 연금 분야로 꽤 유명한 인물이었다. 벤더라이 교수는 미국 연방정부로부터 '노년에 여성들이 남성보다 더 가난한 이유'에 대해 연구해 달라는 프로젝트를 받아서 수행했다. 필자 역시 몇몇 박사과정 동료들과 함께 해당 연구에 참여했다.

　벤더라이 교수 연구팀의 연구 결과로 밝혀진 주요 사실은 다음과 같다.

　노년기에 여성들이 남성보다 가난해지는 핵심 원인 중 하나는 자산운용에서의 투자 성향 차이 때문이다. 남성들은 주식처럼 수익률이 높은 자산에 적극적으로 투자하는 반면, 여성들은 은행 예금이나 적금, 낮은 이율의 국공채 등 안전자산에 치중하는 경향이 뚜렷했다. 그 결과 장기적으로 볼 때 남성들의 자산은 증가하는 반면에, 여성들의 자산은 감소했고, 10년, 20년, 시간이 지날수록 그 차이가 점점 더 벌어졌다.

　겉보기에는 안정적인 금융상품에 투자하는 것이 무슨 문제가 될까 싶겠지만, 그 이면에는 인플레이션이라는 복병이 숨어 있는 것이다. 예를 들어 100만 원을 은행에 예금하고 연 3%의 이자를 받을 경우, 1년 뒤 원금과 이자를 합쳐 103만 원이 된다. (단, 이자소득세 15.4%는 제외하고 계산한다) 대부분 사람은 자산이 늘었다고 생각하지만, 이는 잘못된 판단이다. 실질자산가치는 반드시 물가상승률(소비자물가상승률, CPI)을 고려해 계산해야 한다. 공식은 다음과 같다.

100만×(1+0.03)÷(1+물가상승률)

이 수식이 의미하는 바는, 물가상승률이 3%보다 높으면 1년 후 자산의 실질 가치는 오히려 줄어든다는 것이다. 예를 들어 물가상승률이 5%일 경우, 계산 결과는 약 98만 원으로 줄어든다. 즉, 이자율이 3%여도 물가상승률이 5%면 실질 자산이 2%만큼 감소하는 셈이다.

이로 인해 시간이 지날수록 남성과 여성 간 노후 자산 격차는 점점 더 벌어진다. 연구 당시 기준으로, 남성들의 연평균 수익률은 12%였고 여성의 연평균 수익률은 3%를 채 넘기지 못했다. 9% 차이가 대수롭지 않게 느껴질 수도 있다. 하지만 연간 9% 차이는 10년이면 90%, 복리로 계산하면 100% 이상의 격차로 벌어진다.

벤더라이 교수 연구팀은 이 연구 결과를 토대로 미국 연방정부에 다음과 같은 정책을 권고했다.

> 여성들에게 안전자산에만 투자하지 말고, 자산을 적절히 분산해 운용하도록 적극적으로 권장해야 한다. 예를 들어, 전체 자산의 30%는 안전형 금융상품(예: 국채 · 우량 채권)에, 40%는 중위험 상품에, 나머지 30%는 고수익 자산(예: 주식 등)에 배분해 투자하도록 유도해야 한다.

이는 단순히 남성과 여성의 차이만이 아니라, 모든 사람에게 해당하는 내용이다. 남성이라도 지나치게 안전자산에만 의존하면 노후 빈곤을 피하기 어렵다. 결국 핵심은, 인플레이션을 극복하기 위해서는 반드시 자산의 일정 비율을 주식 등 고수익 자산에 투자해야 한다는 것이다.

주식투자의 본질

현대 자본주의 사회에서 투자란 더 이상 특정 계층만의 전유물이 아니다. 우리는 누구나 스마트폰 하나로 손쉽게 주식을 사고팔 수 있는 시대에 살고 있다. 그러나 주식투자의 본질을 이해하지 못한 채 주식시장에 뛰어드는 이들이 많다. 단기적인 시세차익이나 유행에 따라 움직이는 투기적 성향은 오히려 위험을 키울 뿐이다. 진정한 주식투자는 단순한 '돈놀이'가 아닌, 기업의 가치에 대한 신뢰와 그 성장에 함께 참여하는 행위임을 이해할 필요가 있다.

주식은 단순한 종잇조각이나 숫자가 아니다. 그것은 곧 기업의 소유권, 다시 말해 기업의 일부를 소유한다는 것을 의미한다. 우리가 어떤 기업의 주식을 산다는 것은 그 기업의 수익과 성장, 손실과 위험을 함께 공유하는 동반자가 된다는 뜻이다. 이러한 관점에서 주식투자는 단순히 저가에 사서 고가에 파는 행위를 넘어, 기업의 미래를 보고 장기적인 안목에서 참여하는 행위가 되어야 한다.

워런 버핏은 "주식은 사업 일부를 사는 것이다."라고 말했다. 이는 주식투자의 핵심을 꿰뚫는 말이다. 기업의 재무제표, 경영진의 역량, 시장경쟁력 등을 분석하고 그 가치를 평가하는 것이 진정한 투자자의 자세이다. 단기적인 주가 변동에 일희일비하기보다는, 시간이 흐를수록 가치가 우상향할 것이라 믿는 기업에 자금을 맡기고 기다리는 것이 주식투자의 본질이다.

기업은 장기적인 비전과 계획, 시장변화에 대한 대응력, 그리고 지속적인 혁신을 통해 가치를 창출한다. 투자자는 이러한 기업의 여정에 동반자가 되어, 함께 성장의 과실을 나누는 파트너가 되어야 한다.

이는 단순한 수익률을 넘어, 자본과 신뢰의 순환 구조 속에서 진정한 의미의 부를 창출하는 길이다.

주식투자의 본질은 결국 '가치에 대한 신뢰'와 '시간을 견디는 인내'에 있다. 기업의 일부를 소유하고, 그 성장을 믿으며 기다리는 투자자의 태도는 단기적인 이익을 추구하는 투기와는 본질적으로 다르다. 주식투자는 단순한 숫자의 게임이 아니라, 경제를 구성하는 실체에 대한 믿음과 참여이며, 그 안에서 우리는 자본주의의 순기능을 경험할 수 있다.

오늘날의 주식시장은 수많은 정보와 예측, 감정적 반응이 난무하는 장소가 되었다. 그러나 진정한 투자자는 그 소음 속에서 기업의 본질을 꿰뚫는 통찰력을 지녀야 한다. 일시적인 시장의 반응보다 기업의 내재가치를 꿰뚫어 보는 시각이야말로 투자에서 성공을 거두는 핵심 열쇠이다.

투자인가, 투기인가?

현대 자본주의 사회에서 투자는 자산 증식의 중요한 수단으로 여겨진다. 그러나 투자와 투기의 경계는 명확하지 않으며, 때로는 혼동되기도 한다. 일반적으로 투자는 자본을 생산적인 곳에 장기적으로 배분하여 이익을 기대하는 행위로 정의된다. 반면, 투기는 단기적인 가격 차익을 노리는 행위로, 높은 위험을 수반한다.

언제부터인가 한국 주식시장에서 나타나는 개인 투자자의 행태를 살펴보면, 정보 부족과 감정적 반응 때문에 투자가 아니라, 투기적 성향이 자주 나타나는 것 같다. 단기 수익을 노리고 빈번하게 매매를 반복하거나, 확실한 근거 없이 유행에 따라 움직이고, 또 과도한 부채(레버리지)를 사용하여 투자하는 경우가 그 예다. 이는 '투자'라기보다는 '투기'에 가까운 행동으로 해석될 수 있다.

한국인들의 그러한 투기 행위는 이제 태평양을 건너서 미국에까지 널리 알려졌고, 그 유명세는 아쉽게도 좋은 의미에서 유명(Famous)한 것이 아니라, 악명(Notorious)을 떨치고 있다. 최근 미국의 한 투자전문가가 한국인들의 미국 주식시장 투자 열풍을 〈오징어 게임〉에 빗대서 말했다. 넷플릭스 드라마 〈오징어 게임〉은 극한의 경쟁 속에서 단 한 명만 살아남는 서바이벌 게임을 그린 작품이다.

2025년 3월 초 미국 자산운용사 '아카디안(Acadian)'의 오웬 라몬트 부사장은 아카디안 공식 홈페이지에 '오징어 게임 주식시장'이란 제목의 뉴스레터를 게재했다. 그는 매월 오웨노믹스(Owenomics)라는 뉴스레터를 발행하는데, 주로 투기세력이 몰리는 과열 종목에 대한 분석을 다룬다. 라몬트 부사장은 이 뉴스레터에서 미국 주식에 투자하는 일부 한국인 투자자들(서학 개미)을 〈오징어 게임〉 참가자에 빗댔다.

라몬트 부사장은 한국 개인 투자자의 미국 주식 보유액이 지난해 기준 1,121억 달러(약 162조 원)로 미국 증시 전체 투자 금액의 0.2%에 불과하지만, 특정 소규모 종목에선 상당한 영향력을 행사하고 있다고 설명했다. 그가 꼽은 대표적인 종목은 양자컴퓨터이다.

라몬트 부사장은 한때 한국인 개인 투자자들이 아이온큐(IONQ)나 리게티 컴퓨팅(RGTI) 등 양자컴퓨터 기업 전체 지분의 30% 이상을 보유하고 있었다면서 '기괴하고 폭력적'이라고 표현했다. 또 "한국 투자자들(서학 개미)은 빠르게 부자가 되기 위해 엄청난 위험을 감수한다."

라고 지적하기도 했다.

라몬트 부사장은 지난해 6월에 발간한 뉴스레터에서도 코스피, 코스닥 등 한국 유가증권시장에서 나타나는 과도한 위험선호 문화를 자세히 분석하며, 한국인들이 주식시장을 '빠르게 큰돈을 벌기 위한 투기 수단'으로 보고 있다고 진단한 바 있다.

그는 해당 현상의 원인으로 '시장 허무주의'를 꼽았다. 시장 허무주의란 '시장 시스템이 애초에 개인에게 불리하게 조작됐다고 믿는 것'을 말한다. 그래서 단기에 수익을 얻으려고 한다는 것이다.

필자는 라몬트 부사장이 지적한 '한국 투자자들이 주식투자를 빠르게 큰돈을 벌기 위한 투기 수단으로 보고 있다'는 점에서는 동의하지만, 그가 지적한 원인에 대해서는 충분하지 않다고 생각한다.

라몬트 부사장은 외국인의 눈으로 한국인들의 투자 태도를 분석하였기에 한국인들의 심층 밑바닥 깊이에 있는 〈오징어 게임〉만큼이나 기괴하고 폭력적인 '빨리 돈을 벌고 싶어 하는 열망'의 원인에 대해서는 바르게 인식하지 못한 것 같다. 만일 그가 한국의 주식시장 투기와 함께 부동산투기를 좀 더 면밀하게 분석해 보았다면, 그 원인을 좀 더 바르게 파악할 수 있었을 것이다.

필자가 유튜브에 들어가면 알고리즘으로 인해, 지난 2020년대 초 부동산 열풍 시기에 지식산업센터 10~15평대의 상가를 10억 이상 주고 구매한 투기꾼들에 관한 이야기, 특히 구입 대금의 70%~80%를 은행 대출 등 레버리지를 이용하여 구매한 사례들이 빈번히 나타난다.

이런 내용을 다루는 대부분의 유튜버는 지식산업센터 투기꾼들 대다수가 상가 한 채가 아니라 두세 채 이상을 구매한 후 이자비용을 감당하지 못해서 대부분 경매에 나왔고, 4~5회 이상 유찰되어 시세의

20~30%로 낙찰되었으며, 결국 십 수억을 손해를 봤다는 가슴 아픈 사연을 친절하게도 실례를 들어가며 자세히 설명해 준다.

서두에 말한 라몬트 부사장이 한국 투자자들의 주식투자 행위를 기괴하고도 폭력적인 〈오징어 게임〉에 비유한 가장 중요한 이유는 그들이 몇몇 종목에만 집중적으로 투자할 뿐만 아니라, 가격 변동 폭이 크거나 과도한 레버리지 상품에 투자하는 것을 너무 좋아하기 때문이다.

2025년 2월 말 기준 한국 부사자 미국 주식 순매수 Top 10 종목을 보면 테슬라와 같이 주식가격 변동률이 50%가 넘는 종목이나, SOXL(미국 반도체 지수 3배)과 같이 대부분 변동 폭이 크고, 과도한 레버리지 상품들이다. 필자는 이러한 사람들을 '투자자'가 아니라 '투기꾼'이라고 부른다.

한국 사람들이 주식투자건 부동산 투자이건 왜 이렇게 빨리 돈을 벌기 위해서 무리한 투자를 하는가에 대한 원인을 언급하기 전에, 먼저 '투자'와 '투기'에 대한 용어의 정의부터 내리려고 한다.

'투자(Investment)'란 '적절한 수익'을 기대하고 자본을 투입하는 일련의 행위를 통칭한다. 이 정의에 따르면 투자자가 예금, 적금, 주식, 채권, 파생상품, 부동산 및 기타 실물자산이나 금융자산을 보유하는 모든 행위가 투자에 해당한다.

그렇다면 이와 반대되는 개념인 투기란 무슨 의미일까? '투기(Speculation)'의 정의는 그 정의를 내리는 사람과 상황에 따라서 달라진다. 투기의 다양한 정의를 살펴보면 다음과 같다.

- 투기는 투자와 달리 기회에 편승하여 확실한 승산 없이 큰 이익을 노리는 극단적인 모험적 행위이다.

- 투기는 가치에 대한 이성적인 판단보다 그 당시 시장 상황에 따른 감정적 요인에 의한 매매 행위라는 점에서 투자와 구별된다.
- 매수 후 오랜 기간에 걸쳐 자산의 가치가 오를 때까지 기다리는 것을 투자라 하고, 단기간의 시세 변동을 노리는 것을 투기라고 하기도 한다.
- 대출이나 선물 증거금 등을 이용해 큰 레버리지를 사용하여 투자할 경우, 위험성이 증가하므로 이러한 행태를 투기라고 말하는 경우도 있다.

앞으로 '투기'라는 용어를 사용할 때 그 정의는 이상 네 가지 사항을 모두 포함한다.

이상에서 언급한 투자의 정의에 따르면 투자가 단순한 개념일 것 같다. 하지만 '적절한 수익'이란 점에 있어서 사람마다 의견이 다르므로 투자의 개념을 제대로 이해하기가 쉽지 않다. 필자는 투자와 투기를 구분하는 기준을 2부 3장에 나와 있는 미국 주식시장 평균 투자수익률 표에서 찾았다. 그 표에 따르면 미국 주식시장의 150년 평균 투자수익률은 약 10% 정도였다. (인플레이션을 고려할 경우 약 7%)

과거 150년 동안 주식투자를 한 전문 투자자, 개인 투자자 등 모든 투자자의 수익률을 합산하여 평균을 냈을 때 10% 정도라면, 개인 투자자가 주식투자를 통하여 달성하고자 하는 적정한 기대수익(Expected Return) 역시 약 10% 정도가 적당하다고 할 수 있을 것이다. 만약에 A라는 투자자가 주식시장에서 꾸준히 매년 평균 10% 정도의 투자수익률을 올렸다면 그는 상당히 성공한 투자자라고 할 수 있다.

따라서, 만약에 일반 주식투자자가 10% 이상의 수익률을 기대하고 주식투자를 한다면, 그것은 더 이상 '투자'라고 할 수가 없고, '투기' 행위에 가까워진다고 할 수 있다. 그러니 앞으로 투자를 할 때는 너무 욕심내지 말고 10% 정도의 수익률을 올리겠다는 목표를 가지고 투자를 하기 바란다. 그렇게 한다면 적절하고도 행복한 투자를 경험할 수 있을 것이다.

한국 개인 투자자들이 왜 이렇게 기괴하고도 폭력적으로 변동성이 높은(위험이 큰) 종목이나 2배, 3배를 추종하는 레버리지 종목에 투자하기를 좋아하는지 그 이유에 대해서 심층 분석해 보면 다음과 같다.

첫째, 무엇보다도 한국인들의 특징이라고도 할 수 있는 '빨리빨리 문화'의 영향이다. 필자가 알고 있는 미국인이나 중국인에게 한국인들을 특정 지을 수 있는 말을 하나만 고르라고 하면, 이구동성으로 '빨리빨리'라고 말한다.

언제부터 한국 사람들이 이 빨리빨리 문화에 편승하여 투기 광풍으로 이어졌을까? 필자 생각으로는 일제강점기를 거쳐 6·25 동란 이후 새로운 사업을 하거나, 부동산 및 땅 투자를 통해 일확천금을 번 사례들이 빈번히 발생하면서 '빨리빨리+한탕주의'가 투기 광풍으로 이어졌고, 그러한 투기 광풍은 시대에 따라 모양을 달리하면서 때로는 땅 투기로, 때로는 부동산투기로, 때로는 주식 투기로, 때로는 피라미드나 다단계 투기로, 때로는 의료기 사업 투기로 그리고 최근에는 코인 투기로 이어져 온 것 같다.

이 점은 실제에서도 입증이 되는데 한국예탁결제원 자료에 따르면, 한국 개인 투자자의 하루 평균 주식회전율(매매율)은 70%로 미국의 약 25%에 비해 거의 3배 가까이 높다. 즉, 한국 투자자들 사이에서는 워런 버핏이 그토록 강조하는 장기 투자 대신 단타(단기매매)가 성행하고 있다. 따라서 〈오징어 게임〉과 같은 극단적 투기의 본질적 정체는 한국인들의 의식 저변에 깊숙하고도 단단히 뿌리 박혀 있는 '빨리빨리 문화'라고 할 수 있다.

'빨리빨리' 돈을 벌고 싶거든, 역설적으로 '느릿느릿' 투자를 해야 한다. 즉, 가장 빠르고도 확실하게 돈을 버는 방법은 좋은 종목을 선택하여 장기 투자를 하는 것이다. 무엇보다도 투자에 있어서 빨리빨리 성공하기는 어렵지만, 빨리빨리 망하기는 쉽다는 사실을 꼭 기억해야 할 것이다.

"10년 이상 보유할 주식이 아니라면, 10분도 보유하지 마라."라는 워런 버핏의 명언은 단기 시세차익이나 유행을 좇는 투기적 매매가 아니라, 장기적인 안목과 기업에 대한 신뢰를 바탕으로 한 투자를 강조한다. 버핏은 평생 본질적인 가치가 있는 기업을 선정해 오랜 시간 동안 보유함으로써 복리의 효과와 자본의 안정적 성장을 노리는 전략을

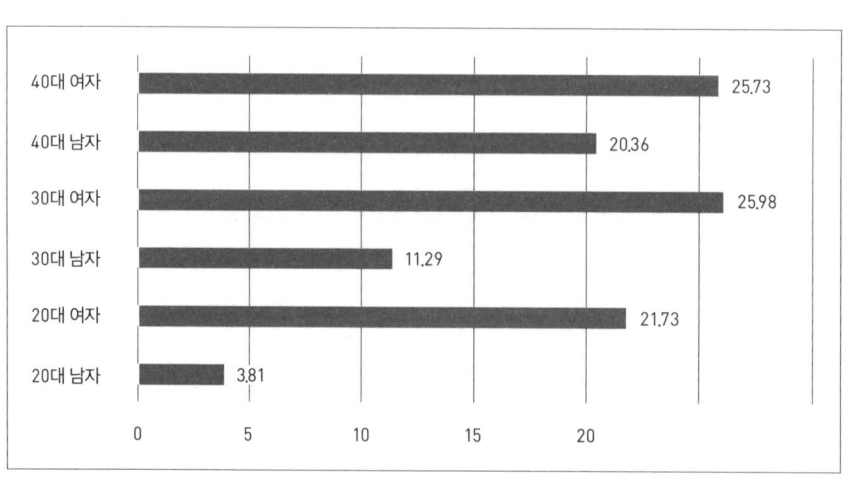

자료: NH투자증권 (2022년)

추구했다.

NH투자증권에서 발표한 자료에 따르면 앞의 표에서 보는 바와 같이 20대 남성의 투자수익률이 가장 낮은 이유는 주로 단기매매를 했기 때문이다. 반면에 20~40대 여성의 투자수익률이 높은 이유는 장기 투자를 했기 때문이다.

둘째, 남의 돈 쓰기를 좋아하는 습관이다. '빚투'와 '영끌'로 대변되는 레버리지를 활용한 공격적 투자 역시 한국인 개인 투자자들의 특징이라고 할 수 있다. 아마 전 세계에서 '빚을 내서 투자한다.'라는 의미의 '빚투'와 '영혼까지 끌어모은다.'라는 '영끌'이라는 단어가 유행하는 나라는 한국이 유일할 것이다.

이미 한국에서는 기업이건 개인이건, 심지어 교회와 같은 종교 단체까지도 레버리지(Leverage, 남의 돈을 이용)를 활용하는 것이 일반화되어 있다. 그러나 레버리지는 이익이 나면 두 배, 세 배가 되지만, 손해는 세 배, 네 배가 난다는 사실을 간과하고 있는 것 같다. 손실률이 일정 기준을 넘어서 반대매매를 당하거나, 이자를 갚지 못해 경매에 나온 후에 후회해 봐야 아무 소용이 없다. 투자에 있어서는 돈은 빌리지도 말고, 빌려주지도 말아야 할 것이다.

셋째, 부동산투기를 통해 배운 학습효과이다. 부동산투기를 통해 성공해 본 적이 있기에, 주식시장에서도 그 행태를 그대로 답습하려는 경향이 있는 것 같다. 특히 한국에만 있는 전세라는 독특한 경제 제도로 인해 만연하고 있는 갭 투기가 부동산시장뿐만 아니라 주식시장에게까지 악영향을 크게 미치고 있다.

콩글리시(한국식 영어) 중의 하나인 '갭 투기'는 전세를 끼고 소자본으로 부동산을 구매하는 행위를 말한다. 필자는 '갭 투기' 대신에 '갭 투자'라는 말로 포장하는 것은 아주 많이 잘못된 표현이라고 생각한다.

최근 들어서 신문이나 SNS상에서 전세사기로 인한 청년들의 자살 소식을 자주 접하게 된다. 이처럼 한국 사회에 있어서 전세사기를 포함한 갭 투기의 해악은 정말 심각한 수준이다. 이와 같은 현상이 끊이지 않고 발생하고 있는 이유는 수많은 전세사기꾼의 오직 돈을 벌겠다는 추악한 욕심뿐만 아니라, 그 죄에 비해서 벌이 너무 약하기 때문이라는 사실 또한 지적하고 싶다.

넷째, 주식투자 등 경제 교육의 부재이다. 필자가 회사에서 젊은이들에게 특강을 하거나, 수업 시간에 학생들에게 강의할 때 깜짝 놀라는 사실은 젊은이들 대부분 경제 분야에 대해서 너무 무지하다는 것이다. 굳이 요즘 말로 하자면 대부분이 '경린이(경제적 초보)'라고 할 수 있다. 그 이유는 가정에서도, 학교에서도, 심지어는 사회에서조차도 경제 교육이 제대로 이루어지지 않고 있기 때문이다.

이러한 무지한 상태에서 시류에 따르거나 주위 사람들에게 편승하여 남들이 하니까 나도 한다는 그런 마음가짐으로 투자를 시작하기에, 결국 바른 투자가 아니라 투기로 귀결되고 마는 것이다.

마지막으로 성공한 투자자들의 공통점에 대해서 언급하도록 하겠다. 첫째, 성공한 투자자는 자기 원칙을 세우고, 철저히 그 원칙을 준수한다. 둘째, 성공한 투자자들은 한두 종목에 올인하지 않고 철저하게 분산투자를 한다. 셋째, 성공한 투자자는 단기 차익보다는 꾸준한 자산 증식에 초점을 맞추는 장기 투자를 한다. 넷째, 성공한 투자자는 유튜브 등 매스미디어에 의존하지 않고, 본인 스스로 기업 분석 및 경제 공부를 성실히 한다. 다섯째, 성공한 투자자는 위험관리에 철저하다. 그들은 손절매 기준을 명확히 하고, 레버리지 활용을 최소화한다.

주식투자에 있어서 전혀 도움이 되지 않는 나쁜 습관들을 시급하고도 과감히 버리고, 성공한 투자자들의 공통점들을 잘 따라 배움으로써, 바른 주식투자를 통해서 여유로운 노후를 만들어 가는 현명한 시니어가 될 수 있기를 바란다.

2부 1장 이해를 위한 Q&A

Q. 왜 주식투자가 은퇴 이후에도 필요한가요?
A. 은퇴 이후에도 인플레이션은 자산의 실질 가치를 지속해서 갉아먹습니다. 은퇴자에게는 자산을 안전하게 보전하면서도 지속 가능한 수익을 창출할 수 있는 투자 수단이 필요합니다. 주식투자는 물가상승을 이길 수 있는 대표적인 자산이며, 장기적으로 다른 자산 대비 높은 수익률을 제공해 자산의 구매력을 유지하는 데 도움을 줍니다.

Q. 돈이 스스로 일하게 만든다는 것은 무슨 의미인가요?
A. 이는 '자산이 자산을 낳는 구조'를 말합니다. 즉, 본인의 노동 없이도 투자된 자산이 배당금, 이자, 시세차익 등을 통해 추가 수익을 창출하는 것입니다. 이 구조를 통해 자본소득을 늘릴 수 있으며, 특히 노후에는 노동소득의 감소를 보완해 주는 핵심적인 수단이 됩니다.

Q. '부자 남성, 가난한 여성'이라는 표현은 무슨 뜻인가요?
A. 이는 통계적으로 여성의 투자 참여율이 남성보다 낮고, 생애 소득 또한 낮으므로 노후에 더 큰 재정적 취약성에 노출된다는 점을 지적한 표현입니다. 장기적으로 보면, 투자하지 않는 것은 곧 자산이 줄어드는 것을 방치하는 것과 같습니다. 따라서 여성도 적극적인 금융 교육과 투

자 참여를 통해 자산 형성과 노후 준비에 힘써야 합니다.

Q. 명목이자율과 실질이자율의 차이는 무엇인가요?
A. 명목이자율은 단순히 표면상의 수익률을 의미하며, 실질이자율은 여기에 인플레이션을 반영한 수익률을 뜻합니다. 예를 들어, 명목이자율이 5%이고 물가상승률이 3%라면 실질이자율은 약 2%가 됩니다. 투자 판단 시 실질이자율을 고려해야만 자산의 실질적 가치 증대를 꾀할 수 있습니다.

Q. 화폐환상(Money Illusion)이란 무엇인가요?
A. 화폐환상이란 사람들이 실제 구매력의 변화를 고려하지 않고, 명목상의 금액 변화에만 반응하는 심리적 착각을 의미합니다. 예를 들어, 임금이 3% 올랐지만, 물가가 4% 상승했다면 실질소득은 감소했음에도 사람들은 소득이 늘었다고 착각할 수 있습니다. 투자와 소비에서 실질 가치판단이 중요하다는 점을 강조하는 개념입니다.

Q. 구매력이란 무슨 뜻인가요?
A. 구매력(Purchasing Power)이란 어떤 금액의 돈으로 실제로 살 수 있는 상품이나 서비스의 양을 의미합니다. 즉, 같은 1만 원으로 무엇을 얼마나 살 수 있는지를 말하는 개념입니다. 예를 들어, 10년 전에는 1만 원으로 라면 10봉지를 살 수 있었지만, 지금은 같은 금액으로 5봉지만 살 수 있다면, 이는 물가가 올랐고 1만 원의 구매력이 하락한 것입니다. 구매력은 인플레이션(물가상승)의 영향을 직접 받습니다. 따라서 금융에서는 명목수익률이 아닌, 인플레이션을 고려한 실질수익률을 통해 자산

의 실질 가치를 평가해야 합니다. 정리하면 다음과 같습니다.
- 구매력: 일정 금액으로 살 수 있는 재화·서비스의 양
- 인플레이션: 구매력을 감소시키는 요인
- 실질소득/수익률: 구매력 기준으로 조정된 소득이나 투자수익률

Q. 주식투자의 본질은 무엇인가요?

A. 주식투자의 본질은 '기업의 성장에 동참하는 것'입니다. 단순히 가격의 등락에 베팅하는 것이 아니라, 기업의 가치와 수익을 공유하는 구조입니다. 좋은 기업에 장기적으로 투자하면 복리 효과를 통해 자산을 크게 불릴 수 있습니다. 주식은 위험하지만 동시에 가장 강력한 자산 증식 수단이기도 합니다.

Q. 투자와 투기의 차이는 무엇인가요?

A. 투자란 자산의 내재가치와 장기적인 성장 가능성을 기반으로 자금을 투입하여, 비교적 안정적이고 예측 가능한 수익을 얻는 행위입니다. 투자는 기업의 이익, 산업의 성장성, 경제 구조 변화와 같은 '펀더멘털(기초 체력)'을 근거로 합니다. 따라서 투자자는 위험을 인식하면서도 분산, 장기 보유, 자산 배분 등을 통해 위험을 관리하고, 합리적 근거에 기반해 자산을 늘려가는 것을 목표로 합니다.

반면에 투기는 단기간의 가격 변동을 노려 고위험·고수익을 추구하는 행위입니다. 내재가치나 장기 전망보다 시장 분위기, 가격의 순간적 등락, 운에 더 크게 의존합니다. 투기는 큰 이익을 얻을 수도 있지만, 손실 위험 또한 매우 크며 지속 가능한 재산 형성 수단으로 보기 어렵습니다.

2장

주식투자 전략과 실행 방식

"성공적인 투자는 어려운 일이 아니다.
 중요한 것은 당신이 어떤 투자 원칙을 따르느냐이다."

−찰리 멍거−

주식투자 전략

주식투자는 단일한 방식으로 이루어지지 않는다. 투자자의 성향과 목표, 그리고 시장 상황에 따라 다양한 전략이 존재하며, 각 전략은 수익률과 위험의 균형에서 고유한 특성을 지닌다. 투자자가 어떤 접근법을 선택하느냐에 따라 장기적인 투자 성과는 크게 달라질 수 있다. 다음에서는 대표적인 주식투자 전략들을 개괄적으로 살펴본다.

가치 투자(Value Investing): 가치 투자는 워런 버핏으로 대표되는 방식으로, 기업의 내재가치에 비해 현재 주가가 저평가되어 있다고 판단될 때 매수하는 전략이다. 이 투자 방식은 기업의 재무제표 분석, 산업구조 파악, 경쟁력 평가 등을 통해 저평가된 종목을 발굴하고, 장기적으로 그 가치가 시장에서 반영되기를 기다리는 데 초점을 둔다.

성장 투자(Growth Investing): 성장 투자는 매출과 이익이 고속 성장하고 있는 기업에 투자하는 전략이다. 보통 테크기업이나 혁신 산업에서 나타나는 고성장 종목에 집중하며, 현재의 수익보다는 미래의 가능성과 시장지배력을 중시한다. 이 방식은 고수익을 기대할 수 있지만, 동시에 높은 밸류에이션(가치평가)과 시장 변동성에 따른 위험도 감수해야 한다.

배당 투자(Dividend Investing): 배당 투자는 안정적인 현금흐름을 선호하는 투자자에게 적합한 전략이다. 지속해서 배당금을 지급하는 기업에 투자함으로써, 주가 상승 외에도 정기적인 수익을 얻을 수 있다. 특히 은퇴를 앞둔 투자자나 보수적인 성향의 투자자에게 적합하다.

인덱스 투자(Index Investing): 인덱스 투자는 개별 종목 분석 없이 전체 시장의 흐름에 투자하는 방식으로, S&P500, KOSPI200과 같은 대표 지수를 추종하는 ETF(상장지수펀드)에 투자하는 전략이다. 장기적인 복리 효과와 낮은 운용 비용, 위험 분산이라는 장점 덕분에 많은 초보자 및 장기 투자자에게 적합하다.

퀀트 투자(Quant Investing): 퀀트 투자는 수학적 모델과 알고리즘, 통계 데이터를 기반으로 자동화된 매매 전략을 구사하는 방식이다. 인간의 직관보다 데이터 기반의 객관성을 중시하며, 백 테스트와 위험관리 기법을 활용해 시장의 비효율을 공략한다.

단기매매(단타/스윙 트레이딩): 단기매매는 기술적 분석을 중심으로 짧은 기간의 가격 움직임을 활용하여 수익을 추구하는 전략이다. 데이 트레이딩, 스캘핑, 스윙 트레이딩 등으로 나뉘며, 고도의 집중력과 빠른 의사결정 능력이 요구된다. 그러나 수수료와 세금 부담, 시장 노이즈에 따른 위험이 크다.

주식투자 전략은 투자자의 목적, 위험 허용 수준, 투자 기간 등에 따라 매우 다양하다. 단일한 방식만 고집하기보다, 자신의 상황에 맞는 전략을 선택하거나, 복수의 전략을 조합하여 포트폴리오를 구성하는 것이 바람직하다. 그러나 시니어 투자자의 경우 전문적이고도 복잡한 투자 방식은 지양하고, 일반적이고도 단순한 투자 방식을 선택하는 것이 좋다. 예를 들어 1부 4장에서 서술한 인덱스 펀드나 적립식 장기 투자 같은 것 말이다. 그리고 주식투자에 있어서 무엇보다 중요한 것은 자신만의 투자 철학과 원칙을 가지고 일관된 방식으로 시장에 임하는 것이다.

주식투자 상품의 종류

주식투자는 단순히 개별 종목을 사고파는 행위로만 국한되지 않는다. 현대 금융시장에는 다양한 투자 상품이 존재하며, 투자자의 자산 규모, 투자 기간, 위험 허용 범위에 따라 적절한 상품을 선택할 수 있다. 대표적인 주식투자 상품의 종류와 각각의 특징에 대해 살펴보면 다음과 같다.

개별 주식(Individual Stocks): 가장 전통적인 주식투자 상품은 개별 종목을 직접 매수하는 것이다. 기업의 재무 상태, 성장 가능성, 산업 동향 등을 분석한 후 특정 기업의 주식을 직접 보유함으로써 수익을 추구한다. 이는 분석 능력과 정보접근성이 요구되며, 위험과 수익률 모두 크다.

상장지수펀드(ETF: Exchange Traded Fund): ETF는 특정 주가지수를

추종하는 상품으로, 대표적인 간접 투자 수단이다. S&P500, 나스닥 100, KOSPI200 등의 지수를 그대로 따르며, 낮은 수수료와 높은 유동성, 그리고 분산 효과가 강점이다. 특히 초보 투자자나 장기 투자자에게 적합하다.

리츠(REITs: Real Estate Investment Trusts): 리츠는 부동산에 투자해 발생한 수익을 투자자에게 배당하는 구조의 상품이다. 부동산 직접 투자에 비해 소액으로도 가능하며, 주식시장에서 자유롭게 매매할 수 있다. 주식과 부동산의 장점을 결합한 형태로, 배당수익을 중시하는 투자자에게 인기 있다.

배당주펀드: 배당 성향이 높은 기업들로 구성된 펀드로, 안정적인 현금흐름을 선호하는 투자자에게 적합하다. 직접 종목을 고르지 않고도 배당수익을 분산된 형태로 얻을 수 있는 것이 장점이다. 퇴직자나 보수적인 투자 성향의 개인들에게 자주 활용된다.

뮤추얼펀드(Mutual Funds): 전문 운용사가 투자자의 자금을 모아 주식, 채권 등 유가증권에 투자하는 방식이다. 펀드매니저의 운용 역량에 따라 성과가 결정되며, 일정 수준의 수수료가 발생한다. 개별 주식에 대한 분석 부담이 없는 대신, 직접 통제력이 떨어진다는 단점이 있다.

파생상품(선물, 옵션 등): 선물과 옵션 등은 기초자산(주식, 지수 등)의 가격 변동을 이용해 수익을 추구하는 고위험 고수익 상품이다. 방향성뿐 아니라 변동성에도 베팅할 수 있지만, 초보 투자자에게는 큰 손실을 초래할 수 있는 위험성이 존재한다.

해외주식 및 ETF: 국내 주식 외에도 미국, 유럽, 신흥국 등의 해외 주식 및 ETF에 투자하는 상품도 있다. 글로벌 분산 효과를 통해 포트폴리오의 위험을 줄일 수 있으며, 다양한 산업과 기업에 접근할 수 있다는 장점이 있다.

노후의 주식투자 전략은 단기적인 수익 추구보다는 안정성과 지속 가능한 현금흐름에 중점을 두어야 한다. 주식투자 상품은 매우 다양하며, 각각의 상품은 고유한 수익 구조와 위험 특성을 지닌다. 은퇴 이후에는 정기적인 소득이 제한되므로, 투자자는 자신의 자산 규모, 생활비 수요, 위험 감내 능력 등을 종합적으로 고려하여 더욱 안정적이고 예측 가능한 수익을 제공하는 상품을 선택해야 한다.

특히 '배당주, 인덱스 펀드, 리츠(REITs)'와 같은 분산투자 상품은 노후 자산의 보존과 일정한 현금흐름 확보에 유리하다. 무엇보다도, 장기적인 관점과 철저한 분산 전략은 노후 투자에서 위험을 줄이고 삶의 질을 유지하는 데 핵심적인 역할을 한다.

주식투자 vs 은행 예적금 vs 저축성보험

개인의 자산을 증식하거나 보전하는 수단으로는 다양한 금융상품이 존재한다. 그중에서도 가장 널리 알려진 것이 주식투자, 은행 예적금, 그리고 저축성보험이다. 이들 각각은 서로 다른 투자 철학과 구조를 지니고 있으며, 투자자의 재무 목적과 성향에 따라 적합한 선택지가 달라진다. 이 세 가지 금융상품을 수익성, 안정성, 유동성, 그리고 세제 혜택 측면에서 비교하고, 투자자가 보다 현명한 결정을 내릴 수 있도록 방향을 제시하면 다음과 같다.

수익성: 높은 기대수익 vs 안정적 이자 vs 약정형 수익

주식투자는 기업의 성장성과 시장 흐름에 따라 수익이 결정되며, 장기적으로는 가장 높은 기대수익률을 제공한다. 그러나 그만큼 변동성도 크고, 손실 가능성도 존재한다. 반면, 은행 예적금은 고정된 이율에 따라 예측 가능한 수익을 제공한다. 다만 최근의 저금리 환경에서는 인플레이션을 고려할 때 실질 수익이 낮거나 마이너스일 수 있다. 저축성보험은 일정 기간 보험료를 납입하고, 만기 시 일정 금액을 수령하거나 중도에 일부 인출이 가능한 상품이다. 보장 기능과 저축 및 투자 기능이 결합되어 있어, 예금보다는 수익이 높을 수도 있으나, 많은 경우 운용 수수료와 사업비 차감으로 실제 수익률은 낮다.

안정성: 자본 손실 vs 원금 보장 vs 보험 약정 조건

주식은 원금 보장이 없는 고위험 고수익 자산이다. 시장 상황, 기업 실적 등에 따라 큰 수익도 가능하지만, 반대로 원금손실도 발생할 수 있다. 예적금은 예금자보호법에 따라 최대 5천만 원까지 원리금을 보장받을 수 있으며, 가장 안정적인 자산으로 간주된다. 저축성보험은 보험회사에 자산을 장기적으로 맡기고 일정 조건으로 원금과 이자, 혹은 사망보험금을 받는 구조이다. 일부 원금보장형도 있으나, 해지 시 손해를 볼 수 있고, 사업비가 선공제되기 때문에 초반 수익률이 매우 낮다.

유동성: 자유로운 매매 vs 중도 해지 이자 감면 vs 낮은 환급률

주식은 실시간 매매가 가능하여 유동성이 높다. 하지만 시장 상황에 따라 매도 시점에 손실이 발생할 수 있다. 예적금은 중도 해지 시

이자 손실이 있지만, 원금 일부는 되돌려 받을 수 있으며 해지 절차도 단순하다. 반면 저축성보험은 일정 기간 내 해지하면 환급금이 거의 없거나 손해를 보는 구조로 설계돼 있다. 특히 초기 5년 이내 해지 시 사업비 차감으로 인해 원금손실이 크다.

세제 혜택 및 기타 요소

주식은 매매차익에 대한 과세기 없지만, 배당소득에는 세금이 부과된다. 향후 금융투자소득세 도입 시 과세 체계가 바뀔 수 있다. 예적금은 이자소득에 대해 15.4%의 이자소득세가 일괄 부과된다. 저축성보험은 일정 요건을 충족하면 비과세 혜택을 받을 수 있다. 10년 이상 유지, 월 납입 한도 등 조건을 충족할 경우 만기 수령액에 대해 세금이 면제된다.

주식, 예적금, 저축성보험은 각각 위험과 수익, 유동성과 안정성, 세제 혜택 등 다양한 요소에서 장단점이 뚜렷하다. 결국, 중요한 것은 투자 목적과 재무 상황, 그리고 개인의 위험을 감수하는 성향에 따라서 자산을 어떻게 조합할 것인가에 대한 전략적 판단이다. 현명한 포트폴리오(Portfolio, 자산 배분) 구성은 이러한 선택의 균형 위에 세워진다.

마지막으로, 많은 투자자가 어려워하는 것 중의 하나가 주식투자를 하는 데 있어서 현금성자산의 비중을 어느 정도 해야 하는 것이다. 시장 상황과 투자자의 성향에 따라서 현금비율이 달라지겠지만, 대략 10% 내외의 현금성자산을 보유하고 있으라고 조언하고 싶다.

주식투자 vs 채권투자

자산을 증식하기 위한 투자 수단으로 가장 널리 알려진 것은 주식과 채권이다. 두 자산군 모두 금융시장에서 중요한 역할을 하지만, 그 성격과 수익 구조, 위험 수준은 매우 다르다. 본 파트에서는 주식투자와 채권투자의 차이점을 수익성, 안정성, 유동성, 투자 목적 및 경제적 조건 등 여러 측면에서 비교하여 설명하고, 투자자에게 적합한 선택 기준을 제시하고자 한다.

수익성: 주식은 기업의 소유권 일부를 보유함으로써 자본이득(주가 상승)과 배당소득을 기대할 수 있다. 이는 기업 실적과 시장 환경에 따라 크게 변동하며, 장기적으로 높은 수익률을 제공할 수 있지만, 손실 가능성도 내포한다. 반면 채권은 정부나 기업에 돈을 빌려주고 그 대가로 이자를 받는 구조로, 만기 시 원금 상환이 보장된다. 수익은 대부분 고정된 이자수익으로 구성되며, 예측 가능성이 크다. 다만 채권 역시 이자율의 변동에 따라서 가격이 변하기 때문에 단기적 관점에서는 소실이 발생할 수 있다.

안정성: 주식은 시장 변동성, 기업 실적, 글로벌이슈 등에 따라 가격이 크게 움직이므로 고위험 고수익 자산으로 분류된다. 투자자는 원금손실 가능성을 감수해야 한다. 채권은 일반적으로 변동성이 낮고, 특히 국채는 거의 무위험 자산으로 간주된다. 그러나 이자율 상승 시 채권 가격은 하락하고, 발행 기관의 신용등급에 따라 부도 위험도 존재할 수 있다.

유동성: 주식은 실시간 거래가 가능하며 유동성이 매우 높다. 시장이 열려 있는 시간에는 언제든지 매매할 수 있다는 장점이 있다. 채권

은 상대적으로 유동성이 낮으며, 특히 개인 투자자가 장외시장에서 직접 거래하기에는 제한이 있다. 다만 채권형펀드나 ETF를 통해 간접 투자도 가능하다.

기타 요소: 주식은 자산을 장기적으로 증식시키고자 하는 투자자에게 적합하다. 높은 수익률을 추구하며, 위험을 감수하는 성향이 있는 투자자들이 선호한다. 채권은 자산의 안정성과 예측 가능한 현금흐름을 원하는 투자자에게 적합하다.

주식과 채권은 각각 고유한 특성과 투자 목적을 지닌 금융자산이다. 주식은 높은 수익 가능성과 함께 큰 위험을 동반하며, 채권은 비교적 안정적인 수익을 제공하지만, 수익률은 제한적이다. 투자자는 자신의 재무 목표, 투자 기간, 위험선호도에 따라 두 자산을 적절히 조합해 포트폴리오를 구성하는 것이 바람직하다. 현명한 자산 배분은 장기적인 재무 안정을 위한 핵심 전략이 된다.

자산 배분의 황금비율

필자는 지인들로부터 '보유하고 있는 자산을 투자할 때 주식과 채권의 비율을 어느 정도로 구성하는지가 좋은지'에 대한 질문을 자주 받는다. 투자에 있어서 학자와 전문가마다 주식과 채권의 구성 비율에 대해서 다른 의견을 제시한다. 본 파트에서는 그동안 자주 언급되는 자산 배분의 황금비율에 대해서 살펴보려고 한다.

불확실성이 확대되는 현대 금융시장에서 자산을 어떻게 분산하고 구성할 것인가는 매우 중요한 과제이다. 특히, 노년기에는 단순히 고수익 자산에 집중하기보다는, 위험을 관리하면서 수익성, 안정성, 유동성을 동시에 확보하는 전략이 필요하다.

문제는 수익성과 안정성은 투자에서 가장 중요한 두 가지 요소이지만, 본질적으로 서로 반대 방향을 향하는 속성을 지니고 있다는 것이다. 높은 수익을 기대할수록 더 큰 위험을 감수해야 하며, 안정성을 추구할수록 기대수익률은 낮아진다. 마치 다른 방향으로 뛰어가는 두 마리 토끼를 동시에 쫓는 것과 같은 이 딜레마 속에서, 노년기의 투자자는 어느 한쪽을 포기하지 않고 균형 잡힌 전략을 수립해야 한다. 지금부터 노년기에 수익성과 안정성을 동시에 달성하기 위한 실천적 투자 전략들을 제시해 보고자 한다.

가장 기본적이면서도 효과적인 전략은 자산을 여러 종류로 분산하는 것이다. 주식, 채권, 현금, 대체투자(부동산, 원자재 등)를 조합함으로써 특정 자산군의 급락이 전체 포트폴리오에 미치는 영향을 줄일 수 있다. 서로 다른 상관관계를 가진 자산군을 함께 보유하면, 하나의 자산이 하락하더라도 다른 자산이 상승하여 전체적인 안정성을 확보할 수 있기 때문이다.

문제는 이렇게 자산을 다양하게 배분하기 위해서는 고도의 지식과 시간과 노력이 필요하다는 것이다. 금융이나 주식에 관한 전문적인 지식이 없고, 이 분야에 시간과 노력을 들일 여력조차 없는 보통 사람, 특히 노년층들이 주식투자를 통하여 수익성, 안정성, 유동성을 동시에 달성할 수 있는 자산 배분의 황금비율은 무엇일까?

고전적으로는 투자자산을 주식 60%, 채권 40%로 배분하는 '60:40' 전략이 널리 받아들여졌다. 하지만 워런 버핏은 주식투자에 있어서 문외한인 아내에게 남긴 유언장에서 이 분배 비율을 다음과 같이 더욱 간략하고도 직관적으로 제시했다.

"90%는 인덱스 펀드에, 그리고 나머지 10%는 장기채권에 투자."

필자는 노년기의 보통 사람들을 위해 워런 버핏의 조언에 두 가지 사항을 덧붙이고자 한다. 첫째는 자산 배분을 인덱스 펀드 70%, 채권이나 리츠(REITs, 부동산투자신탁) 20%, 그리고 현금성자산 10%로 하라는 것이다. 즉, '70:20:10' 법칙이다. 현금성자산에 10%의 비중을 둠으로써, 노년기에 발생할 가능성이 큰 긴급 자금에 대한 유동성을 확보할 수 있다. 두 번째는 시장 상황에 따라서 이 비율을 조금씩 조정할 필요가 있다는 것이다. 이를 주식 전문용어로 '리밸런싱(Rebalancing)'이라고 한다.

70:20:10 원칙

필자가 제시하는 '70:20:10 자산 배분 원칙'은 주식 70%, 채권 또는 리츠 20%, 현금성자산 10%로 구성된 전략으로, 수익성과 안정성, 유동성의 세 요소를 균형 있게 아우르려는 시도이다. 주식 70%, 채권과 리츠 20%, 현금성자산 10%의 각각의 의미에 대해서 간략히 살펴보면 다음과 같다.

첫째, 주식 70%의 의미는 성장성의 확보이다. 주식은 장기적으로 가장 높은 기대수익률을 제공하는 자산이다. 특히 S&P500과 같은 인덱스 펀드, 글로벌 ETF, 배당주, 등을 통해 구성하면 분산 효과를 누리면서도 시장 평균 이상의 수익을 추구할 수 있다. '70%'라는 비중은 장기 투자자 또는 비교적 젊은 투자자가 물가상승률을 상회하는 실질

자산 증식을 도모할 수 있도록 설계된 조금 적극적인 비율이다. 이는 미래 수익의 원천이 되는 자산군에 중점을 두겠다는 전략적 판단이라고 할 수 있다.

둘째, 채권 또는 리츠 20%의 역할은 안정성과 현금흐름의 확보이다. 채권은 고정된 이자수익을 제공하고, 리츠는 부동산 기반의 배당수익을 제공한다. 이들은 주식의 급격한 변동성에 대응하는 '완충 장치' 역할을 하며, 시장이 하락할 때 포트폴리오 전체의 안정성을 유지하는 데 기여한다. 또한, 리츠는 물가상승기에도 임대료 상승을 통해 일정 수준의 인플레이션 위험 회피(헤지) 역할을 수행할 수 있다.

셋째, 현금성자산 10%의 중요성은 유동성과 대응력의 확보이다. 현금성자산은 흔히 간과되기 쉽지만, 실제 투자에서 매우 중요한 역할을 한다. 특히, 노년기에 발생할 가능성이 큰 긴급 자금에 대한 유동성을 확보할 수 있다는 점에서 자산 배분의 구성 요소로서 중요하다. 또한, 시장 급락 시 저가 매수 기회를 포착할 수 있도록 유연성을 제공하며, 심리적 안정감을 주어 감정적 투자 실수를 줄이는 데 도움이 된다. CMA, MMF, 단기예금 등으로 구성된 이 자산군은 보유 자산의 '보험 역할'을 한다.

리밸런싱(Rebalancing)

70:20:10 전략은 단순하면서도 실전적인 자산 배분 방식이다. 공격적이되 안정적이며, 수익을 지향하면서도 동시에 유동성을 확보하고 있다. 그러나 금융시장은 늘 변동하며, 자산 가격은 끊임없이 상승과

하락을 반복한다. 이로 인해 시간이 지남에 따라 투자 비율은 처음 설정했던 의도와 달라질 수밖에 없다. 바로 이때 필요한 것이 '리밸런싱(Rebalancing)'이다.

리밸런싱은 투자 포트폴리오에서 각 자산의 비중을 원래 설정한 목표 비율로 다시 조정하는 과정을 말한다. 자산 배분 전략을 세울 때, 주식 70%, 채권 20%, 현금성자산 10%와 같은 비율을 정해 두더라도, 금융시장은 끊임없이 변화하기 때문에 시간이 지나면 이 비율은 달라진다. 주식이 크게 오르면 주식 비중이 지나치게 커지고, 반대로 주식이 하락하면 채권이나 현금성자산의 비중이 상대적으로 커지게 된다. 이렇게 원래 의도와 달라진 비중을 다시 제자리에 맞추는 것이 바로 리밸런싱이다.

리밸런싱이 중요한 이유는 단순히 자산 배분을 '처음 모습'으로 되돌리는 것이 아니라, 위험관리와 수익 안정화라는 두 가지 목적을 동시에 달성할 수 있기 때문이다. 투자자가 처음 자산 배분을 정할 때에는 수익성과 위험을 종합적으로 고려했을 것이다. 그러나 시간이 지나면서 비율이 변하면, 원래 의도보다 더 위험한 구조가 될 수도 있고, 반대로 지나치게 보수적인 구조로 바뀔 수도 있다. 리밸런싱은 이러한 불균형을 교정하여, 투자자가 장기적으로 일관된 전략을 유지할 수 있게 한다.

리밸런싱에는 여러 방식이 있다. 가장 단순한 방법은 주기적 리밸런싱으로, 일정한 주기(예: 매년, 반기, 분기 등)를 정해 그때마다 포트폴리오를 조정하는 방식이다. 또 다른 방법은 비율 기준 리밸런싱으로, 특정 자산의 비중이 목표 비중에서 일정 범위를 초과하면(예: ±5%) 자동으로 조정하는 방식이다. 예를 들어 주식 비중을 70%로 설정했는데 시장 상승으로 80%까지 늘어났다면, 일부 주식을 매도해 채권이나 현금자산으로 옮기는 식이다. 이 과정에서 투자자는 단순히 '비율을 맞추는' 것이 아니라, 결과적으로 고평가된 자산을 줄이고 저평가된 자산을 늘리는 효과를 얻는다. 이는 일종의 체계적인 매도·매수 전략이기도 하다.

실제 은퇴자나 노후 준비자에게는 주기적 리밸런싱이 특히 유용하다. 은퇴 후에는 안정적인 현금흐름이 중요하기 때문에, 시장 상황에 따라 주식 비중이 과도하게 커지지 않도록 관리해야 한다. 반대로 주식이 지나치게 줄어든다면 장기 성장의 기회를 놓칠 수 있다. 따라서 리밸런싱은 단순한 기술적 조정이 아니라, 은퇴 이후 삶의 안정성과 직결되는 중요한 관리 수단이다.

투자자들이 종종 범하는 오류 중 하나는 시장 상황에 따라 감정적으로 움직이는 것이다. 주식이 오르면 더 사고 싶어지고, 내리면 두려워서 팔고 싶어진다. 그러나 이런 충동적 행동은 장기적 성과를 해치기 쉽다. 리밸런싱은 투자자에게 객관적인 기준을 제공하여, 시장의 변동 속에서도 원칙을 지킬 수 있도록 돕는다. 정해진 규칙에 따라 일정 시점마다 또는 특정 비율을 초과할 때 조정하는 습관은 투자자의 심리적 불안을 줄이고, 감정 대신 합리적 판단에 기반한 투자를 가능하게 한다.

특히 은퇴 준비 단계에서는 자산의 보존과 안정적 인출이 중요하기 때문에, 리밸런싱은 단순한 투자 기술이 아니라 심리적 안전망의 역할도 한다. '시장이 아무리 흔들려도 나는 내 원칙대로 관리한다.'라는 확신은 장기적으로 매우 큰 힘이 된다.

70:20:10과 같은 자산 배분 원칙은 장기적으로 자산을 성장시키고

노후를 안정적으로 준비하는 데 유용한 전략이다. 그러나 원칙만 세워 두고 방치한다면, 시장의 변동으로 인해 전략은 금세 무너질 수 있다. 리밸런싱은 이러한 불균형을 교정하여, 투자자가 원래 세운 목표와 원칙을 지속적으로 유지할 수 있게 해 준다.

결국 투자 성공의 열쇠는 시장을 완벽하게 예측하는 데 있지 않다. 균형을 지키는 것, 그리고 그 균형을 꾸준히 되돌리는 과정이야말로 장기적인 투자 성과를 담보하는 진정한 비결이다. 리밸런싱은 바로 그 균형의 열쇠이며, 현명한 시니어 투자자라면 반드시 실천해야 할 자산관리의 기본 원칙이다.

2부 2장 이해를 위한 Q&A

Q. 주식투자에는 어떤 방식이 있나요?
A. 주식투자의 기본 방식은 크게 세 가지로 나뉩니다.
- 가치 투자: 기업의 내재가치 대비 저평가된 종목에 투자
- 성장 투자: 향후 높은 성장 가능성이 있는 기업에 투자
- 배당 투자: 정기적으로 배당금을 지급하는 안정적인 기업에 투자

이외에도 ETF, 인덱스 펀드 등을 활용한 간접 투자 방식도 있습니다.

Q. 주식투자 상품에는 어떤 종류가 있나요?
A. 대표적인 주식투자 상품은 다음과 같습니다.
- 개별 종목 주식
- ETF(상장지수펀드)
- 인덱스 펀드
- 리츠(REITs)

이 중 ETF는 다양한 종목에 분산 투자할 수 있고, 인덱스 펀드는 장기 투자에 적합한 상품입니다.

Q. 인덱스 펀드(Index Fund)란 무엇인가요?
A. 인덱스 펀드는 코스피200, S&P500 등 특정 시장지수(Index)를 그대로 따라가도록 설계된 펀드입니다. 펀드매니저가 적극적으로 종목을 선정하지 않고, 지수를 구성하는 종목을 동일 비율로 편입함으로써 시장 평균수익률을 추구하는 '패시브 투자 전략'의 대표 상품입니다. 수수료가 낮고 장기 투자에 적합합니다.

Q. 포트폴리오(Portfolio)란 무슨 뜻인가요?
A. 포트폴리오란 투자자가 보유한 자산의 구성이나 배분 현황을 의미합니다. 주식, 채권, 예금, 부동산, 현금 등 다양한 자산을 어떤 비율로 보유하고 있는지를 나타냅니다. 분산투자를 통해 위험을 줄이고 안정적인 수익을 추구하기 위해 포트폴리오 전략이 활용됩니다.

Q. 주식투자와 은행 예적금, 저축성보험은 어떻게 다른가요?
A. 은행 예적금과 저축성보험은 원금 보장이 되는 대신 수익률이 낮고, 인플레이션에 취약합니다. 반면 주식투자는 위험이 있지만, 장기적으로 높은 수익률을 기대할 수 있습니다. 목적과 투자 성향에 따라 상품을 조합하는 것이 바람직합니다.

Q. 주식투자와 채권투자는 어떻게 다른가요?
A. 주식은 기업의 소유권을, 채권은 기업이나 정부의 부채를 의미합니다. 주식은 수익률은 높지만, 변동성이 크고, 채권은 수익률은 낮지만 안정적입니다. 포트폴리오에서 두 자산을 적절히 조합하면 위험을 줄이고 수익을 높일 수 있습니다.

Q. 자산 배분의 황금비율이란 무엇인가요?
A. 자산 배분의 황금비율은 '위험자산과 안전자산 간의 이상적 비중'을 말하며, 대표적으로 '60:40 전략'이 있습니다. 즉, 60%는 주식(성장성 자산), 40%는 채권(안정성 자산)에 투자하는 방식입니다. 투자자의 연령, 투자 목표, 시장 상황에 따라 이 비율은 조정될 수 있습니다.

Q. 70:20:10 원칙이란 무엇인가요?
A. 이 원칙은 자산을 세 가지 목적에 따라 분배하는 전략입니다.
- 70%: 자산의 70%를 주식이나 ETF에 투자함으로 성장성을 확보
- 20%: 자산의 20%를 채권이나 리츠에 투자하여 안정적 현금흐름 확보
- 10%: 자산의 10%를 현금성 자산으로 확보하여 유동성과 위기 대응력을 유지

이 원칙은 위험 분산과 수익 극대화를 동시에 추구합니다.

Q. 리밸런싱(Rebalancing)이란 무엇인가요?
A. 리밸런싱이란 자산군 간 비중이 변했을 때 원래의 목표 비중으로 되돌리는 과정을 말합니다. 예를 들어, 60:40 포트폴리오에서 주식 비중이 급등해 70%가 되면, 일부 주식을 매도하고 채권을 매수해 다시 60:40으로 조정합니다. 정기적인 리밸런싱은 과도한 위험을 방지하고 수익률을 안정화하는 데 유효합니다.

3장

수익률과 위험, 균형 있는 투자의 기술

"위험은 당신이 무엇을 하고 있는지 모를 때 발생한다."

-피터 린치-

주식투자의 수익 구조

주식투자를 통해서 얻을 수 있는 수익은 크게 두 가지로 구분된다.

첫째는 자본 이익(Capital Gain)이다. 자본이득은 주식의 시세차익을 말한다. 즉, 싼 가격에 사서 비싼 가격에 팔면 시세차익이 생긴다. 성장 가능성이 큰 기업에 장기 투자하면, 주가 상승을 통해 자산이 증식된다. 주식은 물가상승률을 상회하는 수익률을 기록해 왔다. 이는 인플레이션에 대한 방어 수단으로서도 유효하다는 뜻이다.

앞에서도 강조했지만, 주식투자의 본질은 기업의 성장과 수익에 참여하는 것이다. 그러나 많은 개인 투자자들이 주식을 단지 '싸게 사서 비싸게 팔기 위한 수단'으로 간주하며, 시세차익에만 집중하는 경우가 많다. 이는 단기적 이익을 추구하는 투기적 접근으로, 장기적인 자산 증식이나 건전한 투자 원칙과는 거리가 있다. 특히, 장기 투자자는 배당 재투자와 기업 가치 상승을 통해 복리의 힘을 누릴 수 있지만, 시세차익 위주의 단기매매는 복리 효과를 무력화시킨다. 이는 장기 자산 증식 관점에서 치명적인 약점이 된다.

둘째, 배당 이익(Dividend Income)이다. 많은 주식투자자가 주식투자의 목적을 흔히 '시세차익', 즉 주가 상승을 통한 자본이득으로 여기곤 한다. 그러나 기업의 성장과 수익에 참여한다는 주식투자의 본질을 염두에 두었을 때, '배당(Dividend)'을 통한 이익을 추구하는 배당 투자가 더 바른 방식이다. 배당 투자는 일정한 기간마다 기업의 이익 일부를 현금이나 주식으로 지급받는 것으로, 투자자의 현금흐름을 창출하며 심리적 안정성과 복리 효과를 동시에 제공한다. 많은 기업이 배당을 통해 이익을 주주와 공유한다. 특히 노년기에는 배당 이익을 통해 일정한 현금흐름을 창출하며, 은퇴 후에도 안정적인 수입원이 될 수 있다.

자본시장이 발달한 미국의 경우 월 배당, 분기 배당, 반기 배당, 연 배당 등 다양한 배당지급 방식이 있지만, 아직 한국에서는 연 1회(연 배당)가 주를 이룬다. 최근 들어 분기 배당이나 반기 배당을 시행하는 기업들이 늘고 있지만, 월 배당은 아직 거의 없다. 반기 배당을 하는 기업은 삼성전자, 포스코홀딩스 등이 있으며, 분기 배당은 삼성전자를 비롯한 금융기업들이 주로 하고 있다.

이에 더해서 주식투자의 가장 큰 장점 중 하나는 복리 효과이다. 시간이 지날수록 자산이 눈덩이처럼 불어나는 이 구조는 단기적인 이익이 아닌 장기적인 자산 형성을 가능하게 한다.

주식투자의 적절한 기대수익률

'적절한 기대수익률'이란 점에 있어서 사람마다 의견이 다르므로 일관되게 말할 수는 없을 것이다. 30년 가까이 대학교에서 재무관리, 기업 재무, 투자론 등의 과목들을 가르쳐 온 필자에게 있어서도 '적절한 기대수익률', 특히 투자와 투기를 구분하는 수익률을 얼마로 정하느냐는 오랫동안 해결하지 못한 숙제로 남아 있었다.

그러던 중 최근에 그 실마리를 찾을 수 있었다. 미국 주식시장의 과거 150년간의 투자수익률을 분석해 본 결과, 다음 표에서 보는 바와 같이 인플레이션을 감안한 150년 평균 투자수익률은 약 7% 정도였다.

미국 주식시장 평균 투자수익율

기간	명목투자수익율(인플레이션 감안 안 함)	실질투자수익율(인플레이션 감안)
5년	15.38%	10.74%
10년	13.32%	10.02%
20년	10.48%	7.72%
30년	10.99%	8.26%
50년	12.39%	8.41%
100년	10.57%	7.41%
150년	9.38%	6.99%

자료: 미국 증권감독국

주식투자는 주식가격의 변동성과 거의 매일 새로운 상품이 나오는 복잡하고도 다양한 금융 파생상품(Financial Derivatives)의 존재 때문에 이익을 보기도 하고 손해를 보기도 한다. 또한, 주식시장 참여자들, 즉 주식투자자들은 전문 투자자를 비롯하여 소위 '개미'라고 불리는 개인 투자자 등 다양한 투자자들이 존재함으로, 그들 각자의 투자 수익률은 당연히 천차만별일 것이다. 이럴 경우 평균이라는 개념이 유용하게 사용될 수 있다.

즉, 앞의 표에서 보는 바와 같이 과거 150년 동안 주식투자를 해 온 전문 투자자와 개인 투자자 등 모든 유형 투자자들의 수익률을 종합해 평균을 산출해 보면, 연평균 약 10%, 인플레이션을 감안하면 실질수익률은 약 7% 수준이라는 결과가 도출된다. 이 수치는 결국 개인 투자자가 주식투자로 기대할 수 있는 적정한 수익률(기대수익률, Expected Return)은 약 10% 수준이 적절하다고 해석할 수 있다.

이는 단지 주식투자에만 국한된 기준이 아니다. 기업의 경우에도 업종에 따라 차이는 있으나, 당기순이익률이 10% 내외인 기업은 평균 이상의 수익성을 가진 것으로 평가된다. 따라서 주식투자를 포함한 대부분의 투자활동에서 기대수익률을 연 10% 수준으로 설정하는 것은 합리적이며 보편적인 기준이라 할 수 있다.

즉, 만약 투자자가 10% 이상의 수익률을 목표로 한다면, 그 자체가 지나치게 높은 기대일 수 있으며, 시장 평균 이상을 꾸준히 달성하기란 매우 어려운 일이다. 물론 투자 환경과 전략에 따라 ±5% 내외의 수익률 변동은 있을 수 있다. 그러나 누군가가 '연 20% 이상의 고수익을 확실하게 보장한다.'라며 투자를 권유한다면, 그는 이미 자신을 스스로 '나는 사기꾼이요!'라고 밝히고 있는 셈이라는 사실을 분명히 알아야 한다. 그래야 그런 사기꾼들의 유혹에 넘어가지 않게 될 것이다.

워런 버핏, 찰리 멍거, 피터 린치, 존 보글 등 월가의 몇몇 전설적인 투자자들을 예외로 한다면 모든 투자자의 150년 평균수익률이 10% 안팎인데, 본인이 전문 투자자가 아닌 개인 투자자임에도 불구하고

20% 이상의 고수익을 올리기를 기대하고 투자 행위를 한다면 그것은 이미 이성적 판단이 아닌 욕망이라는 감정에 사로잡힌 투기 행위가 된다는 사실을 명심해야 한다.

투자수익률이 10%라는 것은 복리를 고려할 때 10년 정도면 내 투자의 원금이 두 배로 늘어난다는 것을 의미하니까 아주 성공적인 투자라고 할 수 있다. 그러니 앞으로 주식투자를 할 때는 너무 욕심내지 말고, 인플레이션을 포함하여 10% 정도의 수익률을 올리겠다는 목표를 가지고 투자해야 할 것이다.

주식투자와 위험관리

주식투자는 수익을 기대하는 행위인 동시에, 위험을 관리하는 기술이다. 모든 투자에는 불확실성이 따르며, 특히 주식시장처럼 다양한 요인이 복합적으로 작용하는 곳에서는 예측 불가능한 변동성이 늘 존재한다. 그렇다고 해서 위험을 두려워해야만 할까? 아니다. 위험은 피하는 것이 아니라 관리해야 할 대상이다. 그리고 바로 이 지점에서 '위험관리'는 주식투자에 있어 핵심적인 요소로 주목받는다.

투자 초보자나 단기 수익을 노리는 사람들은 종종 '한 종목에 집중적으로 투자해서 큰 수익을 노리자'라는 유혹에 빠진다. 한 종목, 한 산업군, 한 시장에만 의존하는 투자는 갑작스러운 외부 충격에 취약하며, 전체 자산이 동시에 타격을 입을 가능성이 크다. 이때 분산투자는 가장 기본적이면서도 강력한 위험관리 전략이 된다. 서로 다른 산업, 지역, 자산군에 걸쳐 자산을 배분함으로써, 한 자산의 손실이 전체 포트폴리오에 미치는 영향을 줄일 수 있다. 분산투자에 대해서는 다음 파트에서 더 자세히 다루기로 하겠다.

시장 타이밍을 완벽히 예측할 수 있는 사람은 거의 없다. 오히려 대부분의 개인 투자자는 시장의 고점에 사고, 저점에 파는 오류를 반복하곤 한다. 이런 문제를 해결하기 위한 전략이 바로 적립식 장기 투자이다.

정해진 금액을 정기적으로 투자하는 방식은 주가가 낮을 때 더 많은 수량을 매입하고, 높을 때는 적게 매입하게 된다. 결과적으로 평균 매입 단가가 낮아지고, 장기적으로 수익률이 안정화되는 효과가 있다. 시장이 하락해도 오히려 더 많이 살 수 있다는 점에서, 변동성이 위험이 아니라 기회로 전환된다.

또한, 장기 투자는 시장의 단기적 소음에 흔들리지 않고, 시장의 우상향 흐름에 올라타는 구조를 가능하게 한다. 다음의 그래프는 미국 S&P500 지수의 1957년부터 2025년까지 약 70여 년간의 연도별 종가 추이를 나타낸 것이다.

이 그래프는 해마다의 등락은 존재하지만, 장기적으로 볼 때 시장이 꾸준히 상승해 왔음을 명확히 보여 준다. 이러한 데이터는 워런 버핏이 강조해 온 인덱스 펀드를 활용한 장기 적립식 투자가 얼마나 강력하고 유효한 전략인지를 잘 설명해 준다.

위험을 단지 회피해야 할 두려움의 대상으로만 본다면, 투자자는 시장의 작은 하락에도 쉽게 흔들리게 된다. 그러나 위험의 본질을 이해하고, 그에 대한 적절한 전략을 구사할 수 있다면, 투자자는 시장의 손님이 아니라 주인인 존재가 될 수 있다.

주식투자는 반드시 위험을 동반한다. 그러나 중요한 것은 위험을

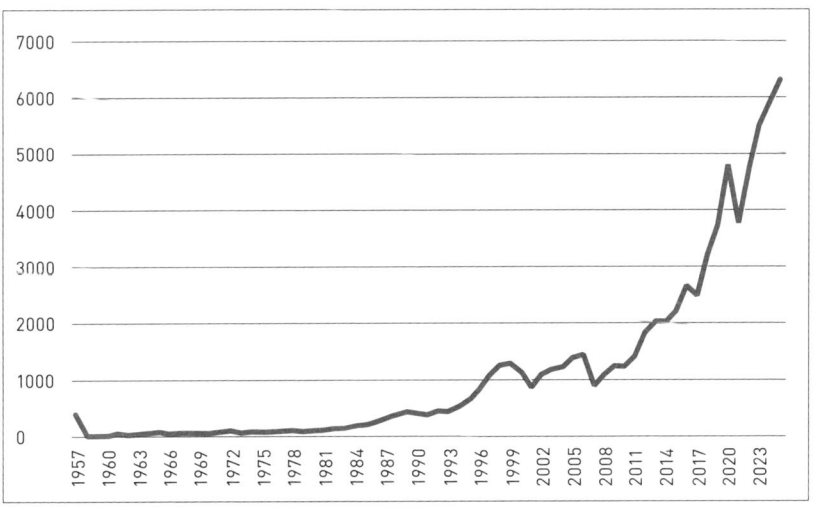

S&P500 지수 연도별 종가

회피하는 것이 아니라, 이해하고, 계획하고, 대비하는 것이다. 분산투자와 적립식 장기 투자는 단순한 기술이 아니라, 위험을 기회로 전환하는 지혜의 표현이다. 결국, 주식투자에서 성공한다는 것은 높은 수익을 올리는 것만이 아니라, 자신의 자산을 지키며 안정적으로 불려나가는 것이다. 그것이 바로 위험관리가 투자에서 가장 중요한 이유이다.

분산투자의 중요성

2부 1장에서 노년에 여성들이 남성들보다 곤궁한 삶을 사는 이유가 은행 예적금 및 국채 등 너무 안정적으로 자금을 관리했기 때문이라고 설명했다. 그래서 주식 등 위험이 큰 자산에도 투자해야 한다고 권했다. 문제는 위험이 큰 자산에 투자했을 경우 원금마저 잃을 가능성이 있다는 것이다. 그래서 많은 사람이 최소한 원금만은 지키자는 심리 하에 은행의 예적금을 선호하게 된 것이다.

그런 사람들에게 희소식이 있다. 그것은 바로 수익은 높이되 위험은 줄이는 방법이 있다는 것이다. 이를 전문용어로 '분산투자(Portfolio Diversification)'라고 한다. "달걀을 한 바구니에 담지 말라(Don't put all your eggs in one basket)"는 분산투자의 핵심 원칙을 상징하는 가장 대표적인 격언이다. 달걀을 한 바구니에 모두 담고 있다가 바구니를 떨어뜨리면 모든 달걀이 깨진다. 하지만 여러 바구니에 나누어 담으면, 일부 바구니가 떨어지더라도 나머지는 온전히 남아 손실을 최소화할 수 있다. 이것이 바로 분산투자의 원리이다.

이처럼 분산투자는 자산운용에 있어 가장 기본적이며 필수적인 원칙 중 하나이다. 특정 자산 하나에만 집중적으로 투자할 경우, 해당 자산의 가치가 급격히 하락하면 전체 자산이 심각한 손실을 볼 위험이 크다. 이에 따라 현명한 투자자들은 위험을 줄이기 위해 여러 자산에 자금을 나누어 분산하는 전략을 취한다.

예를 들어, 투자자가 모든 자산을 단일 주식에 투자하였다가 그 기업의 실적 부진이나 외부 환경 변화로 주가가 하락할 경우, 전체 자산이 순식간에 큰 손실을 볼 수 있다. 반면, 동일한 금액을 주식, 채권, 부동산, 금, 현금성자산 등으로 다양하게 나누어 투자하였다면, 특정 자산에서 손실이 발생하더라도 다른 자산에서의 수익으로 손실을 일부 또는 전체 상쇄할 수 있다. 이처럼 분산투자는 단순히 자산을 여러 곳에 나누는 것을 넘어, 서로 상관관계가 낮은 자산군을 선택하는 것이 핵심이다.

또한, 자산군 간의 비중 조절 역시 중요하다. 예를 들어, 주식의 비중을 70%, 채권을 20%, 나머지를 현금성자산과 부동산으로 분산한다면 시장 상황에 따라 탄력적으로 조정이 가능하다. 이는 투자자의 연령, 투자 목표, 위험선호도에 따라 달라질 수 있으며, 정기적인 포트폴리오 리밸런싱을 통해 비중을 조절하는 것이 바람직하다.

예를 들어 A 씨에게 투자할 자금이 100만 원이 있다고 가정해 보겠다. A 씨가 투자할 수 있는 방법은 다음과 같다.

첫째, 100만 원을 모두 예금이나 적금을 붓는다. 은행 이자율을 3% 정도로 잡는다면 A 씨는 1년 뒤에 3만 원의 수익을 얻게 된다. 그러나 앞선 장에서 설명했듯이 모든 자산을 은행의 예금이나 적금에만 예치했을 경우 이자소득세와 물가상승률 때문에 실질소득은 오히려 감소할 가능성이 크다.

둘째, 100만 원을 모두 국채(국가에서 발행하는 채권)를 산다. 국채 이자율(Coupon Rate)을 4%로 잡는다면 A 씨는 1년 뒤에 4만 원의 수익을 얻게 된다. 국채의 경우 위험이 거의 제로이기 때문에 원금은 보장된다. 그러나 이 방법 역시 이자소득세와 물가상승률 때문에 실질소득은 오히려 감소할 가능성이 크다.

셋째, 100만 원을 모두 회사채(기업이 발행하는 채권)를 산다. 회사채는 회사의 위험도에 따라서 이자율이 달라진다. 위험이 크면 이자율이 높고, 위험이 낮으면 이자율이 낮다. 평균은 보통 5~6% 정도이다. A 씨는 1년 뒤에 약 5~6만 원의 수익을 얻게 된다. 그러나 운이 없으면 회사가 망해서 100만 원을 모두 잃을 위험도 있다.

넷째, 100만 원을 모두 주식에 투자한다. 주식투자의 평균수익률은 보통 10% 정도이다. A 씨는 1년 뒤에 약 10만 원의 수익을 얻게 된다. 그러나 이 방법 역시 운이 없으면 주식가격이 내려가서 원금 중 일부를 잃거나, 회사가 파산해서 100만 원을 모두 잃을 위험이 있다.

다섯째, 분산투자를 해서 10만 원은 예금에, 20만 원은 채권에, 70만 원은 주식투자를 한다. 이 경우 이론상 위험은 셋째와 넷째에 비해 줄어들고, 수익률은 셋째와 넷째 중간 정도가 된다. 즉, 위험은 대폭 줄이면서 수익률은 6~8%를 누릴 수 있다. 이렇게 분산투자를 하는 것이 특별히 중요한 이유는 위험은 줄이면서, 수익률은 높일 수 있기 때문이다.

여섯째, 분산투자를 하는데 50%는 국내 투자, 50%는 해외투자를 한다. 이 경우는 이론상 다섯째보다 위험은 줄어들고, 수익률은 오르게 된다. 즉, 국내와 해외에 분산투자를 하면 위험은 더 줄고, 수익은 더 오른다는 것이다. 요즘 한국의 투자자들이 해외투자를 많이 하는 이유이기도 하다.

이상의 첫째부터 여섯까지의 방법 외에도 ETF(Exchange Trade Fund, 상장지수펀드)와 같은 새로운 형태의 상품에 투자하면 수익은 더욱 늘리고, 위험은 더욱 줄일 수 있다. 이에 더해서 적립식 투자를 하게 되면 수익은 더욱 늘어나고, 위험은 더욱 줄어들게 된다.

분산투자는 단순한 투자 요령이 아니라, 학문적으로 확립된 이론에 근거한 전략이다. 물론 일부 사람들은 '이론상 그렇다'는 말에 의심의 눈길을 보낼지도 모른다. 그러나 이 부분에 대해서는 걱정할 필요가 없다. 왜냐하면, 이 분산투자 전략은 단순한 가설이 아니라, 실증적인 분석을 통해 입증된 이론이기 때문이다.

1952년 미국의 경제학자 해리 마코위츠(Harry Markowitz)는 '포트폴리오 이론(Portfolio Theory)'을 발표하였다. 이 이론의 핵심은 '모든 자산이 동시에 나빠지지는 않는다'라는 점에 기반하여, 서로 상관관계가 낮은 자산들에 투자하면 전체 자산의 위험을 줄일 수 있다는 것이다. 즉, 주식, 채권, 부동산, 금, 현금 등 다양한 자산군에 나누어 투자할 경우, 한 자산에서 손실이 나더라도 다른 자산에서의 수익으로 이를 상쇄할 수 있어 전체 포트폴리오의 안정성이 높아짐을 말하고 있다.

다음은 분산투자를 통하여 포트폴리오 위험이 줄어드는 과정을 설명하는 그림이다. X축은 자산의 종목 수이고, Y축은 포트폴리오 위험이다. 그림에서 자산의 종목 수를 늘릴 경우 포트폴리오 위험이 줄어드는 것을 확인할 수 있다. 다음 그림에서 보는 바와 같이 개별 기업이나 산업 고유의 위험인 '분산 가능한 위험'은 분산투자를 통해 위험을 줄일 수 있다. 그러나 경제 전반이나 전체 시장에 영향을 주는 광범위

분산투자의 효과*

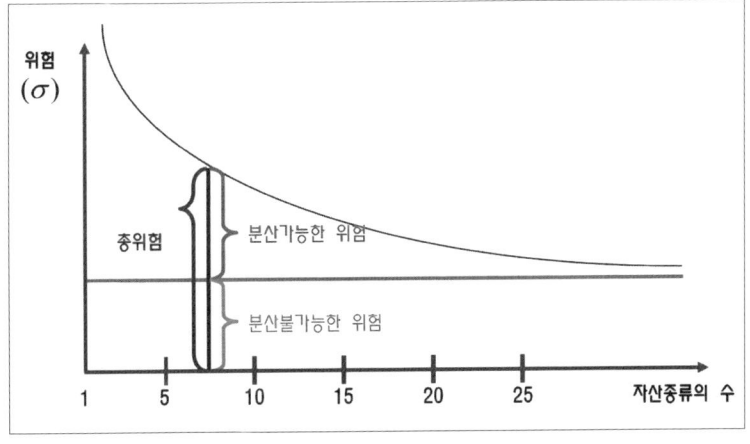

---

* https://blog.naver.com/kantundhegel/222734891491

한 위험인 '분산 불가능한 위험'은 분산을 통해서 제거할 수 없다.

마코위츠 교수는 이러한 이론을 수학적으로 정립하고 실제 데이터에 기반한 실증 연구로 이를 입증했다. 그 공로를 인정받아 그는 1990년, 윌리엄 샤프(William Forsyth Sharpe), 머턴 밀러(Merton Howard Miller) 교수 등과 함께 노벨경제학상을 수상하였다. 이는 단순한 경제학상의 명예를 넘어, 분산투자가 이론적으로도 실천적으로도 타당함을 공인받았다는 의미를 가진다.

따라서 이론이니까 신뢰하기 어렵다고 생각할 이유는 전혀 없다. 오히려 이처럼 학문적으로도 검증된 원칙을 따르지 않는 것이야말로 위험한 선택이다. 투자에 있어 수익은 예측할 수 없어도, 위험은 관리할 수 있다. 그리고 그 위험을 줄이는 가장 현실적이고 효과적인 방법이 바로 분산투자다. 이 사실을 잊지 말고, 투자를 결정할 때는 반드시 포트폴리오 이론에 입각한 분산 전략을 실천해야 한다.

분산투자는 단순히 자산을 여러 곳에 나누는 수준을 넘어, 자산의 종류, 산업, 국가, 시기, 전략 등 다양한 차원을 포함한다. 아래는 분산투자의 대표적인 유형과 구체적인 방법이다.

첫째, 자산군(Asset Class) 간 분산이다. 분산의 가장 기본적인 형태로, 주식, 채권, 부동산, 금, 현금 등 서로 다른 특성을 가진 자산군에 나누어 투자하는 방식이다. 자산군별로 경제 상황에 대한 반응이 다르므로 동시에 손실이 발생할 가능성이 작다.

둘째, 산업/섹터 간 분산이다. 주식투자 내에서도 특정 산업군에 집중하면 위험이 커질 수 있다. 예를 들어 IT 산업이 침체하더라도 소비재 산업은 호황일 수 있다. 섹터 ETF를 활용하면 손쉽게 산업 간 분산이 가능하다.

셋째, 지역/국가 간 분산(글로벌 분산)이다. 국가별로 경제성장률과 정치적 리스크가 다르므로, 미국, 유럽, 아시아, 신흥국 등 다양한 지역에 분산 투자하면 특정 국가의 위기에 덜 영향을 받는다. 해외 ETF나 글로벌펀드를 활용하면 효율적이다.

넷째, 시간(Time) 분산이다. 시장 타이밍을 예측하기 어려우므로, 일정한 시간 간격으로 자금을 투자하는 방식이다. 매월 일정 금액을 투자하는 적립식 투자나 자금을 여러 번에 나누어 진입하는 분할 매수가 이에 해당한다. 이 방식은 평균 매입 단가를 낮추는 효과가 있다.

다섯째, 전략 간 분산이다. 같은 자산군이라도 투자 전략에 따라 수익 구조가 다르다. 성장주와 가치주, 고배당 전략과 모멘텀 전략 등 다양한 전략을 조합하면 시장변화에 유연하게 대응할 수 있다.

여섯째, 운용 기관/상품 간 분산이다. 하나의 금융사나 상품에 집중하면 기관 위험에 노출될 수 있다. 여러 증권사나 운용사의 펀드, ETF 등을 조합해 운용하는 것이 바람직하다.

다음 표는 이상 6가지 유형과 방법을 요약한 것이다.

분산투자의 유형과 방법

분산 방법	설명	예시
자산 간 분산	서로 다른 자산군에 분산	주식, 채권, 금 등
산업 간 분산	산업별 경기 순환에 대응	IT, 헬스케어, 에너지 등
지역 간 분산	국가/지역의 경제 리스크 분산	미국, 한국, 인도 등
시간 분산	매입 시점을 나누어 리스크 축소	적립식 투자
전략 간 분산	투자 성향 및 전략 다변화	성장+배당 혼합
기관/상품 분산	금융사·상품 집중 리스크 회피	여러 ETF·펀드 조합

분산투자는 수익을 극대화하는 수단이라기보다는, 손실을 최소화하고 장기적인 투자 안정성을 확보하는 데 목적이 있다. 투자에는 항상 예기치 못한 변수가 존재하기 때문에, 분산을 통해 위험을 관리하고 감내 가능한 손실 범위 내에서 자산을 운용하는 것이 장기적으로 훨씬 현명한 전략이다.

따라서 모든 투자자는 자신의 투자 목적과 상황을 고려하여 적절한 분산 전략을 세우고, 이를 일관성 있게 유지하는 것이 중요하다. 분산투자는 단기 수익을 노리기보다는 장기적이고 지속 가능한 부의 축적을 위한 핵심 수단임을 잊지 말아야 한다.

이상에서 우리는 '주식투자를 해야 하는 이유'에 대해 이론적이면서도 실천적인 관점에서 자세히 살펴보았다. 주식투자는 단순히 돈을 불리는 수단을 넘어, 삶의 주도권을 되찾는 강력한 도구이다. 노동소득의 한계를 극복하고 자산의 진정한 주인이 되기 위해, 우리는 반드시 투자에 눈을 떠야 한다. 오늘의 작은 결단과 꾸준한 실천은 내일의 자유롭고 안정된 삶을 가능하게 만든다. 따라서 주식투자는 더 이상 선택의 문제가 아니다. 이제는 생존을 위한 필수 전략이다. 1부 4장 '10년 안에 자산을 두 배로 늘리는 전략'에서 소개한 내용은 이러한 경제적 기반을 어떻게 과학적으로 마련할 수 있는지에 대한 실증적 방법을 제시한다.

그러나 경제적 자유는 노후의 전부가 아니다. 진정한 안정과 만족은 단순한 자산 축적을 넘어, 삶의 의미와 방향성을 갖추는 데서 비롯된다. 이제 우리는 자산관리에서 한 걸음 더 나아가, 노후에 겪게 되는 상실과 위기, 그리고 그것을 회복하고 새롭게 구성하는 삶의 기술로 시선을 돌려야 할 때다. 그리고 궁극적으로는 고전과 잠언의 지혜를 통해 '어떻게 나이 들 것인가'에 대한 근원적인 통찰과 마주하게 될 것이다. 지혜롭고 품격 있는 인생 2막은 경제적 자립 위에 세워지되, 정서적 안정이라는 내면의 토대 위에서 완성된다. 이제 우리는 자산을 넘어 삶 자체를 설계하는 여정을 함께 걷게 될 것이다.

2부 3장 이해를 위한 Q&A

Q. 주식투자의 수익 구조는 어떻게 되나요?
A. 주식투자의 수익은 크게 두 가지로 구성됩니다.
- 시세차익(Capital Gain): 주식을 산 가격보다 높은 가격에 팔아 생기는 차익입니다.
- 배당수익(Dividend): 기업이 이익 일부를 주주에게 분배하는 배당금 수익은 기업의 성장성과 시장 상황에 따라 달라질 수 있으며, 장기 투자 시 복리 효과로 자산이 많이 늘어날 수 있습니다.

Q. 배당금은 얼마 만에 들어오나요?
A. 배당금은 일반적으로 주식을 보유한 회사의 결산 후 연 1회 또는 반기, 분기 단위로 지급됩니다. 한국 기업은 연 1회 연말 배당이 일반적이며, 미국 기업은 분기 배당이 일반적이나, 최근에는 월 배당 기업도 많아지고 있습니다. 배당 기준일에 주식을 보유하고 있으면, 보통 배당락일 이후 약 1~2개월 이내에 현금으로 입금됩니다.

Q. 주식투자의 적절한 기대수익률은 얼마인가요?
A. 장기적으로 글로벌 주식시장의 평균수익률은 연 10% 수준입니다. 따라서 개인 투자자도 장기 투자 관점에서 연 10%의 수익률을 현실적

인 목표로 삼는 것이 바람직합니다. 과도한 기대수익률은 투자 실패나 사기 피해로 이어질 수 있습니다.

Q. 기대수익률을 산출할 때 물가상승률을 감안한다는 말은 무슨 의미인가요?

A. 명목수익률은 단순히 투자로 얻은 수익을 의미하고, 실질수익률은 물가상승률(인플레이션)을 감안한 수익률입니다. 예를 들어, 명목수익률이 10%이고 물가상승률이 3%라면 실질수익률은 약 4%입니다. 기대수익률을 현실적으로 산정할 때는 반드시 실질수익률 관점에서 접근해야 자산의 구매력 변화를 제대로 반영할 수 있습니다.

Q. 위험과 수익률은 어떤 관계가 있나요?

A. 일반적으로 '고위험-고수익, 저위험-저수익' 관계가 성립합니다. 안전자산은 낮은 수익률을, 주식·파생상품 같은 위험자산은 더 높은 기대수익률을 제공합니다. 즉, 위험과 수익률은 정비례 관계입니다. 따라서 중요한 것은 수익만을 좇는 것이 아니라, 자신의 목표와 상황에 맞는 '적정 위험 수준'을 설정하고 관리하는 것입니다.

Q. 주식투자에서 위험관리는 어떻게 해야 하나요?

A. 위험관리는 수익 못지않게 중요한 요소입니다. 대표적인 방법은 다음과 같습니다.
- 분산투자: 종목, 산업, 지역 등 다양화합니다.
- 손절매 전략: 손실이 일정 수준 이상 되면 매도합니다.
- 포트폴리오 조정: 시장변화에 맞춰 비중 재조정합니다.

- 감정 통제: 공포나 탐욕에 휘둘리지 않습니다.

Q. 분산투자는 왜 중요한가요?
A. 분산투자는 투자 위험을 줄이는 가장 효과적인 전략 중 하나입니다. 모든 자산이 동시에 하락하는 경우는 드물기 때문에, 자산을 여러 종목과 자산군에 나누어 투자하면 특정 자산의 손실이 전체 포트폴리오에 미치는 영향을 최소화할 수 있습니다. 이는 "한 바구니에 모든 달걀을 담지 말라"는 격언으로도 표현됩니다.

Q. 분산투자 이론을 제시해서 노벨상을 받은 사람은 누구인가요?
A. 분산투자의 기초 이론인 '현대 포트폴리오 이론(Modern Portfolio Theory, MPT)'은 해리 마코위츠(Harry Max Markowitz)가 1952년에 제시했습니다. 마코위츠는 다양한 자산에 분산 투자함으로써 동일한 기대수익률하에서 위험을 최소화할 수 있다는 개념을 수학적으로 증명했습니다. 그는 이 공로로 1990년 윌리엄 샤프, 머턴 밀러와 함께 공동으로 노벨경제학상을 수상했습니다. 이 세 사람의 연구는 현대 금융 이론, 특히 투자, 위험관리, 기업 재무 분야에 지대한 영향을 끼쳤습니다.

3부

두 번째 인생의 설계도

| 위기, 통찰, 그리고 실천 |

1장

노후 소득 피라미드와 노후 빈곤의 현실

"노후를 위해 무엇인가를 준비하지 않는 사람은
이미 노후를 준비한 것이다. 가난하게."

-벤자민 프랭클린-

노후 소득 피라미드: 계층별 소득수준과 생활 특성

은퇴를 앞두고 있거나, 이미 은퇴한 사람들은 노후에 필요한 적정 생활비에 큰 관심을 갖는다. 이를 정확히 알지 못하면 노후를 위해 얼마나 준비해야 하는지 가늠하기 어렵기 때문이다. 또한, 자신의 은퇴 후 소득이 모든 은퇴자 중에서 어느 수준에 속하는지도 궁금해한다. 자신의 은퇴 후 소득이 전체 은퇴자 중 어느 계층에 속하는지를 아는 것은 자신의 노후 준비 상태를 점검하는 데 큰 도움이 된다. 이를 통해 어떤 준비가 부족한지, 혹은 충분히 준비되었는지 명확히 파악할 수 있다.

2023년 NH투자증권 100세시대연구소는 왕개미연구소와 함께 60세 이상 완전 은퇴 가구를 대상으로, 노후를 소득수준에 따라 '은퇴귀족, 은퇴상류층, 은퇴중산층, 상대빈곤층, 절대빈곤층'의 5단계로 구분한 노후 소득 피라미드를 발표했다. 이 자료는 2021년 기준 통계청 가계금융복지조사 마이크로 데이터를 토대로 산출된 것이다. 노후 소득 피라미드는 각 계층의 월 소득에 따른 생활 수준과 특성을 설명하는 중요한 도구로, 각 계층이 직면한 문제를 이해하고 그에 맞는 대응책을 마련하는 데 활용될 수 있다.

이처럼 자신이 속한 노후 소득 계층을 파악하면 필요한 생활비와 준비 상태를 구체적으로 계획할 수 있으며, 더 나은 노후를 위해 보완해야 할 부분을 명확히 알 수 있다. 이러한 정보는 은퇴 후 경제적 안정성을 확보하고, 궁극적으로 여유롭고 품위 있는 노후를 만드는 데 중요한 기준이 된다.

100세시대연구소가 발표한 노후 소득 피라미드의 계층별 분석을 살펴보면, 각 계층의 삶의 질 차이를 한눈에 확인할 수 있다. 이를 토대로 실질적인 노후 준비 계획을 세우고, 자신의 소득수준에 맞는 대비책을 마련할 수 있다. 3부 1장에서는 해당 자료를 바탕으로 단계별 현황과 생활 특성을 필자 나름대로 분석하고, 물가상승률을 고려했을 때 2025년 현재 단계별 월평균 소득이 얼마나 변화했는지 살펴보고자 한다. 마지막으로, 각 계층의 삶의 질을 높이고 경제적 불평등을 완화하는 데 필요한 정책적 제언을 제시하고자 한다.

노후 소득 피라미드는 다섯 단계로 이루어져 있다. 각 단계의 계층별 분석을 하면 다음과 같다.

1단계(절대빈곤층, 17%): 월 101만 원 이하. 절대빈곤층은 전체 은퇴가구의 17%나 차지하고 있다. 이 계층은 기초연금과 비정기적인 아르바이트 소득에 의존해 생계를 유지하는 계층이다. 기초연금 외에도 일부는 일용직 일을 통해 생계를 이어 가지만, 예상치 못한 의료비나 돌발적인 지출에 취약하다. 이 계층은 기본적인 생활을 유지하기 어려운 상황이며, 급격한 비용이 발생하면 경제적 어려움을 겪을 가능성이 크다.

이 계층의 생활 특성은 기초연금과 일용직에 의존함으로 긴급한 의료비나 예상치 못한 비용에 취약하다. 또한, 경제적 자립이 어렵다.

2단계(상대빈곤층, 39.3%): 월평균 125만 원. 상대빈곤층은 전체 은퇴 가구의 39.3%를 차지하고 있어, 가장 많은 계층이다. 한국 노인빈곤율이 40%에 가까우며, OECD 국가 중 노인빈곤율 1위라는 사실은 이 노후 소득 피라미드를 통해서도 여실히 보여진다. 이 계층은 최소한의 생활을 가능하게 하는 수준의 소득을 보유하고 있지만, 자녀의 도움 없이는 독립적인 생활을 유지하기 어렵다. 일부 자산이나 저축이 있을 수 있으나, 자녀 지원이나 사회적 복지에 크게 의존한다. 빈곤층에 속하는 이들은 건강 문제나 예기치 않은 사건이 발생하면 심각한 재정적 위기에 직면할 수 있다.

이 계층의 생활 특성은 자녀나 사회적 지원에 의존하며, 최소한의 생활은 가능하나 여유가 없다. 마찬가지로 경제적 자립이 불안정하다.

3단계(은퇴중산층, 33.1%): 월 198만 원. 은퇴중산층은 전체 은퇴 가구의 33.1%를 차지하고 있어, 상대빈곤층에 이어 두 번째로 많은 계층이다. 이 계층은 평균적인 소비가 가능하며, 일상적인 필요를 충족하는 데 충분한 소득을 보유하고 있다. 다만, 여전히 여행이나 여유로운 취미 생활을 즐기기에는 제약이 따르며, 고급 소비나 대규모 지출을 할 수는 없다. 이 계층은 일정한 재정적 자립을 이루었지만, 외부 환경의 변화에 따른 위험 요소를 완전히 제거할 수는 없다.

이 계층의 생활 특성은 평균적인 소비가 가능하지만 여유롭지는 않으며, 여행이나 여유 있는 취미 생활은 어렵다. 또한, 재정적 자립은 이루어졌지만 긴급 상황에 대비한 준비가 부족할 수 있다.

4단계(은퇴상류층, 8.1%): 월평균 372만 원. 은퇴상류층은 전체 은퇴가구의 8.1%를 차지하고 있다. 이 계층은 자산소득을 포함하여 비교적 여유 있는 노후생활이 가능하다. 취미 생활이나 여행을 즐기며, 자녀들에게 경제적인 지원을 할 수 있는 수준에 이른다. 노후에도 안정적인 재정적 상황을 유지하며, 삶의 질이 높다. 다만, 고급 의료서비스나 대규모 투자에 대한 준비가 필요한 경우도 있다.

이 계층의 생활 특성은 자산소득과 기타 수입으로 여유로운 생활 가능하며, 취미 생활, 여행, 자녀 지원이 가능하다. 또한, 고급 의료서비스와 같은 대규모 지출을 할 수 있다.

5단계(은퇴귀족층, 2.5%): 월평균 525만 원. 은퇴귀족층은 전체 은퇴가구의 단 2.5%에 불과해 극소수이다. 이 계층은 경제적 여유가 매우 크며, 고급 취미와 해외여행, 고급 의료서비스 및 증여 등 다양한 소비를 할 수 있다. 고소득층으로서 자산을 더욱 확장하고, 자녀와 후손들에게 자산을 증여하는 등의 활동도 가능하다. 안정적인 재정적 기반을 바탕으로 삶의 질을 극대화할 수 있다.

이 계층의 생활 특성은 여유로운 소비와 고급 취미, 해외여행 가능하며, 자산 증식과 자녀 지원 및 증여가 가능하다. 또한, 고급 의료서비스 및 다양한 고급 소비를 할 수 있다.

100세시대연구소가 발표한 노후 소득 피라미드는 2021년 자료를 이용해서 산출했으므로, 물가상승률을 고려해서 2025년 현재 소득으로 재계산하면 다음과 같다. 한국의 연간 소비자물가상승률은 2021년~2024년 평균 3.4%이다. 이를 바탕으로 4년간의 복리 계산을 적용하면 다음과 같은 계산식을 구할 수 있다.

$$2025년\ 소득 = 2021년\ 소득 \times (1+0.034)^4$$

이 계산식을 이용해서 단계별 월평균 생활비를 계산하면 다음과 같다.

1단계: 101만 원 × $(1.034)^4$ = 115만 원 이하.
2단계: 125만 원 × $(1.034)^4$ = 월평균 143만 원.
3단계: 198만 원 × $(1.034)^4$ = 월평균 226만 원.
4단계: 372만 원 × $(1.034)^4$ = 월평균 425만 원.
5단계: 525만 원 × $(1.034)^4$ = 월평균 600만 원.

이를 노후 소득 피라미드로 그리면 다음과 같다.

이제 각 계층의 삶의 질을 향상시키고, 경제적 불평등을 해결해 나가기 위한 정책적 대응 방안에 대해서 살펴보기로 한다.

1단계 절대빈곤층에 속하는 사람들은 주로 경제적으로 가장 취약한 계층에 속한다. 이들에게는 기초적인 생활을 보장할 수 있는 사회적 안전망이 절실히 필요하다. 이를 위해 가장 중요한 정책 중 하나는 기초연금의 확대와 의료비 지원의 강화이다. 기초연금은 기본적인 생활비를 보장하는 중요한 수단이지만, 현재의 수준으로는 충분하지 않

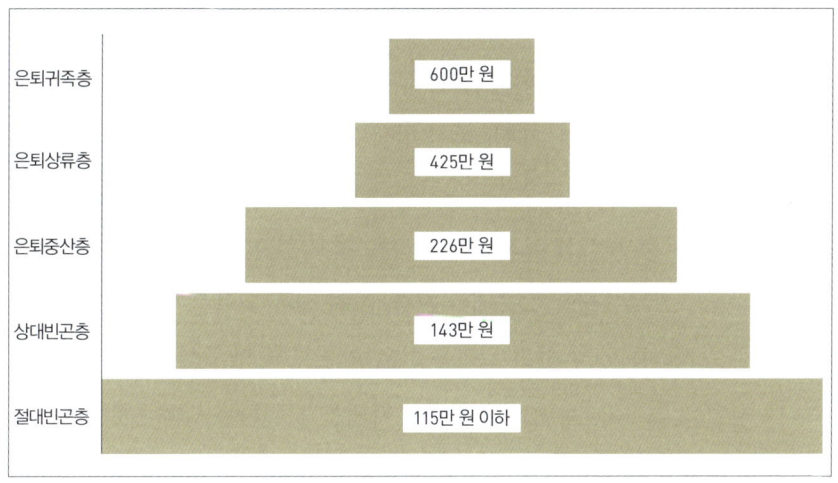

다. 따라서 기초연금을 확대하여 해당 계층의 최소한의 생활을 보장할 필요가 있다.

또한, 노후에는 건강이 중요한 문제이므로 고령층의 의료비 부담을 덜어 주는 정책이 필수적이다. 이를 위해 정부는 의료비 지원을 강화하고, 긴급 상황에 대비할 수 있는 사회적 안전망을 확립해야 한다. 또한, 일용직 근로자들이나 비정규직 근로자들에 대한 직업훈련과 복지 프로그램도 강화해야 한다. 이들은 일정한 소득을 확보하지 못하는 경우가 많아, 직업훈련을 통해 재취업의 기회를 제공하고, 복지 혜택을 확대하여 경제적 자립을 지원할 필요가 있다.

2단계 상대빈곤층에 속하는 사람들은 기초연금 이상의 추가적인 지원이 필요한 계층이다. 이 계층을 지원하기 위한 중요한 방안은 기초연금의 인상과 일자리 창출이다. 기초연금은 경제적 자립을 돕는 중요한 수단으로, 이를 인상하여 노후 빈곤층이 최소한의 생활을 유지할 수 있도록 해야 한다. 그러나 기초연금만으로는 한계가 있으므로, 적극적인 일자리 창출 정책이 병행되어야 한다. 특히 고령층을 위한 적합한 일자리 창출과 지원이 이루어져야 하며, 이를 통해 경제적 자립을 유도해야 한다. 또한, 자산 형성 프로그램과 금융 교육 강화가 필요하다.

상대빈곤층은 자산 축적에 어려움을 겪고 있으므로, 자산 형성을 돕는 금융 프로그램을 제공해야 한다. 특히 금융 교육을 통해 개인들이 재정 관리를 할 수 있는 능력을 키울 수 있도록 해야 한다. 또한, 자녀 지원을 줄이고, 독립적인 경제적 자립을 지원하는 방향으로 나아가야 한다. 자녀들에게 의존하는 생활은 오히려 빈곤을 지속시킬 수 있으므로, 경제적 자립을 위한 체계적인 지원이 필요하다.

3단계 은퇴중산층은 이미 일정한 경제적 기반을 갖추고 있는 계층이지만, 장기적으로 안정적인 생활을 위해서는 지속적인 자산관리와 교육이 필요하다. 이 계층에 필요한 정책은 연금제도와 금융 교육 강화이다. 중산층은 연금 수령을 주요 소득원으로 삼고 있으므로, 안정적인 연금제도를 위한 정책적 뒷받침이 필요하다. 또한, 금융 교육을 통해 이들이 자산을 효율적으로 관리하고, 경제적 안정성을 높일 수 있도록 해야 한다.

장기적인 자산관리 지원도 중요한 부분이다. 노후생활에서 가장 중요한 요소 중 하나는 자산관리이다. 이를 위해 정부는 장기적인 자산관리 전략을 지원하고, 다양한 투자상품에 대한 이해를 돕는 교육을 제공해야 한다. 또한, 노후의 삶의 질 향상을 위한 문화 프로그램과 여가 활동 제공도 중요하다. 중산층은 여유로운 생활을 원하기 때문에, 건강한 여가 생활을 즐기기 위한 다양한 프로그램을 제공하여 삶의 질을 높이는 것이 필요하다.

4단계 은퇴상류층은 자산과 소득이 안정적이며, 이들이 필요로 하는 정책은 고소득층을 대상으로 한 자산관리와 세금 문제에 대한 효율적인 대응이다. 고소득층은 자산관리에서 더욱 전문적인 접근이 필요하므로, 이를 지원하는 정책이 필요하다. 또한, 은퇴상류층은 종종 고액의 세금을 부담하고 있으므로, 세금 부담을 효율적으로 줄이는 방안을 마련하는 것도 중요하다. 세금 혜택을 통해 자산 증식이 가능하도록 하고, 효율적인 세금 관리를 위한 제도적 지원이 이루어져야 한다. 또한, 고소득층은 고급 의료서비스와 맞춤형 건강관리를 원하기 때문에, 이를 위한 제도적 지원이 필요하며, 자산 증여와 관련된 법적 규제를 완화하는 등의 정책도 고려되어야 한다.

5단계 은퇴귀족층에 속하는 사람들은 이미 매우 안정적이고 풍요로운 노후를 보내고 있는 계층이다. 따라서 이들이 사회적 기여를 할 수 있도록 도와야 한다. 고급 소비를 통해 사회적 기여를 할 수 있는 프로그램을 마련하고, 후손에게 자산을 증여할 수 있는 법적, 제도적 뒷받침이 필요하다. 또한, 이들은 이미 자산이 많으므로, 자산을 증여하는 과정에서 발생할 수 있는 세금 문제나 법적 문제가 해결될 수 있도록 지원하는 정책이 필요하다.

이상에서 각 계층의 삶의 질을 향상시키고, 경제적 양극화 문제를 해결하기 위한 정책적 대응 방안에 대해서 살펴보았다. 정부는 이러한 각 계층의 필요를 충족시키기 위한 다양한 방안을 마련하여, 사회 전반의 안정성을 높여야 할 것이다. 또한, 개인은 이 노후 소득 피라미드를 참고삼아 본인이 어디에 속해 있는지 파악하고, 그에 따른 적절한 대비를 해야 한다.

노후 소득 피라미드는 경제적 자립과 삶의 질을 나타내는 중요한 지표이다. 각 계층은 그들의 소득수준에 따라 생활의 질에 큰 차이를 보이며, 이는 사회적 불평등을 더욱 심화시킬 수 있다. 이를 해결하기 위해서는 각 계층에게 맞는 정책적 대응이 필요하며, 나아가 정부와 사회는 지속해서 고령화 사회에 맞춘 전략을 개발해야 한다.

한국의 노인빈곤율과 노인자살률이 높은 이유

오늘날 대한민국은 세계적으로 유례없는 속도로 고령화가 진행되고 있다. 이에 따라 노인인구의 삶의 질과 경제적 안정성에 관한 관심이 높아지고 있으며, 특히 노인 빈곤과 노인 자살이라는 문제는 사회전체가 직면한 시급한 과제로 부상하고 있다. 한국 사회에서 '세계 1위'라는 수식어는 대개 자부심을 주지만, 모든 1위가 긍정적인 것은 아니다. 그중에서도 가장 뼈아픈 통계가 바로 OECD 국가 중 노인빈곤율과 노인자살률 1위라는 불명예다. 본 파트에서는 한국의 노인빈곤율이 유독 높은 이유를 구조적 · 정책적 · 문화적 요인에서 분석하고, 이를 토대로 노후 빈곤 문제 해결을 위한 실질적인 대안을 모색하고자 한다.

어린 시절 우리는 〈우리나라 좋은나라〉라는 노래를 부르며 자랐다. 긍정적인 사고와 언어는 긍정적인 결과를 낳았고, 그 결과 지난 반세기 동안 대한민국은 눈부신 발전을 이루어 선진국 반열에 올라섰다. 그러나 급격한 경제성장 속도에 비해 문화 · 예절 · 행동 양식 등 사회적 자본(Social Capital)의 성숙에는 충분한 시간이 주어지지 않았다.

한국은 1인당 국민소득이 3만 달러를 넘어섰지만, 사회적·복지적 측면에서는 여전히 선진국과 비교해 부족한 지표들이 존재한다. 그 대표적인 것이 바로 노인빈곤율과 노인자살률이다. 두 지표는 밀접하게 연결되어 있으며, 경제적 어려움과 정서적 고립이 결합되어 고령층의 삶의 질을 심각하게 위협하고 있다. 이를 원인과 해결 방안으로 나누어 살펴보면 다음과 같다.

노인빈곤율

노인빈곤율은 전체 인구의 중위소득 대비 50% 이하의 소득을 가진 노인의 비율을 뜻한다. 예를 들어, 중위소득이 월 300만 원이라면 월 소득이 150만 원 이하인 노인은 빈곤 상태로 분류된다.

한국은 세계에서 노인빈곤율이 가장 높은 국가다. OECD가 발표한

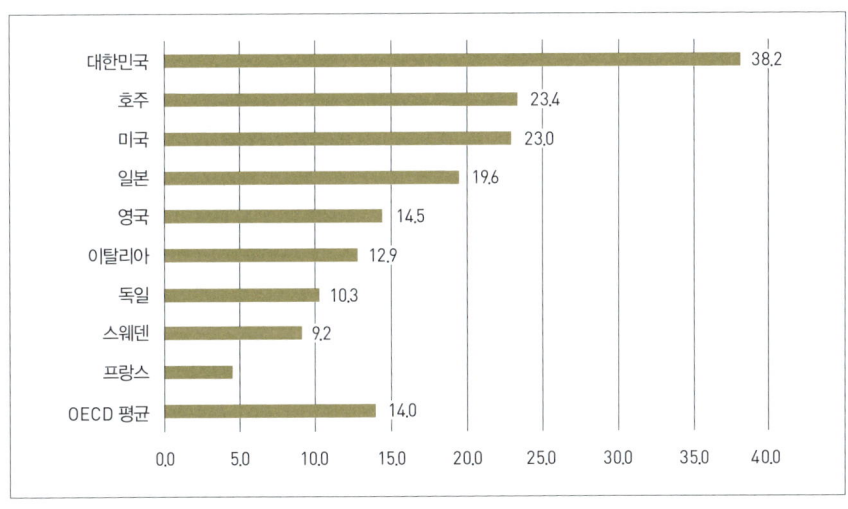

OECD 국가별 노인 빈곤율 (%)

국가	빈곤율
대한민국	38.2
호주	23.4
미국	23.0
일본	19.6
영국	14.5
이탈리아	12.9
독일	10.3
스웨덴	9.2
프랑스	
OECD 평균	14.0

「한눈에 보는 연금 2025(Pension at a Glance 2025)」에 따르면, 2023년 기준 한국의 65세 이상 노인 중 소득이 중위소득의 50% 이하인 비율은 38.2%로, OECD 평균 14.0%의 거의 세 배에 달한다.

또한, 다음 도표에서 보듯 한국의 노인빈곤율은 2016년 43.6%로 최고점을 기록한 뒤 점차 내림세를 보이다가, 2021년부터 다시 증가하는 추세를 나타내고 있다.

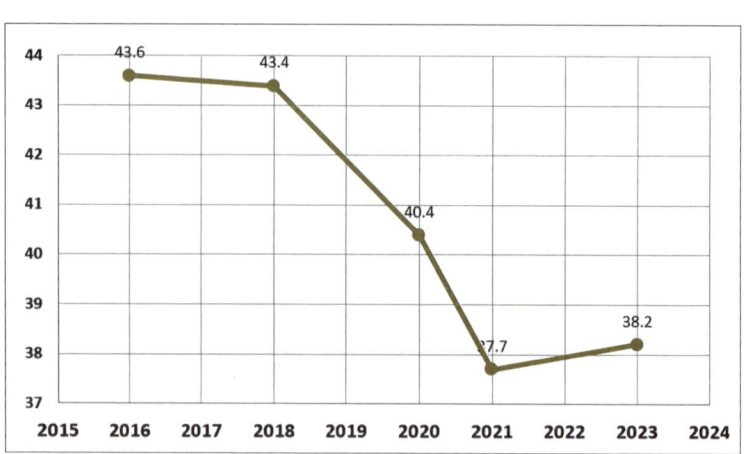

한국의 노인빈곤율이 높은 이유는 단순한 고령화 현상 때문만이 아니라, 여러 경제·사회 구조적 요인이 복합적으로 작용한 결과이다.

첫째는 국민연금 등 공적연금 제도의 늦은 시행이다. 한국의 국민연금 제도는 1988년에 도입되어 주요 선진국과 비교하면 시행 시기가 상당히 늦었다. 예를 들어, 독일은 1889년, 영국은 1908년, 프랑스는 1930년, 미국은 1935년에 이미 공적연금을 도입했다. 제도 시행이 늦다 보니 현 연금 수령자들의 가입 기간이 짧고, 납입액 또한 적어 충분한 연금 혜택을 받기 어렵다. 한국의 국민연금은 1988년 사업장 근로자를 대상으로 시작했으며, 1999년에 이르러서야 전 국민을 대상으로 확대 시행되었다.

둘째는 사회보장제도의 미비이다. 2025년 현재, 정부는 소득 하위 70%에 해당하는 65세 이상 노인에게 기초연금으로 월 34만 2,510원을 지급하고 있다. 그러나 이 금액은 노후생활을 영위하기에 충분하지 않으며, 부부가구의 경우에는 20% 감액이 된다. 또한, 국민연금을 수령하는 경우, 기초연금이 연계 감액되어 실수령액이 줄어들기 때문에 여전히 빈곤 상태에서 벗어나기 어렵다.

셋째는 산업 양극화와 노동시장 불안정이다. 자영업자, 비정규직, 기초생활보장 수급자 등 국민연금 사각지대에 있는 계층은 노후 소득 보장이 절실하지만 충분한 준비를 하지 못하고 있다. 이러한 구조적 취약성은 노인빈곤율을 더욱 악화시키는 주요 요인으로 작용하고 있다.

넷째는 여성의 낮은 경제활동 참가와 경력 단절이다. 한국의 여성 노인빈곤율은 남성보다 11% 이상 높다. 특히 단독가구 노인의 76.2%가 빈곤 상태이며, 독거노인 중 여성 비율은 81.3%에 달한다. 여성의 낮은 경제활동 참가율과 경력 단절은 경제적 취약성을 심화시키며, 이는 노인 빈곤을 악화시키는 중요한 요인으로 작용한다.

다섯째는 전통적 가족부양 관념의 약화이다. 한국 사회에서는 과거 자녀 교육에 대부분 자산을 투자하고, 노후에는 자녀에게 의지하는 전통적 관습이 강했다. 그러나 현대에는 자녀들이 부모를 부양할 경제적·사회적 여력이 줄어들면서, 많은 노인이 빈곤에 몰리고 있다.

여섯째는 빠른 고령화이다. 한국은 세계에서 가장 빠른 속도로 고령화가 진행되고 있는 국가 중 하나다. 경제적으로 자립하지 못한 노인인구가 급격히 늘어나면서 노인빈곤율 또한 상승하고 있다. 이러한 현상은 '장수 위험'이라고도 불린다.

일곱째는 낮은 재무 및 금융 인식 수준이다. 한국은 돈에 대한 언급을 꺼리는 문화적 특성이 강하고, 가정에서의 재무 교육 또한 부족하다. 이로 인해 자녀 세대의 금융 이해력이 낮으며, 노년층 역시 경제적 자립을 위한 준비가 미흡한 경우가 많다. 이러한 금융 교육 및 지원의 부족은 노인 빈곤을 심화시키는 또 다른 요인으로 작용한다.

노인빈곤율을 선진국 수준으로 낮추기 위해서는 장기적이고 종합적인 정책 접근이 필요하다. OECD는 「한국경제보고서」에서 이를 위해 다음과 같은 방안을 제시하고 있다.

1. 공적연금 제도의 강화이다.
- 국민연금 가입 기간 확대: 가입 시기를 앞당기고, 사각지대 해소를 위해 자영업자·비정규직의 가입을 유도해야 한다.
- 연금 급여 수준 인상: 저소득층을 중심으로 급여 인상이 필요하다.
- 연금 수급 개시 연령 조정: 장기적으로 수급 시기를 늦춰 지속 가능성을 확보해야 한다.

2. 기초연금 제도의 실질성을 강화해야 한다.
- 지급액 상향: 현재 월 34만 원 수준의 기초연금을 실질 생활비 수준에 맞춰 인상할 필요가 있다.
- 부부 감액 제도 개선: 부부가구의 수급액 감소 폭을 줄여 빈곤 악

화를 방지해야 한다.
- 국민연금과의 연계 감액 완화: 국민연금 수급자의 기초연금 감액 폭을 완화해야 한다.

3. 노년층 고용 기회를 확대해야 한다.
- 정년 연장 및 재고용 제도 개선: 고령자도 생산적으로 일할 수 있는 환경을 조성해야 한다.
- 노인 친화형 일자리창출: 공공부문과 민간 부문 모두에서 노인 적합형 직종을 발굴해야 한다.
- 재취업 교육·훈련 강화: 디지털 역량, 서비스 직종 등 재취업 가능 분야 교육을 강화해야 한다.

4. 사적연금 및 개인저축을 활성화해야 한다.
- 세제 혜택 확대: 개인연금, 연금저축, ISA 계좌 등에 대한 세제 지원을 강화해야 한다.
- 저소득층 연금저축 지원 프로그램: 정부 매칭 납입 제도를 시급히 도입해야 한다.

5. 사회안전망을 강화해야 한다.
- 주거 지원 확대: 공공임대주택, 주택연금 제도 활용을 촉진한다.
- 건강보험 보장성 강화: 의료비 부담 경감을 통한 가처분소득을 확대한다.
- 돌봄 서비스 확충: 장기요양보험 및 지역사회 돌봄 서비스를 확대한다.

6. 금융 문해력을 제고해야 한다.
- 전 생애 금융 교육 체계화: 청년~노년 전 단계에 걸친 재무 교육을 제도화한다.
- 맞춤형 금융 상담 서비스: 은퇴 준비 단계별로 필요한 금융·투자 조언 제공한다.

노인자살률

경제협력개발기구(OECD)의 최신 통계에 따르면, 한국의 65세 이상 노인자살률은 인구 10만 명당 40명 이상으로, OECD 평균(약 12명)의 세 배를 넘는다. 이는 일본·미국 등 다른 선진국보다도 훨씬 높은 수치다. 다음 그래프를 통해 우리는 한국의 노인자살률이 얼마나 얼마나 심각한 수준인지 확실히 알 수 있다.

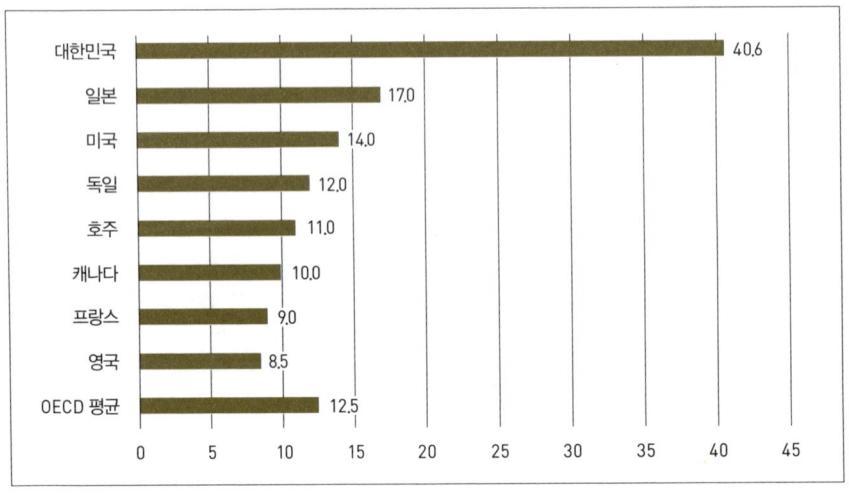

한국의 노인자살률이 높은 원인은 다음 네 가지로 요약할 수 있다.

첫째, 경제적 빈곤이다. 노년기의 빈곤은 단순히 소득이 적다는 차원을 넘어 생존 자체를 위협한다. 한국의 노인빈곤율은 OECD 평균(약 14%)보다 세 배 가까이 높다. 국민연금 급여 수준이 낮고, 가입 기간이 짧은 세대가 많아 매달 받는 연금이 최소 생활비에도 못 미친다. 여기에 의료비·주거비 부담이 겹치면 생활고는 곧 절망으로 이어진다.

둘째, 사회적 고립과 가족해체이다. 급속한 산업화와 도시화는 전통적인 대가족 구조를 무너뜨렸다. 자녀와 떨어져 홀로 사는 1인 노인 가구 비율은 꾸준히 증가하고, 이들 중 상당수는 정서적 교류와 사회적 지지가 부족하다. 외로움과 고립은 우울증을 심화시키는 주요 원인이다.

셋째, 건강 악화와 돌봄의 부재이다. 노년기에는 만성질환, 치매, 우울증 등 건강 문제가 잦아진다. 하지만 심리상담이나 정신건강 치료를 받는 비율은 매우 낮다. 시골 지역이나 저소득층 노인의 경우, 의료기관 접근성 자체가 제한되어 조기 치료가 어렵다.

넷째, 문화적·심리적 요인이다. 한국 사회에는 '가족에게 짐이 되지 않겠다'는 정서가 남아 있다. 이 가치관이 경제적·건강상의 어려움과 맞물릴 때, 극단적인 선택을 '마지막 의무'로 착각하게 만든다. 이는 문화적 관습과 개인적 절망이 만든 왜곡된 결론이다.

노인자살률을 낮추기 위한 방안을 제시하면 다음과 같다.

1. 경제적 안전망 강화이다.
   - 기초연금 인상: OECD 평균 수준으로 상향하여 최저생계비 이상

을 보장해야 한다.
- 공적연금 사각지대 해소: 비정규직, 자영업자, 무소득층의 가입을 촉진해야 한다.
- 노후 일자리 창출: 단순노동이 아닌 경력·전문성을 살린 맞춤형 일자리 제공한다.

2. 정서적·사회적 연결망 복원이다.
- 지역 커뮤니티 활성화: 노인복지관, 마을 사랑방, 동호회 등 대면 교류 공간을 확대한다.
- 세대 간 교류 프로그램: 청년·학생과 노인을 연결하는 멘토링·문화 교류 사업 추진한다.
- ICT 기반 비대면 소통 지원: 영상통화·온라인 모임 교육과 장비를 지원한다.

3. 건강·돌봄 체계를 강화한다.
- 정신건강 조기 진단: 우울증·치매 선별검사를 정기화한다.
- 방문 상담·간호 서비스: 거동 불편 노인을 위한 가정 방문 상담 및 치료를 지원한다.
- 의료비 부담 완화: 저소득층 노인 의료비 전액 지원 또는 본인 부담률 대폭 인하한다.

4. 문화적 인식을 개선한다.
- 노년 재인식 캠페인: 미디어와 교육을 통해 노인을 사회의 자산으로 인식도록 한다.

- 자살예방교육 확대: 가족과 이웃이 자살 위험 신호를 인지하고 대응할 수 있도록 적극적으로 교육한다.

한국의 노인빈곤율과 노인자살률이 세계 1위라는 사실은 단순한 불명예가 아니라, 우리 사회의 구조적 취약성을 드러내는 지표다. 급속한 산업화와 세대 간 자산 격차, 불완전한 연금제도, 가족부양 기능의 약화, 그리고 사회적 고립과 건강 악화가 복합적으로 작용해 고령층을 빈곤과 절망으로 내몰고 있다. 이는 단순한 개인의 문제가 아니라, 세대와 계층을 넘어선 사회 전체의 책임이자 미래 세대의 과제이기도 하다.

따라서 해결의 길은 단일한 정책에 있지 않다. 경제적 안전망을 강화하여 최소한의 생활을 보장하고, 정서적·사회적 연결망을 복원하며, 건강·돌봄 체계를 강화하고, 노년에 대한 사회적 인식을 바꾸는 종합적 접근이 필요하다.

무엇보다도 '늙어도 살 만한 나라'라는 확신을 모든 세대가 가질 수 있도록, 지금 세대가 함께 투자하고 준비해야 한다. 그때 비로소 우리는 이 불명예스러운 1위를 내려놓고, 존엄과 품격이 보장되는 진정한 의미의 선진국으로 나아갈 수 있을 것이다.

퇴직자들이 꼽은 10가지 뼈아픈 후회

퇴직은 단순히 직장 생활의 끝이 아니라 새로운 인생의 출발점이다. 하지만 많은 사람이 퇴직 후에야 비로소 직장 시절의 선택과 행동을 돌아보며 깊은 아쉬움과 후회를 느낀다. 건강관리의 소홀함, 인간관계의 단절, 재정 계획의 부족, 그리고 소중한 시간의 낭비 등 퇴직자들이 입을 모아 말하는 후회는 놀라울 만큼 닮아 있다.

본 파트에서는 수많은 퇴직자의 경험과 설문을 바탕으로, 그들이 꼽은 10가지 뼈아픈 후회를 정리해 본다. 그들의 이야기는 단순한 후일담이 아니라, 앞으로의 삶을 더 현명하게 준비하기 위한 귀중한 교훈이 될 것이다.

첫째, 자신을 희생한 삶이다. "돈을 벌겠다는 이유만으로 내 삶을 다 바쳤습니다." 많은 퇴직자가 직장과 생계에 매달리느라 자기 자신을 등한시한 삶을 가장 크게 후회한다. 더 많은 돈, 더 높은 자리, 더 안정된 직장을 위해 오늘의 행복을 포기했지만, 시간이 지나고 나면 남는 것은 건강을 잃은 몸과 관계가 단절된 삶뿐이었다. 한 퇴직자는 이렇게 말했다. "다시 돌아간다면, 일보다 나를 먼저 챙기겠다." 지금, 이 순간, 일에 모든 것을 걸고 있다면, 인생의 균형을 다시 돌아볼 필요가 있다.

둘째, 가족과의 시간을 충분히 갖지 않은 것이다. "일하느라 놓친 가족과의 추억이 가장 아쉽습니다." 직장 생활에 몰두한 나머지 가족과의 시간을 소홀히 한 것을 후회하는 경우가 많다. 한국여성정책연구원 조사에 따르면, 60대 남성의 절반 이상이 '가족과의 관계 회복'을 은퇴 후 최대 과제로 꼽았다. 퇴직자들은 "일과 가정의 균형이 결국 노후 행복의 기반"이라고 말한다.

셋째, 건강관리를 소홀히 한 것이다. "몸만 건강했어도 은퇴 후 하고 싶은 일을 더 많이 했을 텐데……." 직장 생활에 매달리다 운동과 정기검진을 미루고, 불규칙한 식사와 과로를 반복한 결과 은퇴 후 건강이 급격히 나빠지는 경우가 많다. 국민건강보험공단 자료에 따르면, 60세 이상 신규 당뇨병 환자의 절반 이상이 은퇴 직후 5년 이내에 발생한다. 건강은 한번 잃으면 회복이 어렵기에, 퇴직자들이 공통으로 하는 후회가 '건강관리 소홀'이다.

넷째, 재정 계획을 세우지 않은 것이다. "퇴직금이 생각보다 빨리 줄어들 줄 몰랐어요." 한국보건사회연구원의 조사에 따르면, 퇴직금 수령 후 3년 이내에 절반 이상이 상당 부분을 소진한다. 이유는 명확하다. 은퇴 후 생활비, 자녀 지원, 예상치 못한 의료비가 한꺼번에 몰려오기 때문이다. 계획 없는 지출은 노후 빈곤의 지름길이다. 퇴직자들은 "퇴직 전부터 구체적인 자산운용 계획과 투자 전략을 세웠어야 했다."라고 입을 모은다.

다섯째, 직장 외의 인간관계를 만들지 않은 것이다. "명함이 사라지니 연락해 오는 사람도 사라지더군요." 은퇴 후 사회적 고립을 호소하는 퇴직자가 많다. 통계청 '사회조사'에 따르면, 65세 이상 노인의 40%가 "친구나 지인과의 교류가 거의 없다"고 응답했다. 직장 밖에서 이어질 수 있는 인간관계를 미리 만들어 두는 것은 정서적 안정과 활력을 유지하는 중요한 요소다.

여섯째, 전문성과 기술을 지속적으로 개발하지 않은 것이다. "배우지 않으니 은퇴 후 할 수 있는 일이 없더군요." 재취업이나 창업을 원해도, 새로운 시장에서 통할 기술이나 자격이 없다면 기회는 줄어든다. 고용노동부 자료에 따르면, 55~64세 구직자의 절반 이상이 '기술 부족'을 재취업 실패 원인으로 꼽았다. 퇴직 선배들은 "현직 시절부터 새로운 기술 습득과 자기 계발을 꾸준히 해야 한다."라고 강조한다.

일곱째, 취미와 여가 활동을 준비하지 않은 것이다. "하루 종일 TV

만 보다 보니 몸과 마음이 다 무너졌습니다." 한국갤럽 조사에 따르면, 은퇴자 중 절반 이상이 "주된 여가 활동이 없다"고 답했다. 취미와 여가는 단순한 시간 때우기가 아니라, 삶의 질과 정신건강을 지키는 버팀목이다. 미리 자신이 즐길 수 있는 취미를 찾고, 관련 모임에 참여하는 것이 은퇴 후 삶의 만족도를 크게 높인다.

여덟째, 주거 계획을 미리 세우지 않은 것이다. "집값과 관리비가 이렇게 부담될 줄 몰랐습니다." 은퇴 후 주거비 부담은 예상보다 크다. 국토연구원 보고서에 따르면, 65세 이상 가구의 월평균 주거비 비중은 전체 가구 평균보다 1.5배 높다. 퇴직자들은 생활비를 줄이기 위해 이사를 고려하지만, 정든 집을 떠나는 심리적 부담과 비용 때문에 고생하는 경우가 많다.

아홉째, 노후 의료·돌봄 대비를 하지 않은 것이다. "건강이 안 좋아지니 돈보다 돌봐 줄 사람이 더 필요하더군요." 보건복지부에 따르면, 65세 이상 노인 중 장기요양보험 등 돌봄 서비스 이용자는 매년 증가하고 있다. 그러나 돌봄 준비가 부족하면 위기 시 심각한 어려움에 직면한다. 퇴직자들은 "의료·돌봄 대비는 단순히 보험 가입이 아니라, 가족·지역사회와의 지원망을 미리 만드는 것."이라고 조언한다.

열째, 변화에 적응하지 못한 것이다. "세상이 이렇게 빨리 변할 줄 몰랐습니다." 기술 발전, 산업구조 변화, 일하는 방식의 혁신이 너무 빠르게 일어나면서, 은퇴 직전까지도 변화에 적응하지 못해 어려움을 겪는 경우가 많다. 특히 디지털 환경의 변화는 은퇴자들의 사회참여와 경제활동 기회를 제한한다. 한국인터넷진흥원(KISA)에 따르면, 60세 이상 인구의 절반 이상이 기본적인 스마트폰 활용에 어려움을 겪고 있다. 퇴직자들은 "변화를 두려워하지 말고, 현직 시절부터 새로운 기술과 환경에 익숙해지는 연습을 해야 한다."라고 입을 모은다.

퇴직 선배들의 후회는 과거의 이야기가 아니다. 그것은 현재를 살아가는 우리에게 주는 경고이자, 미래를 바꾸는 실천 지침이다. 자기 자신을 위한 시간, 가족, 건강, 재정, 인간관계, 기술, 주거, 돌봄 등 그 어느 하나도 소홀히 해서는 안 된다. 한 영역이라도 비워 두면 은퇴 후 메울 수 없는 공백이 생긴다.

이들의 공통된 후회는 명확하다. 지나치게 일에만 몰두했고, 자기 삶을 돌보지 않았으며, 노후 준비가 부족했다는 점이다. 그렇기에 지금부터라도 건강을 지키고, 가족과 관계를 돈독히 하며, 재정 계획과 의미 있는 시간을 마련해야 한다.

노후 준비에서 중요한 것은 '무엇을 할 것인가'뿐 아니라, '무엇을 하지 않을 것인가'를 분명히 아는 것이다. 지금이 가장 젊고, 가장 바꿀 수 있는 순간이다. 오늘 시작하는 작은 준비가 내일의 후회를 막고, 감사와 만족으로 채워진 노후를 만들어 줄 것이다.

3부 1장 이해를 위한 Q&A

Q. 노후 소득 피라미드란 무엇인가요?

A. 노후 소득 피라미드는 노인의 경제적 계층을 기반으로 소득수준과 생활양식을 구분한 개념입니다. 일반적으로 소득수준에 따라 1단계부터 5단계까지 5계층으로 나뉩니다. 이 피라미드는 노인의 삶의 질과 소비 형태, 주거수준 등을 가늠하는 데 도움이 되며, 정책 수립 시 사회안전망 강화의 방향을 설정하는 데도 활용됩니다.

Q. 노후 소득 피라미드 각 계층은 어떤 생활 특성을 보이나요?

A. 상층은 자산과 연금이 모두 충분하여 안정된 소비와 여행, 건강관리 등의 여유로운 삶을 누립니다. 중간층은 국민연금이나 퇴직연금 중심의 생활을 하며, 기본적인 생활은 가능하지만 예기치 못한 지출에는 취약합니다. 하층은 기초연금이나 기초생활수급에 의존하며, 의료, 주거, 식비 등 필수 지출 외에는 여유가 없습니다. 따라서 각 계층 간의 삶의 질 격차는 상당히 큽니다.

Q. 한국에서 노후 부부의 매월 적정 생활비는 얼마인가요?

A. 보건복지부와 통계청 등 여러 조사에 따르면, 한국 노후 부부의 월평균 적정 생활비는 약 260만~300만 원 수준으로 추산됩니다. 이는 기

본적인 주거비, 식비, 의료비 외에도 문화생활과 여가, 경조사비 등을 포함한 수치입니다. 최소 생활비는 약 180만~200만 원으로 보고되며, 실제 생활 수준과 주거 형태, 건강상태에 따라 차이가 있습니다.

Q. 노인빈곤율은 무슨 뜻인가요?
A. 노인빈곤율은 전체 노인인구(보통 65세 이상) 중 중위소득의 50% 미만 소득으로 살아가는 사람들의 비율을 말합니다. 즉, 절대 빈곤이 아니라 '상대적 빈곤' 상태를 측정하는 지표입니다. 한국은 OECD 평균 대비 두세 배 이상 높은 수준을 기록하고 있으며, 이는 고령층의 소득 불균형과 노후 대비 미비를 나타내는 중요한 사회지표입니다.

Q. 한국의 노인빈곤율이 높은 이유는 무엇인가요?
A. 한국의 노인빈곤율은 OECD 국가 중 최상위권에 속합니다. 주요 원인은 다음과 같습니다.
- 공적연금의 소득대체율이 낮고, 수급자가 제한적임
- 사적 준비 부족: 퇴직연금, 개인연금 등 사적연금 수급이 미비함
- 고령층의 자산은 부동산 중심이어서 유동성이 낮음
- 자녀 의존적 문화에서 개인 책임형 노후로의 전환기에 있는 사회 구조적 요인

이러한 복합적 요인이 노후 빈곤 문제를 심화시키고 있습니다.

Q. 은퇴 선배들이 가장 후회하는 선택은 무엇인가요?
A. 은퇴자들이 공통으로 가장 후회하는 것은 '자신을 희생한 삶'입니다. 돈을 벌기 위해 건강, 가족, 친구, 자기 자신을 희생한 결과, 퇴직 후에는

외롭고 허무한 시간을 보내는 경우가 많습니다. 지나친 일 중심의 삶은 결국 후회로 이어진다는 것이 이들의 공통된 조언입니다.

Q. 가족과의 시간을 소홀히 한 것에 대해 어떤 후회가 있나요?
A. 많은 퇴직자가 자녀와 함께할 수 있었던 주말, 배우자와의 여행, 부모님께 인사드릴 수 있었던 기회를 일로 인해 놓친 것을 후회합니다. 그들은 '일은 대체할 수 있지만, 가족은 대체할 수 없다'고 말하며, 소중한 시간을 흘려보낸 것에 깊은 아쉬움을 느낍니다.

Q. 자녀에 대한 과도한 경제 지원도 문제인가요?
A. 퇴직자들은 자녀 결혼비, 주택 자금 등 과도한 경제적 지원이 본인의 노후를 어렵게 만들었다고 고백합니다. 자녀를 돕고 싶은 마음은 이해되지만, 본인의 생활 기반이 무너지지 않도록 적절한 선을 지키는 것이 중요하다고 조언합니다.

2장

노후를 위협하는 경제 리스크

"나는 살고 있다.
 그러나 나의 목숨의 길이는 모른다."

- 독일 민요 -

노후는 누구에게나 반드시 찾아오는 인생의 마지막 여정이다. 그러나 이 시기는 단순한 여유와 안식을 의미하지 않는다. 오히려 여러 경제적 변수들이 삶의 질을 위협할 수 있는 시기이기도 하다. 특히 급속한 고령화와 경제 환경의 불확실성은 노후의 안전망을 흔들고 있고, 그 결과 '노후파산'이나 '하류노인'이라는 신개념이 등장하는 계기가 되었다.

먼저 '노후파산'은 단순한 빈곤을 넘어 기본적인 생계유지조차 어려운 상태를 의미하며, 고령화 사회의 심각한 사회 문제로 부상하고 있다. 노후파산은 고령자가 은퇴 이후 충분한 소득원이나 자산 없이 생활비, 의료비, 주거비 등을 감당하지 못해 경제적으로 몰락하는 상태를 의미한다. 이는 단순한 저소득 상태가 아닌, 일상생활을 유지할 수 없는 수준의 재정적 붕괴를 포함하며, 종종 사회적 고립과 정신적 고통을 수반한다.

노후파산의 주요 원인으론 세 가지가 있다. 첫째, 준비되지 않은 은퇴이다. 연금이나 노후 자산이 충분히 축적되지 않은 채 은퇴를 맞이할 경우, 기본적인 생활 유지조차 어려워진다. 둘째, 고령자 취업의 한계로 인해 추가 소득을 얻기 어려운 구조도 문제다. 셋째, 자녀 부양이나 질병 등 예상치 못한 지출이 노후 재정을 급격히 악화시키는 경우도 많다.

노후파산은 개인의 삶에 국한되지 않고 사회 전체에 부담을 준다. 파산한 고령자의 생계는 결국 공공복지로 이전될 수밖에 없으며, 이는 사회보장제도의 재정 압박으로 이어진다. 또한, 파산 고령자의 사회적 고립과 자살률 증가는 공동체의 연대와 건강성을 해칠 수 있다. 가족에게 경제적·정서적 부담을 전가하는 문제도 심각하다.

'하류노인'이란 2015년 일본의 사회복지 전문가 후지타 다카노리의 저서『2020 하류노인이 온다』에서 처음 소개된 용어이다. 하류노인이란 경제적 빈곤 상태에 놓이거나, 사회적 고립, 건강 악화 등으로 인해 노후 삶의 질이 급격히 저하된 노인을 의미한다.

하류노인이 증가하게 된 배경에는 여러 복합적 요인이 존재한다. 첫째, 비정규직 확대와 저임금 구조로 인해 노후 대비가 충분히 이루어지지 못했다. 둘째, 국민연금 등 공적연금 제도의 사각지대에 놓인 이들이 많아 기본적인 소득 보장이 부족하다. 셋째, 가족해체와 1인 가구의 증가로 인해 돌봄 체계가 붕괴하였고, 노인이 사회적으로 고립되기 쉬운 환경이 조성되었다. 하류노인의 증가는 단순히 개인의 빈곤 문제가 아니라 사회 전체의 지속 가능성에 영향을 미친다. 노인의 경제력 약화는 복지 지출 증가로 이어지며, 사회적 고립은 정신건강 문제와 자살률 증가로 연결될 수 있다.

이미 초고령사회로 접어든 한국 역시 '노후파산'이나 '하류노인'의 증가와 같은 동일한 위험에 노출되어 있다. 향후 급속한 고령화와 출산율 저하, 자산 격차의 심화, 가족구조의 변화 등의 요인으로 노후파산이나 하류노인의 등장이 가속화될 전망이다. 3부 2장에서는 노후파산이나 하류노인을 생성하는 주요 원인인 5가지 경제 리스크, 즉 인플레이션, 투자, 장수, 질병, 자녀 리스크에 대해서 살펴보고 이에 대한 대응 전략을 모색해 보고자 한다.

인플레이션 리스크

인플레이션 리스크란 물가상승으로 인해 보유 자산의 실질구매력이 감소하거나, 투자에서 얻는 실질수익률이 기대에 미치지 못하는 위험을 뜻한다. 노후생활을 준비할 때 가장 간과하기 쉬운 요소 중 하나가 바로 이 인플레이션 리스크이다. 물가가 꾸준히 오르면, 현재 충분해 보이는 자산도 시간이 지남에 따라 생활비를 감당하기 어려운 수준으로 줄어들 수 있다.

물가상승은 장기적인 생활비 증가를 의미하며, 고정된 연금이나 예금에 의존하는 은퇴자들에게는 매우 현실적인 위협이 된다. 그럼에도 불구하고 많은 사람이 인플레이션의 위험성을 충분히 인식하지 못한다. 경제학자 존 메이너드 케인즈(John Maynard Keynes, 1883~1946)가 제시한 '화폐환상(Money Illusion)' 개념은 이러한 무지를 설명하는 중요한 단서를 제공한다. 사람들은 명목 금액의 변화를 실제 구매력의 변동과 혼동하는 경향이 있는데, 이는 장기적인 재정 계획을 왜곡시키고, 특히 노후 재정 안정성을 위협한다. 따라서 노후 재무설계에서 '화폐환상'을 이해하는 것은 실질적인 재무 안정을 확보하기 위한 필수 조건이다.

2부 1장에서 설명했듯이 화폐환상이란 사람들이 명목가치(Nominal Value)를 실질 가치(Real Value)와 동일시하는 인지적 오류를 뜻한다. 예를 들어, 매년 일정 금액의 연금을 받는 은퇴자가 있다고 하자. 물가가 지속적으로 상승하면 그 연금의 실제 구매력은 점점 줄어들게 된다. 그러나 금액 자체는 변하지 않기 때문에, 많은 은퇴자는 생활 수준이 그대로 유지되고 있다고 착각하기 쉽다. 이처럼 명목소득만을 기준으로 판단하면, 인플레이션이라는 '보이지 않는 세금'에 무방비로 노출될 수밖에 없다. 물가가 매년 평균 3%씩 상승할 경우, 현재 100의 구매력은 20년 후 약 54로 감소함을 다음 표에서 확인할 수 있다.

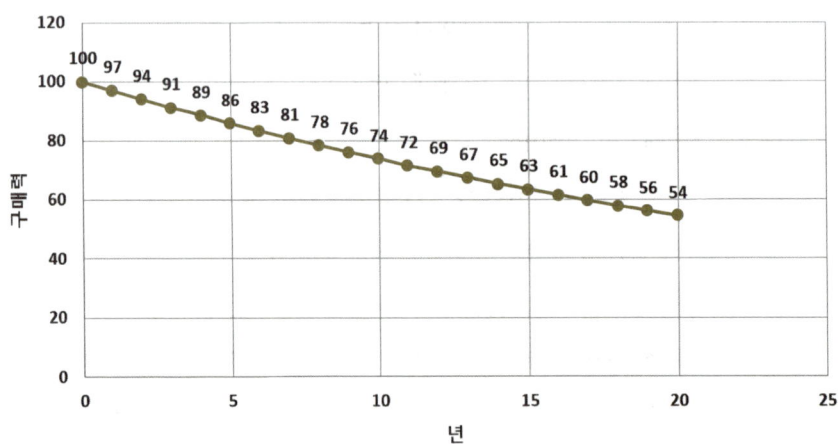

노후생활에서 화폐환상은 치명적인 재정 판단 착오를 불러올 수 있다. 국민연금과 퇴직연금을 매월 일정 금액으로 받는 은퇴자들은 겉으로는 수입이 변함없으니 생활수준도 그대로 유지된다고 생각하기 쉽다. 그러나 이 믿음은 시간이 지날수록 인플레이션이라는 보이지 않는 적 앞에서 무너진다. 예를 들어, 매월 100만 원의 연금이 10년 전에는 안정적인 생활을 가능하게 했더라도, 현재는 생필품과 의료비의 꾸준한 상승으로 인해 그 금액이 턱없이 부족하게 느껴질 수 있다. 명목상 수령액이 동일하다는 이유로 경제 상황이 악화하고 있음을 인지하지 못하는 것이다.

더 심각한 점은 인플레이션의 장기적 영향이다. 현재 1,000만 원으로 감당할 수 있었던 의료비와 생활비가 연평균 3%의 물가상승률이 지속한다면, 20년 뒤에는 그 구매력이 절반 수준으로 줄어든다. 특히 의료비, 식료품비, 주거비와 같이 노년층이 상대적으로 더 많이 지출하는 항목은 일반 소비자물가지수보다 더 빠르게 오르는 경향이 있어 체감 물가상승률은 훨씬 높게 나타난다. 이러한 현실은 장기적인 물가상승을 고려하지 않은 노후 재무계획이 얼마나 위험한지를 잘 보여준다. 명목소득에만 안주하는 순간, 노후의 재정 안전망은 서서히 약화하며, 준비 부족은 곧 생활 수준의 급격한 하락으로 이어질 수 있다.

더욱이, 한국 은퇴자들의 노후 자산 상당 부분이 예금이나 현금성 자산에 치중되어 있다는 점은 인플레이션 환경에서 심각한 위험으로 작용한다. 물가상승률이 예금 이자율을 초과하는 상황에서는 자산이 명목상으로는 그대로지만, 실질적으로는 꾸준히 줄어드는 결과를 낳는다. 특히 고령자들은 위험자산보다 안전자산을 선호하는 경향이 강한데, 이러한 성향은 화폐환상과 맞물려 인플레이션 리스크를 과소평가하게 만들고, 결과적으로 재정적 취약성을 심화시킨다.

이러한 인플레이션 리스크에 대응하기 위해서는 단순히 저축에 의존하는 전략만으로는 부족하다. 장기적으로 안정적인 현금흐름을 제공하면서 동시에 물가상승률을 상회하는 수익을 기대할 수 있는 자산으로의 분산투자가 필수적이다. 앞서 말했듯이, 주식은 변동성이 크지만, 장기적으로는 인플레이션을 초과하는 수익률을 제공하는 대표적 자산이며, 부동산은 임대료 상승을 통해 일정 부분 물가상승 위험을 완화할 수 있다. 또한, 인플레이션에 연동된 연금이나 금융상품의 활용도 적극적으로 검토할 필요가 있다. 일부 국가에서는 소비자물가지수(CPI)에 따라 연금 지급액이 자동 조정되는 제도가 시행되고 있으며, 이러한 구조는 장기적인 구매력 보전에 유리하다. 한국에서도 최근 물가 연동형 연금보험이나 TIPS(물가연동채권)에 준하는 상품들이 속속 출시되고 있어, 이를 노후 포트폴리오에 포함하는 것이 인플레이션 방어에 효과적인 대안이 될 수 있다.

물론, 인플레이션 리스크를 지나치게 두려워한 나머지 과도하게 공격적인 투자에 나서는 것은 또 다른 위험을 초래한다. 인플레이션 방어는 단기적 성과를 쫓기보다 장기적으로 균형 잡힌 포트폴리오를 구성하는 데서 출발해야 한다. 특히 은퇴 시점이 가까운 경우에는 자산의 안정성과 유동성을 동시에 고려하는 것이 필수적이다. 이를 위해서는 전문가와의 상담을 통해 개인의 재무 상황에 맞는 전략을 세우고, 주기적으로 점검하며 수정하는 과정이 필요하다.

노후생활에서 인플레이션 리스크는 단순한 경제지표나 통계수치가 아니다. 이는 생활수준 유지, 나아가 생존과 직결되는 실질적인 문제다. 안정적인 노후를 위해서는 단순히 정기적인 연금 수령에 만족할 것이 아니라, 실질구매력을 지킬 수 있는 재무 전략을 반드시 포함해야 한다. 이를 위해 인플레이션을 반영한 자산 배분, 정기적인 소비자물가지수(CPI) 확인, 금융 교육을 통한 인식 개선이 핵심이 된다. 인플레이션 리스크는 피할 수 없는 구조적 요인이지만, 사전 준비와 지속적인 대응을 통해 충분히 통제 가능한 위험이다. 노후 재정 계획에 인플레이션 방어 전략을 필수 요소로 포함하는 것, 그것이 바로 안락하고 지속 가능한 노후를 보장하는 첫걸음이다.

투자 리스크

'투자 리스크'는 투자로 기대했던 수익을 얻지 못하거나, 원금손실이 발생할 가능성을 의미한다. 노후 자산의 상당 부분은 금융자산으로 구성되어 있으며, 이는 본질적으로 다양한 시장 위험에 노출되어 있다. 주식, 채권, 부동산, 펀드 등 다양한 자산군은 각기 다른 성격의 변동성을 지니며, 경제 상황이나 정책 변화, 글로벌이슈에 따라 그 가치가 급격히 변동할 수 있다. 특히 은퇴 후에는 수입이 거의 없으므로 투자자산의 가치하락은 곧 생활의 불안정으로 이어질 수 있다.

예를 들어, 주식시장이 갑작스러운 경기침체나 글로벌 금융 위기로 인해 폭락할 경우, 노후 자산의 상당 부분이 주식에 집중된 투자자는 큰 손실을 경험할 수 있다. 2008년 글로벌 금융 위기 당시 많은 퇴직자가 노후 자산의 절반 이상을 잃는 사태가 있었고, 이들은 은퇴 후 생활 수준을 크게 낮춰야만 했다. 이처럼 투자 리스크는 노후의 삶을 직접 위협할 수 있다.

더불어 부동산 역시 과거에는 안정적인 투자처로 여겨졌으나, 최근에는 지역에 따른 가격 변동성과 유동성 부족 문제로 인해 위험이 커지고 있다. 은퇴자가 소유한 부동산을 현금화하고자 할 경우, 매각이 쉽지 않거나 가격이 예상보다 낮을 수 있어 자신의 계획에 차질이 발생할 수 있다. 또한, 금리인상 시기에는 채권의 가격이 하락하고, 대출이자 부담이 커지면서 전반적인 자산수익률이 낮아질 수 있다.

이와 함께 한국의 많은 은퇴자가 선택하는 또 다른 투자 방식은 자영업이다. 특히 한국의 경우 다음 그래프에서 보는 바와 같이 자영업 비율이 이탈리아를 제외한 다른 OECD 국가들과 비교하면 두 배 이상 높은 상황이다. 그래서 자영업자 간에 경쟁이 심하고, 조기에 폐업하는 경우도 많다.

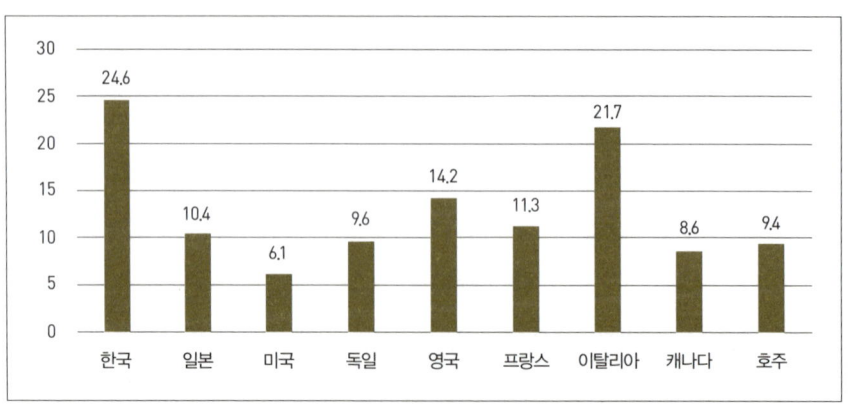

OECD 국가별 자영업 비율(%)

자료: OECD

특히, 한국 사람들의 경우 은퇴 이후 안정적인 소득원을 마련하기 위해 소규모 음식점, 카페, 편의점 등을 운영하는 경우가 많다. 그러나 자영업은 초기 투자 비용이 크고, 시장 조사 부족, 상권 변화, 인건비 상승, 과잉 경쟁 등 다양한 변수에 취약하다. 특히 경영 경험이 부족한 경우, 매출 부진이나 고정비 부담으로 인해 자본을 빠르게 소진하게 되고, 이는 노후 자산 전체의 붕괴로 이어질 수 있다.

코로나19 팬데믹 기간 동안 많은 자영업자가 폐업의 위기를 겪었으며, 이 중 상당수는 은퇴자였다. 한번 실패한 자영업은 재기의 기회가 많지 않고, 손실을 만회하기 위한 추가 투자로 더 큰 위험에 빠질 수 있다. 따라서 사영업은 노후의 안정성을 해치는 잠재적 위험으로 작용할 수 있으며, 철저한 계획과 시장분석으로 신중히 고려해야 한다.

이러한 위험에 대응하기 위해서는 무엇보다 '자산 보호'에 초점을 맞춘 전략이 필요하다. 노후의 투자 전략은 자산을 빠르게 증식시키는 것보다는, 기존 자산을 안정적으로 유지하고 예측 가능한 현금흐름을 창출하는 데 중점을 두어야 한다. 이를 위해 포트폴리오의 다변화, 즉 다양한 자산군에 분산투자를 하는 방식이 효과적이다. 이와 함께 정기적인 리밸런싱을 통해 시장변화에 따라 포트폴리오의 구조를 조정함으로써 위험을 관리해야 한다.

특히 최근에는 자산관리 서비스나 로보어드바이저, ETF 등 기술 기반의 다양한 투자 보조 수단들이 등장하고 있어 이를 활용하는 것도 좋은 방법이다. 다만, 지나치게 복잡한 구조의 금융상품이나 고수익을 내세우는 사모 상품, 또는 고정 비용이 높은 자영업 창업 등은 주의가 필요하다. 은퇴자에게는 손실 회복에 시간이 부족하다는 점에서 원금손실 가능성이 있는 투자는 철저한 검토와 전문가의 조언을 전제로 해야 한다.

투자 리스크는 통제할 수 없는 외부 요인에서 발생하지만, 투자자의 전략과 선택에 따라 그 영향을 최소화할 수 있다. 노후의 안정적인 삶을 위해서는 조급함보다 계획과 분산, 그리고 꾸준한 점검이 핵심임을 기억해야 한다.

장수 리스크

'장수 리스크'는 기대수명보다 오래 살 경우, 보유 자산이 소진되어 경제적 어려움에 직면할 가능성을 의미한다. 장수는 많은 사람에게 축복으로 여겨지지만, 재정적인 관점에서는 심각한 위험이 될 수 있다. 그래서 노후 재무설계 분야에서는 "장수는 준비된 사람에게는 축복이지만, 준비되지 않은 사람에게는 재앙이다."라는 격언까지 나왔다.

2023년 기준 한국인의 기대수명은 83.5세이고, 남성은 약 80.6세, 여성은 약 86.4세에 이르며, 100세 이상 생존자도 빠르게 증가하고 있다. 이는 1970년 62.2세(남 58.7세, 여 65.6세) 대비 약 21년 증가한 수치로, OECD 국가 중 일본(84.7세), 스페인(83.8세)에 이어 3위 수준이다. 이처럼 노후 기간이 늘어나면서 필요한 자금의 규모도 함께 증가하고 있다.

더군다나 한국은 2024년 12월 23일 기준으로 고령인구(65세 이상) 비율이 20%를 넘어 유엔이 정한 초고령사회에 진입했다. 이는 OECD 국가 중 가장 빠른 속도로, 고령사회에서 초고령사회로 진입하는 데 7년밖에 걸리지 않았다. 더 심각한 문제는 이 고령화가 앞으로 점점 더 빨라져 2060년에는 고령인구 비율이 40%에 육박한다는 것이다. 다음 도표는 한국의 1960년부터 2060년까지 100년 동안의 고령인구 비율의 추이이다.

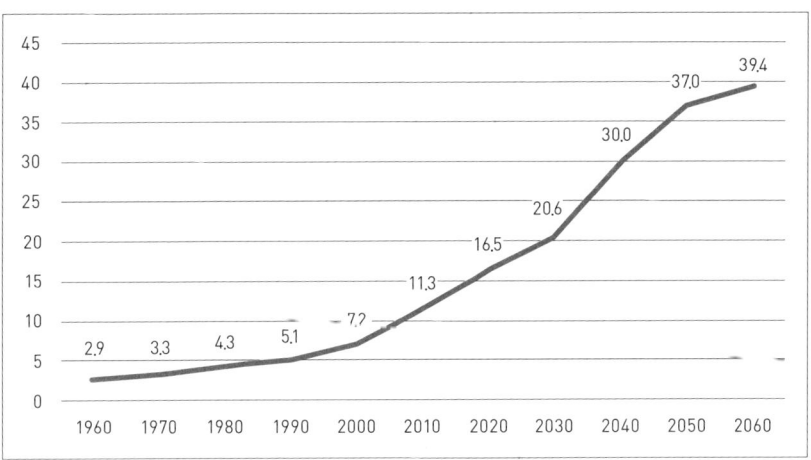

한국의 고령인구 비율(%) 추이

자료: 통계청

은퇴 후 생활비, 의료비, 주거비 등의 고정 지출은 지속되며, 이에 더해 장기 요양이나 간병이 필요한 상황이 발생할 경우 예기치 못한 고비용이 발생할 수 있다. 예를 들어, 60세에 은퇴한 사람이 100세까지 생존할 경우 최소 40년간의 생계를 준비해야 하는데, 이는 단순한 저축이나 퇴직금만으로는 충분하지 않을 수 있다.

장수 리스크의 핵심은 '예상보다 오래 사는 것'에 있다. 많은 사람이 은퇴자금 계획을 세울 때 평균수명을 기준으로 설정하곤 하지만, 이는 절반의 사람만 해당 수명 이전에 사망한다는 의미일 뿐, 나머지 절반은 그 이상을 살아간다는 것을 간과하게 된다. 평균수명보다 10~20년 더 살 수 있다는 가정하에 자신의 계획을 수립하는 것이 더 현실적이다.

이를 대비하기 위한 전략 중 하나는 정기적이고 종신형의 현금흐름을 확보하는 것이다. 국민연금은 대표적인 예로, 생존 기간에 매월 일정 금액이 지급되므로 장수 리스크를 완화하는 데 효과적이다. 여기에 더해 퇴직연금, 연금저축펀드, 종신형 연금보험 등을 통해 다층적인 소득 구조를 마련할 수 있다.

또한, 자산 일부를 장수 대비 자금으로 분리해 별도 관리하는 것도 좋은 방법이다. 예컨대 85세 이후를 위한 별도의 장기 계좌를 만들어 해당 시점까지는 인출하지 않고 운용하는 방식이 있다. 해당 자산은 더욱 보수적인 전략으로 운용되며, 예기치 못한 의료비나 요양비, 혹은 생활비로 활용될 수 있다.

장수 리스크에 대응하는 또 다른 방식은 소비 조절과 건강관리다. 장기간에 걸쳐 자산을 유지하려면 불필요한 소비를 줄이고, 필수 지출 중심의 예산 계획을 세워야 한다. 동시에 건강을 잘 관리하면 의료비 지출을 줄이고, 독립적인 생활을 더 오래 유지할 수 있어 재정적 부담이 줄어든다. 다음 도표는 장수 4대 위험과 그 해결 방법을 도식화한 것이다.

장수 4대 문제		장수 문제 해결 방법	
무전 장수 (無錢)	유병 장수 (有病)	돈의 수명을 늘려라	병치레 기간을 단축시켜라
무업 장수 (無業)	독거 장수 (獨居)	돈, 관계, 시간을 관리하라	홀로 사는 기간에 대비하라

장수 리스크는 현대사회에서 점점 더 중요한 논쟁거리가 되고 있으며, 이는 단지 오래 사는 것이 아니라 '어떻게 오래 살 것인가'에 대한 질문으로 이어진다. 사전에 철저한 재무계획과 연금 체계 활용, 그리

고 건강한 생활 습관을 통해 장수라는 축복을 위기로 만들지 않는 것이 중요하다.

질병 리스크

'질병 리스크'란 노년기에 발생할 수 있는 각종 질병과 건강 이상으로 인해 발생하는 의료비, 요양비, 간병비 등의 지출 위험을 의미한다. 노후에는 건강의 악화가 불가피하게 찾아오며, 이는 경제적인 부담으로 직결된다. 평균수명이 늘어나는 만큼, 살아 있는 기간 동안 건강하게 지내는 '건강수명'이 더 중요해졌으며, 질병으로 인한 경제적 위협은 노후생활의 안정성을 크게 흔들 수 있다.

고령층이 흔히 겪는 질환으로는 고혈압, 당뇨, 관절염, 치매, 심혈관질환 등이 있으며, 이러한 만성질환은 단발성 치료보다 지속적인 관리와 약물 복용, 의료서비스 이용이 필요하다. 특히 치매와 같은 중증질환의 경우 본인뿐 아니라 가족 구성원에게도 정신적·물리적·경제적 부담을 초래한다. 장기 요양이 필요한 상태가 되면 전문 시설 이용이나 간병인 고용 등의 비용이 수반되며, 이는 매월 수백만 원에 이를 수 있다.

질병 리스크의 특징은 예측이 어렵고, 발생 시점이 늦을수록 비용이 더 많이 들 수 있다는 점이다. 건강할 때는 병원비 지출이 적기 때문에 간과하기 쉽지만, 한번 중대 질병이 발생하면 자산의 상당 부분이 단기간에 소진될 수 있다. 특히 한국의 시니어 세대가 가진 자산은 대부분 부동산에 편중되어 있으므로, 유동성이 부족해 제때 의료비를 감당하지 못하는 경우도 생긴다.

　이를 대비하기 위한 대표적인 수단은 건강보험과 실손의료보험이다. 실손보험은 실제 부담한 의료비의 일정 부분을 보장해 주는 구조이기 때문에, 고령기에 필수적인 보험 상품으로 간주된다. 또한, 장기요양보험이나 간병보험 등 특화된 상품을 통해 돌봄 비용까지 대비하는 것도 바람직하다. 최근에는 치매 전용 보험, 호스피스 케어 특약 등 맞춤형 상품도 다양하게 출시되고 있어, 본인의 건강상태와 가족력을 고려해 적절히 선택해야 한다.

　예방 중심의 건강관리도 중요하다. 규칙적인 운동, 건강한 식습관, 스트레스 관리, 정기적인 건강검진은 질병의 조기 발견과 치료로 이어지며 장기적인 의료비를 절감하는 데 효과적이다. 또한, 공공 의료 서비스를 적극적으로 활용하고, 지자체에서 제공하는 노인 건강 프로그램에도 참여하는 것이 도움이 된다.

　질병 리스크에 대비하기 위한 또 하나의 전략은 가족과의 사전 논의다. 질병 발생 시 어떤 방식으로 치료와 간병을 받을 것인지, 자산은 어떻게 활용할 것인지 등을 미리 계획해 두면 위기의 순간에도 효율적인 대응이 가능하다. 이는 경제적 부담뿐만 아니라 가족 간의 갈등을 줄이는 데에도 기여한다.

　질병 리스크는 노후 삶의 질을 좌우하는 핵심 요소 중 하나이며, 단순히 질병 자체보다 그것이 가져오는 경제적 파급효과에 주목해야 한다. 예방과 대비, 그리고 제도적 장치를 적극적으로 활용하여 질병 리스크를 관리하는 것이 안락하고 품위 있는 노후생활의 핵심이다.

자녀 리스크

'자녀 리스크'는 자녀의 경제적 자립 실패로 인해 부모 세대가 노후에도 지속적으로 경제적, 정서적 부담을 지는 상황을 의미한다. 한국의 경우 고령화가 가속화되는 상황에서 자녀 리스크가 노후 빈곤의 주요 원인 중 하나로 주목된다. 은퇴 이후의 고정 수입이 줄어드는 시점에, 자녀에게 주거 공간을 제공하거나 생활비를 지원해야 하는 경우 부모의 노후 자산은 급격히 소진될 수 있다. 또한, 이러한 부양은 단순히 금전적인 문제에 그치지 않고, 고령자의 정신건강과 삶의 질에도 부정적인 영향을 미친다.

한국 사회에서는 전통적으로 부모 세대는 자녀를 위한 경제적 지원을 당연하게 여기는 경향이 있다. 특히, 자녀의 학자금 지원, 결혼자금, 주택자금 등을 부모의 몫으로 간주하는 문화가 강하다. 그러나 이러한 문화는 노후 재정 안정성에 부정적인 영향을 미치는 주요 원인이 된다. 특히 최근에는 고물가, 고주거비, 취업난 등으로 인해 자녀의 독립 시기가 늦어지고 있으며, 그로 인해 부모의 경제적 부담은 점점 커지고 있다. 일부 부모는 퇴직금이나 연금을 조기에 인출하거나, 본인의 주택을 담보로 대출을 받아 자녀를 돕기도 한다. 그러나 이러한 지원은 부모의 노후를 불안정하게 만들게 되고, 심할 경우 파산에 이르게 된다.

자녀 리스크는 경제적인 문제뿐만 아니라 정서적인 차원에서도 부담이 된다. 자녀가 독립하지 못하거나 무한 지원을 요구할 경우, 부모는 심리적 스트레스를 겪게 되고, 가족 간 갈등이 발생할 수 있다. 특히 자녀가 미취업 상태이거나 이혼, 질병 등의 이유로 되돌아올 때는 부모의 경제력과 정신적 여유가 심각하게 시험받게 된다.

특히, 최근에는 성인 자녀들이 경제적 독립을 이루지 못하고 부모에게 의존하는 이른바 '캥거루족' 현상이 사회적 문제로 대두되고 있다. '캥거루족'이라는 표현은 호주 동물 '캥거루(Kangaroo)'에서 유래한 신조어로, 성인이 되었음에도 부모에게 경제적으로 의존하며 독립하지 않는 사람들을 지칭한다. 이 용어는 한국에서 2000년대 초반부터 본격적으로 사용되기 시작했다. 경제불황과 함께 취업난이 심화하면서 대학 졸업 이후에도 독립하지 못한 청년들이 늘어난 것이 배경이다. 영어권에서는 유사 개념으로 부메랑 키즈(Boomerang Kids)라는 표현을 사용한다. 초기에는 주로 20대 미혼 청년층을 지칭했지만, 최근에는 30대까지도 캥거루족에 포함되며, 그 범위가 40대로 점차 확장되고 있다.

최근 통계청 자료에 따르면, '캥거루족'이 314만 명에 달하며, 이 중 30~40대만 65만 명에 이르는 것으로 나타났다. 이는 전체 캥거루족의 약 20%에 해당한다. 이러한 현상은 미혼율 증가, 취업의 불안정, 고주거비 등의 구조적 요인과 함께, 결혼과 독립에 대한 문화적 인식 변화가 복합적으로 작용한 결과이다. 특히 30대 남성의 절반 이상이 미혼이라는 사실은 독립 지연과 동시에 부모 의존의 장기화를 의미한다.

다음은 2030세대 캥거루족 비율을 나타낸 도표이다. 2025년에는 2000년에 비해 약 1.7배 증가하였으며, 이는 2030세대 캥거루족이 매년 급격히 늘고 있다는 사실을 증명한다. 만약에 여기에 40대까지 추가한다면 그 비율은 50%를 초과할 것이다.

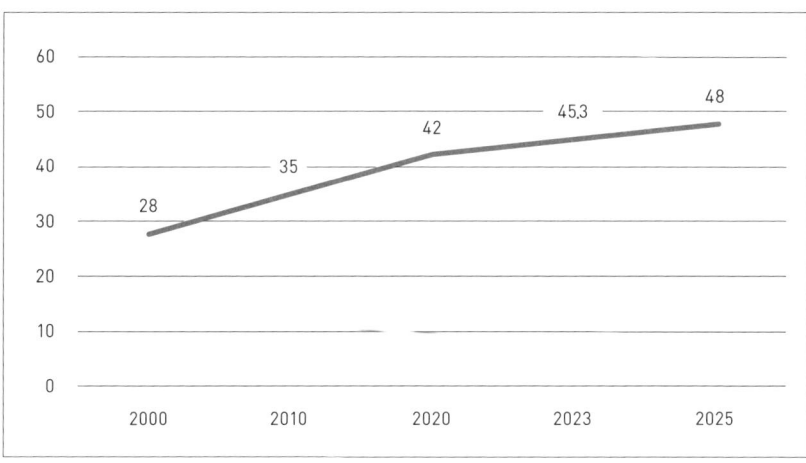

캥거루족이 이렇게 급격히 늘고 있는 현상은 단순히 젊은 세대의 자립 지연을 의미하는 것을 넘어, 부모 세대의 노후 준비와 안정에도 심각한 영향을 미치고 있다. 특히 은퇴 이후 일정한 소득이 없는 고령층 입장에서, 자녀 부양이라는 예상치 못한 지출이 노후의 큰 위협 요인이 되고 있다.

자녀 리스크에 대한 대응 전략은 무엇보다 '경계의 설정'에서 출발해야 한다. 자녀에 대한 경제적 지원은 '가능한 범위 내에서, 명확한 조건하에' 이루어져야 하며, 부모 자신의 노후 준비가 우선이라는 점을 인식해야 한다. 무엇보다도 자녀에게 미리미리 '노후 자산은 부모의 생계유지에 필수적인 것'이라는 점을 분명히 인식시키는 것이 중요하다.

또한, 자산관리 측면에서는 유언장, 가족 신탁 등의 제도를 활용해 자산의 용도를 명확히 하고, 자녀와의 사전 합의를 통해 갈등을 예방할 수 있다. 특히 장기적으로는 자녀가 독립할 수 있도록 조력하는 것이 중요하며, 경제적 지원보다 직업교육이나 진로상담, 심리적 독립을 돕는 지원이 더 효과적일 수 있다.

사회적 차원에서는 성인 자녀의 자립을 돕는 공공 프로그램, 청년 주거 정책, 취업 지원 서비스 등을 활용하도록 유도하고, 부모 스스로는 재무 상담이나 노후 준비 교육을 통해 의사결정 역량을 강화할 필요가 있다. 이는 자녀와 부모 모두가 각자의 삶을 존중받으며 살아갈 수 있는 기반을 마련하는 데 도움이 된다.

자녀 리스크는 노년기의 경제적 위기를 초래할 수 있는 대표적인 내부 요인 가운데 하나다. 자녀에 대한 사랑은 존중받아야 하지만, 부모의 노후를 희생하는 방식으로 이어져서는 안 된다. 부모와 자녀 모두가 건강한 독립성을 유지하기 위해서는 균형 잡힌 지원과 명확한 경계 설정이 필요하다.

이상에서 노후를 위협하는 5가지 경제 리스크에 대해서 살펴보았다. 노후는 준비된 자에게는 축복이지만, 그렇지 않은 자에게는 위기의 연속이 될 수 있다. 인플레이션, 투자, 장수, 질병, 자녀 리스크는 각각 독립적으로 존재하기보다는 복합적으로 작용하여 노후 삶의 안정성을 흔든다. 따라서 이들 위험을 정확히 인식하고, 사전에 체계적인 대비책을 마련하는 것이 무엇보다 중요하다. 재정 전문가의 조언을 구하고, 평생 학습을 통해 금융 이해력을 높이는 것도 현명한 전략이 될 것이다.

3부 2장 이해를 위한 Q&A

Q. 인플레이션 리스크란 무엇이며, 어떻게 대비할 수 있나요?
A. 인플레이션 리스크는 물가상승으로 인해 은퇴 후 자산의 실질구매력이 줄어드는 위험을 말합니다. 특히 고정 연금만 의존할 경우 생활비 부족 문제가 발생할 수 있습니다. 이를 대비하기 위해서는 물가 연동 자산(물가채, 인플레이션 연동 연금), 배당주 · 리츠 · ETF 같은 실물자산 투자, 그리고 생활비 구조 조정을 통해 구매력 하락을 최소화하는 전략이 필요합니다.

Q. 투자 리스크는 왜 발생하며, 어떤 전략이 필요할까요?
A. 금융시장 변동으로 인한 자산 가치 하락 위험입니다. 특히 은퇴 후에는 손실을 만회할 시간이 부족하기 때문에 큰 타격이 될 수 있습니다. 이를 줄이려면 주식 · 채권 · 현금의 분산투자, 리밸런싱, 정기적인 자산 점검이 필요합니다. 안정적인 현금흐름을 만드는 배당주 · 채권 · 월지급식 펀드 같은 상품 활용도 좋은 방법입니다.

Q. 장수 리스크는 무엇인가요?
A. 기대수명보다 더 오래 사는 경우 자산이 먼저 소진되어 노후 빈곤으로 이어지는 위험입니다. 장수 리스크를 줄이려면 국민연금 · 퇴직연

금 · 개인연금 같은 종신 소득원 확보가 핵심입니다. 또한 연금 개시 시점을 늦추는 전략과 건강 관리로 의료비 지출을 최소화하는 것도 장수 리스크 관리의 중요한 방법입니다.

Q. 질병 리스크는 어떻게 관리할 수 있나요?
A. 질병 리스크는 은퇴 후 발생할 수 있는 중대 질환, 장기 요양, 간병 비용 부담을 뜻합니다. 장수와 더불어 노후파산의 주요 원인이 됩니다. 이를 대비하려면 건강보험 · 실손보험 · 간병보험 등 적절한 보장성 보험을 유지하고, 평소에 건강관리 습관을 들여 질병 발생 가능성을 낮추는 것이 필요합니다.

Q. 자녀 리스크란 무엇이며, 어떻게 대처해야 하나요?
A. 성인 자녀에게 과도한 경제적 지원(주택 자금, 결혼 비용, 학자금 등)을 하다가 본인의 노후 자산이 고갈되는 위험입니다. 자녀 지원은 원칙적으로 한도와 기준을 정해 계획적으로 해야 하며, 자신의 노후 자산을 침해하지 않는 범위에서 이뤄져야 합니다. 필요할 경우 증여 · 상속 계획을 조기에 세우는 것도 방법입니다.

3장

노후를 위한 새로운 시각

"부자가 되려면 소유를 늘릴 것이 아니라,
 욕망을 줄여야 한다."

-디오게네스-

변화방정식

우리는 삶의 어느 시점에서든 변화를 마주한다. 특히 노년기는 변화와 학습이 더욱 중요한 시기이다. 경영학의 권위자 리처드 베카드와 루빈 해리스는 '변화방정식(Change Equation)'이라는 개념을 통해 조직 변화의 이론을 제시하며, 어떻게 조직 내에서 변화를 성공적으로 끌어낼 수 있는지에 대해 설명했다. 그들은 변화의 원리와 그 과정을 이해하는 것이 변화에 능동적으로 대응하는 데 중요함을 강조했다. 이 이론은 노년기의 삶에도 깊은 통찰을 준다. 변화는 대부분의 경우 두렵고 불안하지만, 이를 이해하고 받아들일 때 우리는 성장할 수 있다.

베카드와 해리스는 변화방정식을 다음과 같은 수식으로 표현했다.

$$\Delta V = D \times M \times P \rangle C$$

여기서 ΔV는 변화의 필요성, D는 현재에 대한 불만, M은 목표, P는 실행을 의미하며, C는 변화에 대한 저항을 뜻한다. 이를 풀어서 쓰면 다음과 같다.

변화의 필요성(ΔV)=불만(D)×목표(M)×P(실행) 〉 C(저항)

이 방정식은 변화가 성공적으로 이루어지기 위해서는 불만(D), 목표(M), 실행(P)이 모두 갖추어지고, 그 곱이 저항(C)보다 커야 한다는 것을 의미한다. 여기서 말하는 저항은 귀찮음, 불편함, 낯선 것에 대한 두려움, 삶의 관성 등을 포함한다. 또한, 이 방정식에서 주의할 것은 중간에 있는 연산기호가 곱셈이라는 사실이다. 앞의 불만(D), 목표(M), 실행(P) 이 세 가지 중 어느 한 가지만 결여가 되어도 결과는 '0'이다. 그래서 '변화'는 어렵다.

변화방정식의 핵심은 '변화의 필요성', '리더십의 역할', 그리고 '저항의 존재'이다. 베카드와 해리스는 '저항의 감소'가 변화를 성공적으로 끌어내는 핵심이라고 언급했다. 이를 노년기에 적용해 본다면, 많은 사람이 나이가 들수록 변화에 대한 저항을 느끼며, 현재 상태에 안주하려는 경향을 보인다. 노년에 접어들면 과거의 경험과 지혜가 쌓여 있지만, 그에 비례해 새로운 것을 받아들이는 데 어려움을 겪을 수 있다.

하지만 노년기에도 끊임없이 변화와 배우려는 의지가 필요하다. 예를 들어, 스마트폰 등 최신 기술을 배우고, 새로운 취미를 시도하는 등의 작은 변화들이 삶의 질을 높이고, 정신적·육체적 건강을 유지하는 데 중요한 역할을 한다.

몇 년 전 한 취업 사이트가 직장인 1,000여 명을 대상으로 '직장인 퇴출 유형'에 관한 설문조사 결과 역시 우리 시니어들에게 시사점을 준다.

직장에서 퇴출해야 하는 유형 1위는 변화를 거부하는 '스컹크형'으로, 설문조사에 답변한 직장인 전체의 17.5%가 이를 꼽았다. '스컹크형'이란 주변의 변화를 감지하지 못하는 사람을 빗대는 말이다. 원래 스컹크는 적의 위협을 피하고자 방귀를 뀌어 위기를 모면했다. 그러나 북미에 간선도로가 늘어나자, 지나가는 자동차에도 방귀를 뀌다가 수없이 차에 치여 죽으며 멸종위기에 처하게 되었다. 즉, 변화를 거부함으로써 당면한 위기에 적절하게 대응하지 못하는 유형이 이에 속한다.

직장인들이 퇴출 유형으로 뽑은 직장인에는 변화에 대응이 느린 '삶은 개구리형'도 있다. '삶은 개구리형'이란 변화를 인식하지 못하는 사람을 비유하는 말이다. 개구리를 뜨거운 물에 넣으면 즉시 반응하여 뛰쳐나간다. 그러나 차가운 물에 넣어 서서히 온도를 올리면, 변화에 둔감해져 결국 죽음을 맞이하게 된다. 삶은 개구리형 인간은 변화가 서서히 다가올 때 이를 인식하지 못하고, 상황이 악화하기 전까지 아무런 대응을 하지 않는다. 그리고 결국 그 변화가 이미 심각한 상황에 도달해 문제의 해결이 불가능해진다.

이러한 두 가지 유형의 인간은 노년기에 접어드는 우리의 태도와도 직결된다. 노년기에는 스컹크형이나 삶은 개구리형처럼 변화를 두려워하거나 회피하는 경우가 많다. '나는 나이가 들었으니 변화할 필요가 없다.'라는 생각은 굳어진 사고방식으로, 점차 삶을 단조롭게 만들고, 정체를 초래할 수 있다.

또한, 변화에 대한 태도를 설명하는 스펜서 존슨의 『누가 내 치즈를 옮겼을까?』는 두 마리의 쥐, '헴(Hem)'과 '호(Haw)'를 통해 변화를 대하는 방식의 차이를 보여 준다. '헴'은 변화를 부정하고 저항하며, '호'는 새로운 환경을 수용하고 적극적으로 대처한다. 헴과 달리 호는 두려움을 딛고 새로운 치즈를 찾아 나섬으로써 변화에 적응하는 지혜와 용기를 성취했다. 그는 과거의 집착을 내려놓고 앞으로 나아가는 과정 속에서 성장과 자유를 경험하게 되었다. 이들은 각각 변화에 저항하는 사람과, 변화를 수용하고 주도하는 사람의 전형을 보여 준다.

변화는 피할 수 없다. 아니, 우리는 이미 21세기의 변화의 소용돌이 한가운데 있다. 이 변화를 받아들이고 능동적으로 적응하려는 자세는 노년기에도 꼭 필요하다. 과거에 대한 집착을 버리고 미래를 향해 나아갈 때 비로소 진정한 성장과 자유를 경험할 수 있다. 변화는 젊은 세대만의 숙제가 아니라, 나이에 상관없이 삶을 풍요롭게 만드는 방식이다. 오히려 시니어들이 쌓아 온 경험과 지혜는 변화를 받아들이는 데 큰 자산이 된다.

노년기에도 변화는 계속되어야 한다. 노후의 삶을 빛나게 만들기 위해서는 단순히 물리적 변화만이 아니라, 정신적 변화도 중요하다. 핵심은 '아직도 배울 것이 있다', '나는 여전히 변화할 수 있다'는 적극적인 의지와 유연한 사고를 잃지 않는 것이다. 그러니 스스로에게 물어보자. 지금 나의 변화를 가로막는 가장 큰 저항(C)은 무엇인가? 그 답을 찾아가는 과정이 의미 있는 변화의 시작이다. 그리고 지금 당장, 크지 않더라도 변화를 향한 첫 걸음(P, 실행)을 내딛어 보자.

돈에 대한 이중성과 바른 태도

지금으로부터 약 36년 전인 1989년, 미국의 저명한 신학자 리처드 포스터(Richard J. Foster)는 돈, 섹스, 권력이라는 세속적인 주제를 과감히 기독교 세계로 끌어들였다. 그가 이 민감한 주제를 책 제목으로 사용한 이유는, 이 세 가지가 비종교인뿐 아니라 그리스도인에게도 세상 속에서 피할 수 없는 가장 강력한 도전이기 때문이었다.

포스터는 인간, 특히 기독교인들이 직면하는 최대의 난제를 돈, 섹스, 권력이라는 세 가지로 압축했다. 그러나 필자는 그중에서도 가장 큰 난제는 돈이라고 생각한다. 그 이유는 섹스와 권력에 대한 욕망보다 돈에 대한 욕망이 더 근원적이고 깊숙이 뿌리 박혀 있기 때문이다. 돈의 욕망이 더 근원적인 것은 당연하다. 섹스가 없어도 살 수 있고, 권력이 없어도 살 수 있지만, 돈 없이는 살 수 없기 때문이다. 이 점에서 기독교인 역시 예외가 아니다.

필자는 자본주의 국가의 대표 모델이라 할 수 있는 미국에서 자본주의의 핵심 학문인 경영학 박사학위를 취득했다. 이후 중국과 한국의 대학에서 오랫동안 재무관리를 강의한 교수이자, 선교지에서 20여 년간 활동한 선교사이기도 하다. 필자가 기독교인임에도 '돈'에 큰 관심을 두는 이유는, 한편으로는 전공이 재무관리이기 때문이며, 또 다른 한편으로는 돈이 우리 생활에서 필수 불가결한 요소이기 때문이다. 기독교인이든 비기독교인이든, 우리가 살아가는 데 있어 돈이 가장 중요한 것 중 하나라는 사실을 부정할 사람은 거의 없을 것이다.

그러나 돈만큼 세상 사람들, 특히 그리스도인을 시험에 빠뜨리는 것도 드물다. 성경에서도 돈을 경계하라는 경고를 여러 차례 강조하고 있다. 따라서 우리는 돈에 대해 올바른 가치관을 가지고 접근해야 하며, 어떻게 다루어야 하는지를 분명히 알아야 한다.

한국 사회는 역사적·문화적으로 유난히 돈을 무시하거나 겉으로 드러내지 않으려는 경향이 강하다. 이러한 태도는 한국의 기독교 문화에도 깊게 스며들어, 목사나 선교사와 같은 교직자들에게는 옛 선비들처럼 돈에 대해 초연한 자세를 갖는 것이 중요한 덕목 중 하나로 여겨지고 있다.

한국인들이 지닌 '돈에 대해 겉으로는 무관심한 듯 행동하면서도, 속으로는 그 어느 나라 사람들보다 강한 집착을 보이는 이중적인 태도'의 원인은 무엇일까? 그 이유는 무엇보다 한국인의 사고 깊숙이 뿌리내린 유교사상에 있는 것 같다.

상명대 중문과 김경일 교수는 베스트셀러 저서『공자가 죽어야 나라가 산다』에서 이렇게 비판하였다.

> 공자의 도덕은 '사람'을 위한 도덕이 아니라 '정치'를 위한 도덕, '남성'을 위한 도덕, '어른'을 위한 도덕, '기득권자'를 위한 도덕, 심지어 '주검'을 위한 도덕이었다. 그 결과, 공자의 도덕을 받아들인 유교 문화는 정치적 기만과 위선, 남성 우월 의식과 여성 착취, 젊음과 창의성의 말살, 그리고 주검 숭배가 낳은 우울함으로 가득할 수밖에 없다.

필자는 그의 의견에 일정 부분 동의하지만, 전적으로 수용하지는 않는다. 모든 현상에는 부정적인 측면과 긍정적인 측면이 공존하듯, 공맹(孔孟)으로 대표되는 유교 사상 역시 마찬가지라고 생각하기 때문이다.

즉, '군자(君子)'라는 이상을 세우고 인의와 예학을 전한 공자와 맹자의 가르침 자체가 잘못된 것이 아니라, 그 정신을 올바로 배우지 못한 미숙한 자들이 군자인 척하며 그 가르침을 무기 삼아 하층계급을 착취하고, 그 착취를 감추기 위해 위선적인 태도를 보인 것이 문제의 본질이라는 것이다. 따라서 필자가 책을 집필한다면, 그 제목을 '공자가 제대로 죽어야 나라가 산다'로 정했을 것이다.

다시 말해, 한국 사회에서 타파해야 할 대상은 유교 그 자체가 아니라, 유교의 인(仁)과 덕(德)의 정치를 가장하면서 축재를 위해 노비와 하층계급을 착취했던 조선의 위선적인 지배층이며, 불행하게도 그러한 구조와 행태는 오늘날까지도 여전히 이어지고 있다.

조선 지배층의 위선적인 태도를 보여 주는 대표적 사례로 퇴계 이황을 들 수 있다. 그를 선택한 이유는, 이황에 관한 역사적 기록과 연구 자료가 비교적 풍부하여 당시 지배층의 행태를 구체적으로 살펴볼 수 있기 때문이다.

> 빈약(貧約, 가난하고 검소함)을 편안하게 여기고 담박(淡泊)을 좋아했으며 이끗이나 형세, 분분한 영화 따위는 뜬구름 보듯 하였다.

이상은 『조선왕조실록』에 기록된 퇴계 이황에 대한 평가이다. 조선 성리학의 거두로 꼽히는 이황이 사망하자, 사관이 그의 인물평을 실록에 남긴 사실만 보아도 그가 당대에 차지한 위상이 얼마나 높았는지를 알 수 있다.

이 실록에서는 이황을 '돈'을 초개와 같이 여기는 선비의 표상으로 기술하고 있다. 그러나 실제 그의 삶이 과연 그러했을까? 역사적 기록을 살펴보면, 이황은 평생 부를 축적하기 위해 적극적으로 노력했고, 사망 후에는 자손들에게 상당한 규모의 토지와 수많은 노비를 물려준 대지주였다.

성리학의 영향을 받은 조선 사대부들은 이재(利財)를 추구하는 것을 도덕적 결함이자 죄악으로 여겼다. 이는 사농공상(士農工商) 신분 체계에서 상인을 가장 하층에 두었던 이유이기도 하다. 그들은 부의 축적과 재물에 대한 집착이 인간의 본성을 해치고 도리를 흐트러뜨린다고 보았으며, 이러한 인식은 결국 상공업의 발달을 의도적으로 억누르는 결과를 가져왔다.

그러나 조선 사대부들도 생활을 유지하고 권력을 지탱하기 위해서는 반드시 재물이 필요했다. 이에 그들은 상공업이 아닌 다른 방식으로 재산 증식에 몰두했던 것으로 보인다. 직접 상공업에 투자하거나 운영하는 것은 신분적·관습적 제약 때문에 불가능했으므로, 그들이 눈을 돌린 대상은 바로 노비(奴婢)와 전답(田畓)이었다.

조선 시대 양반 가문에서는 장차 유산을 둘러싼 분쟁을 방지하기 위해 유언 형식의 '분재기(分財記)'를 남기는 관습이 있었다고 한다. 이황의 경우에도 그의 유일한 상속자였던 이준이 자녀들에게 재산을 물려주며 작성한 분재기가 전해지는데, 이를 통해 당시 이황 가문의 재산 규모를 대략 짐작할 수 있다. 특히 이 분재기는 이황이 세상을 떠난 지 불과 16년 후인 1586년에 작성된 것이어서, 이 분재기를 근거로 이황 재산의 대략적인 추정이 가능하다. 다음 표는 중앙일보 유성운 기자가 이수건 영남대 명예교수의 연구 자료를 토대로 이준의 분재기를 정리한 것을, 필자가 재작성한 것이다.

이황의 아들 이준의 분재기

구분	밭(田)	논(畓)	노비(奴婢)
장자	416 두락	248 두락	97명
장녀	356 두락	216 두락	72명
2남	340 두락	233 두락	61명
2녀	354 두락	250 두락	64명
3남	429 두락	253 두락	73명
합계	1,895 두락	1,200 두락	367명

당시 조선의 일반적인 지주들이 보유한 재산이 전답 300~500두락, 노비 100여 명 수준이었다는 점을 감안하면, 전답 3,000여 두락과 노비 300여 명을 거느린 이황은 명백히 대지주였다고 할 수 있다. 이는 그가 평생 동안 매우 적극적으로 재산을 축적했음을 보여 주는 분명한 증거라 할 수 있다.

조선 중기까지만 해도 노비는 토지보다 더 가치 있는 재산으로 여겨졌다고 한다. 당시에는 경작되지 않은 땅이 많았으므로, 노비만 충분히 보유하고 있다면 토지를 확보하고 경작지를 늘리는 것이 상대적으로 쉬웠기 때문이다. 이 때문에 이황을 비롯한 조선의 사대부들은 노비의 규모를 확대하는 데 큰 노력을 기울였던 것으로 보인다.

이황을 예로 들어 후손들에게는 미안한 일이지만, 이황뿐만 아니라 조선시대 대부분의 사대부 역시 재산 축적을 열심히 하였다는 것은 부인할 수 없는 사실이다. 이러한 사실은 다양한 역사적 자료를 통해 충분히 고증되고 있다.

이처럼 문제의 본질은 유교의 가르침 자체가 잘못된 것이 아니라, 그 예를 배웠음에도 불구하고 이를 축재의 수단으로 삼은 인간의 욕심이었다. "많이 배운 사기꾼이 더 위험하다."라는 말이 바로 이 경우에도 정확히 들어맞는다고 할 수 있다.

이러한 '돈'에 대한 위선적인 태도는 시대와 장소를 불문하고 반복되어 온 것 같다. 2,000여 년 전 기록된 성경에도 위선에 대한 경계가 분명하게 나타난다. 당시 예수는 대제사장, 바리새인, 서기관 등 유대 종교 지도자들의 탐욕과 위선을 자주 꾸짖었다. 그들은 겉으로는 경건하게 순종하는 듯 보였지만, 실제로는 돈을 숭배하고 자기 자신을 더 사랑했다. 종교의식은 그들의 가면이었고, 이를 통해 자신을 의롭고 흠 없는 사람처럼 꾸몄다. 그들의 죄목은 돈을 신처럼 섬긴 '우상숭배'와, 이를 은폐한 '위선'이다.

> 화 있을진저 외식하는 서기관들과 바리새인들이여 회칠한 무덤 같으니 겉으로는 아름답게 보이나 그 안에는 죽은 사람의 뼈와 모든 더러운 것이 가득하도다(마 23:35).

예수님이 말한 '외식'의 의미는 실제로 그렇지 않으면서 겉으로만 보기 좋게 꾸며 드러내는 것을 뜻한다. 이 단어의 헬라어 원문은 '휘포크리노마이(ὑποκρίνομαι)'로, '~인 체하다'라는 의미가 있다. 본래 '외식하는 자'라는 표현은 가면을 쓰고 연극을 하는 배우를 가리키는 말이었으나, 성경에서는 이를 가식과 위선을 나타내는 표현으로 사용하였다.

재미있는 사실은 현대 회계학에서 장부를 거짓으로 조작하는 행위를 '분식회계'라고 부른다는 점이다. 영어로는 '윈도우 드레싱(Window Dressing)'이라 하며, 이는 겉을 화려하게 치장하여 실체를 부풀리는 것을 뜻한다.

　예수님께서 돈에 대한 탐욕과 이를 교묘히 감추려는 위선을 강하게 경계하신 이유는 분명하다. 당시 유대 사회에서 서기관과 바리새인들은 겉으로 보기에 매우 신앙적이며 율법을 철저히 지키는 사람처럼 보였다. 그러나 예수님의 시선은 그들의 내면을 꿰뚫었다. 그들은 거룩한 성직자의 외양을 하고 있었지만, 실제로는 돈을 위해서라면 어떤 일도 서슴지 않는 탐욕스러운 자들이었다. 바로 이러한 이유로 예수님은 그들을 '위선자'라고 단호히 꾸짖으셨던 것이다.

　이상에서 돈에 대한 '탐욕'과 그 탐욕을 교묘히 감추는 '위선'에 대해 필자의 견해를 피력하였다. 돈은 우리가 살아가는 데 필수 불가결한 요소임이 분명하다. 그러나 돈을 지나치게 중시해서도, 지나치게 무시해서도 안 된다. 인간은 본래 좌우 어느 한쪽으로 쉽게 치우치는 성향이 있기에, 중립적인 자세를 유지하는 일은 절대 쉽지 않다. 그럼에도 불구하고 우리는 돈에 대해 균형 잡힌 시각을 견지하기 위해 끊임없이 노력해야 한다.

　돈에 지나치게 집착하거나 한탕주의를 좇게 되면, 결국 돈의 지배를 받게 된다. 이는 "술을 마시다 보면 결국 술이 사람을 마신다."라는 말과 같다. 돈은 바닷물과 같아서, 바닷물을 마실수록 갈증이 더해지듯이, 돈은 가지면 가질수록 만족이 아닌 더 큰 갈증을 불러온다.

　특히 나이가 들수록 돈에 대한 노욕(老慾)을 경계해야 한다. 나이가 들면 신체가 약해짐과 함께 마음도 약해지고, 무엇인가에 의지하고자 하는 마음이 커지게 된다. 이때 그 의지의 대상이 돈이 되기 쉽다.

　또한, 돈을 지나치게 무시해서도 안 된다. 필자가 자주 하는 말이지만, 이제 장수는 '위험'을 넘어 '재난'의 수준에 이르고 있다. 경제적 준비 없이 맞이하는 장수는 정말로 끔찍한 결말을 초래할 수 있다는 사실을 명심해야 한다.

돈이나 축재에 대한 노욕은 버리되, 경제적인 노후 준비를 미리 철저히 하는 사람이야말로 100세 시대, 나아가 100+ 시대를 살아가는 현명한 시니어라고 할 수 있다.

노후 플렉스(Old Flex)

최근 언론과 SNS에서는 '노후 플렉스'라는 신조어가 등장하여 주목을 받고 있다. 이 용어는 단순히 경제적으로 풍요로운 노후를 의미하는 것이 아니라, 사전에 철저히 준비한 사람만이 누릴 수 있는 여유롭고 품격 있는 삶을 상징한다. 이 파트에선 이러한 '노후 플렉스' 개념을 바탕으로, 오늘날 노후를 둘러싼 현실과 준비의 필요성, 그리고 실현 가능한 대안에 대해 고찰하고자 한다.

필자는 최근 SNS에서 노후대책과 관련된 기사를 읽다가 '노후 플렉스'라는 다소 생소한 단어를 접했다. 이는 '여유로운 노후'를 의미하며, 필자는 이를 영어로 'Old Flex'라고 번역해 보았다. 요즘처럼 신조어가 거의 매일 등장하는 시대에는, 노년 또한 시대 흐름에 뒤처지지 않기 위해서 이러한 용어와 개념에 대한 이해를 게을리해서는 안 된다. 해당 기사의 핵심은 '노후(65세 이후)에 비교적 여유롭게 살기 위해서는 준비를 얼마나, 또 어떻게 해야 하는가'였다. 통계에 따르면 부부 기준 노후 최소 생활비는 월 250만 원, 적정 생활비는 월 300만 원에 달한다.

적정 생활비가 월 300만 원이라면, 약간의 여유를 누리며 살기 위해서는 최소 월 300만 원 이상의 소득이 필요할 것이다. 공무원, 교원, 군인 등 특수직 연금을 받는 사람들을 제외하면, 일반 국민이 국민연금만으로 받을 수 있는 금액은 많아야 월 200만 원 수준이다. 실제로 국민연금 수령액이 월 100만 원 이하인 수급자가 전체의 절반 이상이라는 통계 기사도 접한 바 있다.

그렇나면 국민연금 외에 퇴직연금이나 개인연금을 통해 최소한 월 100만 원 이상은 확보해야 한다는 결론이 나온다. 자영업자의 경우 퇴직연금이 없으므로, 이 금액 전부를 개인연금으로 충당해야 한다. 그러나 현재처럼 저금리 상황에서는 1억 원을 저축해도 월 40만 원 남짓의 개인연금밖에 받을 수 없다. 결국 월 100만 원을 받으려면 약 2억 원 이상을 저축해야 하는데, 이는 말로는 간단하지만 실제로는 대부분 사람에게 매우 달성하기 어려운 목표다.

노후대책의 기본은 국민연금, 퇴직연금, 개인연금으로 이루어진 3층 구조를 갖추는 것이다. 그러나 현실에서는 퇴직연금과 개인연금은 물론, 국민연금조차 수급 자격이 없거나 받더라도 금액이 턱없이 적은 사람들이 적지 않다.

필자의 경우에도 중국 국립대학에서 20년 이상 근무했음에도 외국인 신분이었기에 중국의 노령연금(한국의 국민연금) 수급 대상이 아니며, 퇴직금도 없다. 따라서 국민연금은 전액 자비로 납부해야 하며(연금보험료 9% 전액 부담), 개인연금도 별도로 마련해야 한다. 그러나 현실적으로 월 300만 원은커녕 100만 원을 초과하는 연금을 마련하기조차 쉽지 않은 상황이다.

더군다나 '장수 위험'이라는 말이 있다. 운이 나쁘면 100세 이상까지 살 수도 있다. 그러나 빈곤한 상태에서의 장수는 축복이 아니라 재앙에 가깝다. 필자와 같은 처지에 놓인 은퇴자들이 적지 않으며, 대부분 비슷한 현실에 직면해 있다. 그렇다면 이런 상황에서라도 노후에 극빈층으로 전락하지 않으려면 어떤 대비책을 세워야 할까?

경영학 박사이자 재무관리를 강의하는 교수로서, 필자와 같은 처지에 있는 분들에게 드릴 수 있는 노후대책 조언은 다음과 같다. 이는 단순한 이론이 아니라, 필자가 실제로 실행하고 있는 노후 전략이기도 하다.

노후 준비는 결코 금전적 문제에만 한정되지 않는다. 나이가 들수록 경제적 자립은 물론, 자아실현과 정서적 안정까지 균형 있게 고려해야 한다. 그러나 많은 이들이 노후 준비를 소홀히 하거나, 지나친 소비와 불안정한 소득에 의존하는 실수를 범한다. 이에 필자는 경제적 안정과 평온한 노후를 동시에 달성하기 위해 반드시 실천해야 할 전략들을 제시하고자 한다.

첫째, 무료로 제공되는 노후대책 컨설팅을 적극적으로 활용하는 것은 필수적이다. 현재 다양한 기관과 단체에서 노후 준비를 위한 무료 컨설팅 서비스를 제공하고 있다. 이러한 기회를 활용하면 재무 전문가, 세무사, 연금 전문가 등 다양한 분야의 조언을 받을 수 있다. 이를 통해 자신의 재정 상황과 목표에 맞춘 구체적인 노후 계획을 수립할 수 있으며, 향후 예상치 못한 변수나 위기 상황에도 유연하게 대처할 기반을 마련할 수 있다. 중요한 것은 방대한 정보 속에서 현명하게 필요한 것을 선별하고, 이를 토대로 자신만의 실천 가능한 전략을 세우는 일이다.

둘째, 부부 모두 국민연금에 가입하는 것이 중요하다. 국민연금은 노후 소득의 기초를 형성하는 핵심 제도이며, 이를 부부가 모두 활용하면 장기적으로 안정적인 현금흐름을 확보할 수 있다. 가정주부도 임의가입을 통해 월 10만 원 수준의 보험료를 납부하면 향후 수령액을 늘릴 수 있다. 또한, 1998년 이전에 회사에서 퇴직하며 일시금으로 연금을 받은 사람은 이를 반환하고 다시 가입할 수 있다. 특히 연기연금 제도를 활용하면 매년 연기 시 수령액이 7.2%씩 증가하므로, 장수 가능성을 고려할 때 매우 유리하다. 국민연금을 최대한 오래, 그리고 부부가 함께 납입하는 것이 장기적 노후 안정의 토대가 된다.

셋째, 주택연금이나 농지연금 가입을 적극적으로 검토하는 것이 현명하다. 만약 아파트나 단독주택, 또는 일정 규모 이상의 농지를 보유하고 있다면 이를 활용한 연금화 전략이 안정적인 노후 소득원을 제공한다. 주택연금의 경우, 부부 모두가 사망할 때까지 해당 주택에 거주할 수 있으며, 시가 1억 원당 약 25만 원 수준(65세 가입 기준)의 월 지급금을 받을 수 있다. 농지연금도 비슷한 방식으로, 농지를 담보로 하여 평생 일정 금액을 수령할 수 있다. 다만, 주택이나 농지를 반드시 자녀에게 상속하겠다는 고정관념은 재고할 필요가 있다. 상속보다 중요한 것은 노후의 생활 안정이며, 주택연금이나 농지연금은 이를 실현할 수 있는 효과적인 도구가 될 수 있다. 안정적인 현금흐름과 거주 보장을 동시에 확보하는 것이야말로 장수 시대의 핵심 전략이다.

넷째, 개인연금을 안전형과 투자형으로 분산해 부부 각각 가입하는 전략이 바람직하다. 개인연금은 성격에 따라 안정형(연금저축보험, 변액연금 등)과 투자형(IRP, 펀드 기반 연금 등)으로 구분할 수 있다. 부부가 각각 안전형과 투자형을 한 개씩 보유하면, 장기적으로 위험을 분산하면서 안정성과 수익성을 동시에 확보할 수 있다. 가입 시에는 적은 금액(예: 월 10만 원)으로 시작한 뒤, 재정 여건이 허락하는 범위에서 월 20만 원, 30만 원으로 점진적으로 증액하는 방법이 효율적이다. 이렇게 하면 초기에 부담을 줄이면서도 장기적으로 납입 원금을 늘릴 수 있으며, 사업비 부담을 줄이고 복리 효과를 극대화할 수 있다. 이 방식은 특히 인플레이션 위험과 장수 위험을 동시에 대비할 수 있는 현실적인 방법이다.

다섯째, 부모의 노후에 대한 걱정을 주지 않는 것이 자녀에게 줄 수 있는 가장 큰 유산이다. 물질적 자산보다 더 소중한 것은 부모가 스스로 노후를 책임지고 건강하게 살아가는 모습이다. 자녀에게 대학 교육까지 지원했다면, 이후의 삶은 자녀 스스로 개척하도록 하고, 부모는 자신의 노후설계에 집중해야 한다. 처음에는 자녀가 다소 섭섭하게 느낄 수 있지만, 시간이 지나면 부모가 안정된 생활을 영위하는 모습에서 안도와 감사함을 느끼게 된다. 부모의 경제적·정서적 자립은 자녀에게 주는 평생의 선물이며, 이는 곧 가정의 지속적인 안정과 행복으로 이어진다.

여섯째, 노후에 자식에게 생활비를 받겠다는 생각은 버려야 한다. 오늘날의 사회·경제 환경에서 자녀가 부모 생활비를 지속적으로 부담하는 것은 현실성이 낮다. 오히려 부모가 경제적으로 자립해 자녀에게 금전적 부담을 주지 않는 것이 가장 큰 자녀 사랑이다. 부모는 자녀가 스스로 삶을 꾸려 나갈 수 있도록 교육과 초기 기반을 마련해 주는 데 집중하고, 이후에는 자신의 노후를 치밀하게 계획해 자립적인 삶을 살아가야 한다. 이는 부모의 품위를 지키는 길이자, 세대 간 건강한 관계를 유지하는 지혜이다.

노후 준비는 단순한 재정 계획을 넘어, 삶의 품질과 가족의 행복을 지키는 종합적인 과정이다. 체계적인 준비는 노후의 생활수준을 향상시키고, 자녀와 가족에게 경제적 부담을 지우지 않으며, 안정되고 평온한 일상을 가능하게 한다. 반대로 대비 없이 맞이하는 노후는 경제적 압박과 심리적 불안을 수반하며, 삶의 질을 크게 떨어뜨릴 수 있다. 따라서 지금 이 순간부터라도 현실적으로 실행 가능한 전략을 하나씩 세우고 실천해 나가는 것이 중요하다.

많은 사람이 노후 준비를 '돈'에만 한정해 생각하지만, 실제로 노후의 삶을 좌우하는 요소는 훨씬 더 다양하다. 재무적 안정은 필수이지만, 그것만으로는 만족스럽고 건강한 노후를 보장할 수 없다. 의료비와 건강관리, 안전하고 편안한 주거 환경, 활발한 사회적 관계, 그리고 인생의 의미와 목적 같은 비재무적 요소들이 함께 뒷받침될 때 비로소 균형 잡힌 노후가 가능하다.

특히 자영업자는 퇴직금이나 퇴직연금이 없는 경우가 많아, 더욱 철저한 대비가 필요하다. 국민연금만으로 생활비를 충당하기 어려운 현실에서, 개인연금 가입, 장기 적립식 투자, 지속적인 현금흐름을 창출할 자산 마련이 필수적이다. 예를 들어, 소형 임대 부동산을 통한 임대수익, 배당주 투자, 또는 은퇴 후에도 가능한 일자리 확보 등이 실행 가능한 대안이 될 수 있다.

그러나 경제적 안정만으로는 노후의 행복이 완성되지 않는다. 노년기의 외로움과 사회적 고립은 재정적 여유와 상관없이 삶의 질을 크게 떨어뜨린다. 따라서 사회적 관계를 유지하고 확대하는 것은 반드시 고려해야 할 핵심 요소이다. 이는 단순한 친분을 넘어 정신적 건강을 지탱하는 기반이 되며, 지역 모임, 봉사활동, 동호회 참여, 취미 활동 등을 통해 자아를 실현할 기회를 꾸준히 마련해야 한다.

또한 정부와 지자체가 제공하는 다양한 복지제도를 적극 활용하는 것도 중요하다. 기초연금, 주거지원, 의료비 보조와 같은 제도는 재정적 부담을 줄이고 생활의 질을 높여 주는 안전망이다. 하지만 정보 부족이나 신청 절차의 복잡성, 무관심 때문에 혜택을 놓치는 경우가 많다. 따라서 관련 제도를 정확히 이해하고, 최신 정보를 확인하며, 필요할 때 전문가의 도움을 받아 적극적으로 신청해야 한다. 이는 노후 재정의 안정성을 높이고 예기치 못한 상황에 대비하는 지혜로운 방법이 된다.

노후 준비는 단순히 '오래 사는 것'을 목표로 하는 것이 아니라, 품위와 의미를 갖춘 삶을 지속하기 위한 전 과정이다. '노후 플렉스'는 특정 계층의 전유물이 아니라 누구나 계획과 실천을 통해 도달할 수 있는 생활 방식이다. 중요한 것은 현재의 삶을 진단하고, 자신에게 맞는 현실적인 목표를 세운 뒤, 이를 달성하기 위한 준비를 꾸준히 이어 가는 것이다. 재정적 안정뿐만 아니라 정신적 풍요와 사회적 관계까지 함께 다져 나간다면, 누구나 여유롭고 품위 있는 노후를 맞이할 수 있다.

3부 3장 이해를 위한 Q&A

Q. 변화방정식이란 무엇인가요?
A. 변화방정식(Change Equation)은 조직행동학자 리처드 베카드(R. Beckhard)와 루빈 해리스(R. Harris)가 제시한 이론으로, 개인이 변화에 성공적으로 적응하는 데 필요한 조건을 수식으로 설명합니다. 즉, 현재 상황에 대한 불만, 미래에 대한 비전, 실천 가능한 첫걸음 이 세 가지가 곱해져 변화의 저항보다 커야 변화가 일어난다는 뜻입니다.

Q. 스컹크형과 삶은 개구리형 인간이란 무엇인가요?
A. 변화를 거부하거나 외면하는 인간형을 설명할 때 자주 사용되는 비유적 유형입니다. 스컹크형 인간은 변화나 위기 상황 앞에서 상황을 분석하거나 회피하지 않고 감정적인 대응을 합니다. 그들의 이런 행동은 조직 내 갈등을 유발하고 변화의 흐름을 방해하게 됩니다. 이에 비해, 삶은 개구리형 인간은 점진적으로 다가오는 변화에 둔감하거나 무관심한 사람을 의미합니다. 변화의 신호가 명확해질 때는 이미 돌이킬 수 없는 상황이 되며, 그제야 늦은 후회를 하게 됩니다.

Q. 돈에 대한 인간의 이중적 태도란 무엇인가요?

A. 사람들은 돈을 필요로 하면서도 동시에 돈을 경계합니다. 돈은 삶의 도구이자 욕망의 원천이기 때문입니다. 이런 모순된 태도는 투자 판단에서도 나타납니다. 감정과 가치판단이 얽히면 객관적인 재무 판단을 흐릴 수 있으므로, 자신의 금전에 대한 심리를 인식하고 균형 잡힌 태도를 보이는 것이 중요합니다.

Q. 윈도우 드레싱(Window Dressing)이란 무슨 뜻인가요?
A. 윈도우 드레싱은 말 그대로 '진열창을 예쁘게 꾸민다.'라는 뜻에서 유래합니다. 백화점이 지나가는 사람들의 시선을 끌기 위해 진열창을 화려하게 장식하듯이, 기업이나 펀드 운용자들이 재무 상태나 투자 성과를 실상보다 좋아 보이게 만드는 행동을 말합니다. 예를 들어, 기업 회계에서도 윈도우 드레싱은 자주 등장합니다. 회계 결산일을 앞두고 단기 부채를 일시적으로 상환하거나, 자산가치를 과대평가하여 재무제표상의 지표를 개선하는 방식입니다. 이러한 기법은 외형적으로는 부채 비율이나 수익성이 좋아 보이게 하지만, 회계 기준을 넘어서는 경우 분식회계로 간주할 수 있고, 결국 기업의 신뢰를 무너뜨리는 결과를 초래하게 됩니다. 따라서 법으로 엄격히 금지하고 있습니다.

Q. 노후 플렉스(Old Flex)란 무엇인가요?
A. 노후 플렉스란 단순한 경제적 풍요를 넘어서, 노후에도 주체적으로 인생을 즐기고 소비할 수 있는 상태를 말합니다. 이를 위해서는 젊었을 때부터 체계적인 재무계획, 자기 계발, 건강관리 등이 필요합니다. 노후 플렉스는 준비된 사람만이 누릴 수 있는 인생 2막의 여유라고 할 수 있습니다.

4장

노년의 상실과 회복의 길

"노년이란 잃어 가는 시기가 아니라,
 진짜로 지켜야 할 것이 무엇인지 깨닫는 시기다."

-익명의 격언-

인생의 여정이 깊어지면, 사람은 어느덧 '소유'보다 '상실'에 대해 더 많이 생각하게 된다. 젊은 날에는 꿈과 가능성으로 가득 찼던 삶이 어느 순간부터는 조금씩 무언가를 놓아주는 시기로 바뀐다. 그 변화는 갑작스럽게 오는 것이 아니라, 오랜 시간에 걸쳐 천천히 다가오기에 더 서글프고 묵직하게 다가온다.

독일의 대문호 괴테는 노년에 접어든 인간이 겪는 '다섯 가지 상실', 즉 건강, 돈, 일, 관계, 꿈을 언급하며, 그 상실을 인식하고 대비하는 것이 우아하고 품위 있는 노년을 만드는 열쇠라고 보았다. 여기에 '현재 또는 지금'이라는 시간 감각의 상실이 덧붙여진다고 할 수 있다. 과거에 묶이고 미래를 염려하는 동안, 지금 이 순간의 삶을 놓치기 쉬운 까닭이다.

3부 4장에서는 괴테가 언급한 다섯 가지 상실의 주제를 필자 나름대로 해석해 보고, 상실을 극복할 수 있는 길을 제시하려고 한다. 또한, 비록 괴테가 언급하지는 않았지만, 필자가 생각하기에 다섯 가지 상실을 모두 포함하는 개념인 '현재'를 더해서, 노년기에 인간이 맞닥뜨리는 여섯 가지 상실을 살펴보고자 한다. 그리고 그 상실 속에서도 품위를 지키며 살아갈 수 있는 지혜의 실마리를 함께 찾고자 한다.

건강: 육체적·정신적 건강의 균형

행복한 노후를 위한 가장 기본적인 조건 중 하나는 신체적 및 정신적 건강을 유지하는 것이다. 나이가 들수록 신체적 변화와 정신적 스트레스가 동반될 수 있으나, 이러한 문제는 적절한 관리와 꾸준한 노력으로 충분히 예방하고 개선할 수 있다. 건강한 몸과 마음은 노후의 삶의 질을 결정짓는 핵심 요소로, 전반적인 삶의 만족도와 행복감에 큰 영향을 미친다.

건강을 유지하고 증진하기 위해서는 매일 규칙적이고도 적절한 강도의 운동이 필요하다. 특히 노년기에는 근육량 감소가 주요한 건강 문제 중 하나다. 이는 신체 호르몬의 감소, 활동량 부족, 단백질 섭취 저하 등 다양한 원인에 기인한다. 일부 연구에 따르면 60세 이후에는 매년 약 3%의 근육량이 감소한다고 한다. 이러한 근육량 감소는 심혈관질환, 낙상과 골절의 위험 증가로 이어질 수 있으며, 이는 노년기의 삶의 질을 심각하게 저해한다.

걷기, 수영, 요가 등은 노년기에 적합한 운동으로, 근력운동과 유산소운동을 적절히 병행하는 것이 바람직하다. 특히 근육량과 골밀도를 유지하기 위한 근력운동의 중요성은 아무리 강조해도 지나치지 않다. 또한, 균형 잡힌 식사는 신체 건강의 기초가 된다. 과일, 채소, 단백질이 풍부한 식사를 통해 필요한 영양소를 고르게 섭취하고, 불필요한 지방과 당분의 섭취를 줄이는 것이 필수적이다.

정신적 건강 역시 노후 삶의 질을 결정하는 중요한 요소다. 많은 사람이 신체 건강에만 집중하고 정신건강을 소홀히 여기는 경향이 있다. 하지만 연구에 따르면 노년층 중 특별한 신체 질환이 없음에도 불구하고 기력 저하나 만성 통증을 호소하는 경우가 많은데, 그 원인 중 하나는 바로 '정신적 병'이다.

정신적 병의 주요 원인은 스트레스와 사회적 관계 단절로 인한 외로움이다. 스트레스는 건강의 최대 적 중 하나로, 코르티솔이라는 스트레스 호르몬이 과도하게 분비되면 면역력 저하, 혈압 상승, 소화 장애, 심지어 당뇨와 치매 위험까지 커진다. 또한, 배우자의 사별, 자녀와의 거리감 등으로 인한 관계 단절은 극심한 외로움을 유발하고, 이는 심장병, 뇌졸중, 암 등 질병 발병률을 높이며 수명 단축과도 직결된다.

이러한 정신적·신체적 문제를 예방하기 위해서는 일상 속 실천이 무엇보다 중요하다. 하루 30분의 가벼운 운동하고, 가족이나 친구와 꾸준히 교류하며, 영양가 있는 식단을 유지하는 것이 기본이다. 더불어 규칙적인 수면, 스트레스 관리, 새로운 배움과 취미 활동 등은 삶의 활력을 더해 준다. 작은 실천들이 쌓여 건강하고 행복한 노후를 만들어 가는 길이 된다.

돈: 지속 가능한 부의 창출

인간의 세 가지 주요 관심인 '돈', '섹스', '권력' 가운데, 특히 '돈'은 삶을 영위하는 데 가장 필수적인 요소로 간주된다. 생존에 있어 섹스나 권력은 없어도 가능하지만, 돈 없이 생활을 유지하는 것은 사실상 불가능하기 때문이다.

그러나 현재 한국 사회는 점점 더 노후에 최소한의 경제적 자립을 이루기가 어려워지고 있다. 이를 반영하듯, '삼팔선'(38세 명예퇴직), '사오정'(45세 정년), '오륙도'(56세에도 퇴직하지 않으면 도둑), '육이오'(62세에도 퇴직하지 않으면 오적) 등의 표현이 사회적으로 통용되고 있다. 이러한 유행어들은 단순한 유머가 아니라 조기퇴직에 대한 불안과 사회적 현실을 풍자한 것이다.

실제로 OECD가 한국 통계청 자료를 인용해 발표한 보고서에 따르면, 한국의 경우 주된 일자리를 떠나는 평균 연령은 49.3세이며, 평균 근속기간은 12.8년에 불과하다. 또한, 퇴직자의 약 41%는 비자발적으로 직장을 그만두었다고 보고되었다.

이처럼 이른 시기에 주요 일자리를 상실하면 소득이 급감할 수밖에 없다. 법적으로 보장된 정년퇴직 연령인 60세에 퇴직하더라도 소득은 약 50% 가까이 줄어드는 반면, 소비는 약 8%만 감소하는 것으로 나타났다. 게다가 국민연금 수령은 65세부터 시작되며, 저출산과 연금 재정의 악화로 인해 수령 개시 연령이 더욱 늦춰질 가능성도 제기되고 있다. 이러한 소득 공백을 가리켜 '은퇴 크레바스'라 부르며, 이는 과거 농촌 사회의 '보릿고개'에 비유되기도 한다. 그러나 이 신종 보릿고개는 몇 계절만 견디면 되는 것이 아니라 수년에 걸쳐 지속할 수 있는

긴 고통의 시간이라는 데에 문제의 심각성이 있다.

이처럼 조기퇴직과 증가하는 기대수명으로 인해 장수는 더 이상 '축복'만으로 여겨지지 않고, 오히려 위험을 넘어 하나의 '재정적 재앙'이 될 가능성도 제기된다.

노후 소득 대부분을 국민연금과 같은 공적연금 또는 개인연금과 같은 사적연금에 의존해야 하는 상황에서, 이들 연금 수입이 기본적인 생활비조차 충족시키지 못하는 현실은 상당수 노년층이 직면한 어려움이다. 따라서 '경제적 상실'의 시대를 대비해 최소한의 경세직 자립 상태를 확보하는 것이 매우 중요하다. 노후 준비는 조기에 시작할수록 안정적인 결과를 기대할 수 있다.

일: 삶의 의미

일은 삶에 의미를 부여하며, 노년기에도 중요한 역할을 한다. 일을 통해 자아존중감을 유지하고 사회적 관계를 지속할 수 있다. 특히 노년기에는 지속해서 수행할 수 있는 의미 있는 일을 찾는 것이 중요하다. 퇴직 이후에도 원하는 일을 찾아 수행하게 되면 개인은 그 일을 통해 보람과 만족을 얻을 수 있다. 또한, 주변의 배우자, 자녀, 지인들도 긍정적인 영향을 받을 수 있다. 이러한 점에서 일은 개인뿐만 아니라 공동체에도 긍정적인 효과를 제공한다.

퇴직 이후 급속하게 노화가 진행되는 사례는 자주 목격된다. 이러한 현상은 다음과 같은 세 가지 원인으로 요약할 수 있다. 첫째, 비활동적인 생활로 인해 노화가 가속화된다. 둘째, 직장에서의 역할이 사라짐에 따라 자신이 더 이상 필요하지 않은 존재로 느껴지며, 그로 인해 신체적·정신적 활력이 감소한다. 셋째, 일상에서의 정신적 자극 부족은 뇌 기능의 저하로 이어져 인지능력에도 부정적인 영향을 미친다.

미국 유타주립대학교 심리학과 연구팀에 따르면, 퇴직 후에도 지속해서 소일거리를 한 사람은 치매를 포함한 인지 장애 발생 위험이 50% 이상 낮은 것으로 나타났다. 바깥 활동이 부담스럽다면, 유튜브나 텔레비전을 보며 시간을 보내기보다는 지인에게 카카오톡이나 문자로 짧은 인사를 전하는 것이 정서적 교류는 물론 인지기능 향상에도 도움이 될 수 있다.

노후는 아무런 활동이 없는 사람에게는 고독한 일이지만, 할 수 있는 일을 찾아 수행하는 사람에게는 오히려 의미 있고 아름다운 시간이 될 수 있다.

관계: 만남의 축복

인간이 누릴 수 있는 가장 큰 축복 중 하나는 '만남의 축복'이라 할 수 있다. 특히 배우자나 진실한 친구와의 만남은 인생에 깊은 의미를 더해 준다. 왜냐하면, 배우자는 '영혼의 동반자'이고, 진실한 친구는 '인생의 동반자'이기 때문이다.

노년기의 가장 큰 위협 요소는 고독과 소외감이다. 이를 극복하고 풍요로운 노년을 보내기 위해서는 배우자와의 긍정적인 관계 유지가 우선되어야 하며, 다음으로는 함께 시간을 보낼 수 있는 좋은 친구 관계를 형성하는 것이 중요하다. '진실한 친구는 둘도 많다'는 말처럼 진실한 친구가 굳이 많을 필요는 없다. 진실한 친구와의 교류는 삶의 질을 높이고 정서적 안정을 제공한다. 함께 활동하고 웃으며 햇볕을 쬐는 일상조차 삶을 활기차게 만들어 준다.

배우자와 함께 살아가고 있는 경우, 그 존재는 무엇보다 소중하게 여겨져야 한다. 미국 라이스 대학교의 연구에 따르면 사별로 인한 슬픔은 건강에 상당한 영향을 미치며, 사망 위험이 최대 41%까지 증가하는 것으로 나타났다. 따라서 건강하고 안정된 삶을 위해서라도 배우자와 오래 함께하는 것이 중요하다.

이미 배우자와 사별했거나 혹은 이혼했을 경우, 그리고 가까운 친구가 없는 경우에는 새로운 인간관계를 형성하는 것이 어려울 수 있다. 심리학에서는 이러한 현상을 '사회정서적 선택 이론'으로 설명한다. 이 이론에 따르면, 인간은 죽음에 가까워질수록 삶의 유한함을 인식하게 되며, 자신에게 주어진 시간을 보다 효율적으로 사용하고자 새로운 인간관계 형성을 꺼리는 경향을 보인다. 쉽게 말해 자신과 정서적 유대감을 제대로 형성할지 확신을 갖지 못하는 상대에 대해, 시간을 낭비하길 원치 않는다는 말이다. 이러한 행동 양식은 유년 시절과 청년 시절을 지나오면서 경험한 실패의 기억에 기인한다.

또한, 독일의 동물인식행동학 연구소의 조사에 따르면, 인간을 포함한 영장류는 나이가 들수록 관심과 인지능력, 사회적 활동 참여가 감소하기 때문에 자연스럽게 새로운 관계 형성에 소극적으로 변하게 된다.

그럼에도 불구하고, 노년기에 친구 관계를 유지하는 것은 정신건강뿐만 아니라 신체 건강을 유지하는 데에도 중요한 역할을 한다. 노년층에게 친구와의 교제는 단순한 신체 활동을 넘어 정서적 유대감을 형성하는 데 도움을 주며, 이러한 유대감은 정신건강 유지에 긍정적인 영향을 미친다. 결국, 노년에 진실하고 깊은 우정을 쌓은 사람은 더 건강하고 의미 있는 삶을 살아갈 가능성이 크다.

배우자와의 관계와 마찬가지로, 좋은 친구를 만나기 위해서는 자신이 먼저 좋은 사람이 되어야 한다. 따뜻한 친구를 만나기 위해서는 먼저 따뜻한 마음을 품어야 하며, 좋은 친구를 사귀기 위해서는 자신이 먼저 좋은 사람이 되려는 노력이 필요하다.

꿈과 비전: 삶의 소망

꿈은 젊었을 때만 아니라 노년에도 삶에 중요한 의미를 부여하는 요소이다. 그래서 성경에서도 "너희 늙은이는 꿈을 꾸며, 너희 젊은이는 이상을 볼 것이며"라고 언급되어 있다. 여기서 꿈, 그리고 이상을 본다는 것은 절망을 극복하고 새로운 희망과 소망을 품는 것을 의미한다.

꿈은 삶의 방향성을 제공하므로 꿈을 가지고 무언가를 향해 나아가는 것은 삶의 활력을 유지하는 데 필수적이다. 노르웨이의 탐험가이자 작가인 엘링 카게(Erling Kagge)는 그의 저서 『생각만큼 어렵지 않다』에서 다음과 같이 말했다.

> 사람은 늙고 나이 들어서 새로운 도전에 대한 꿈을 중단하는 것이 아니라, 새로운 도전에 대한 꿈을 접을 때 늙는다. 만약 꿈이 없다면 나는 나도 모르는 사이에 천천히, 그러나 확실히 시들어 버릴 것이다.

우리 인간에게 있어서 '꿈'이 그만큼 중요하기에 세계적인 임상심리학자인 슬로모 브레즈니츠 박사는 꿈의 중요성에 대해 다음과 같이 강조한다. "인간의 몸은 심장이 멈출 때 죽지만, 인간의 영혼은 꿈을 잃을 때 죽는다." 이 말은 꿈이 단순한 바람을 넘어, 인간 존재의 본질적인 동력임을 일깨워 준다.

미래에 대한 꿈을 꾸는 한 우리는 나이와 상관없이 영원히 젊은이라고 할 수 있다. '꿈을 가지고 있는 사람은 83세에도 38세처럼 살 수 있지만, 꿈이 없는 사람은 38세에도 83세처럼 산다.'라는 말처럼 꿈은 우리의 길잡이이자, 우리 삶의 등불이다. 꿈을 잃지 않는 한, 희망의 불꽃을 계속해서 타오르게 할 수 있다. 사랑하는 이여, 노년의 자리에 서거든 꿈을 향해 걸어가라!

현재: 지금 이 순간에 충실

건강, 돈, 일, 관계, 꿈은 누구에게나 소중한 삶의 요소이다. 그러나 이 모든 것의 기초가 되는 바탕은 '현재에 충실하는 것'이다. 현재를 소중히 여기고 최선을 다하지 않는다면 앞서 언급한 다섯 가지 요소를 온전히 지켜 내기 어렵다.

괴테는 '노년의 다섯 가지 상실'에서 직접적으로 '현재'를 언급하지는 않았지만, 그의 사상 속에서는 현재의 중요성이 반복해서 강조되었다. 그는 생전에 "현실에 충실하라."라는 말을 여러 차례 남겼으며, 후세에 전해진 교훈 중 하나도 "언제나 현재를 즐길 것, 인생은 현재의 연속이다."라는 문장이었다. 괴테의 이 말은 우리가 붙잡아야 할 삶의 핵심이 '지금'임을 일깨워 준다.

이와 같은 통찰은 러시아의 대문호 레프 톨스토이가 삶의 마지막 순간에 남긴 고백과도 맞닿아 있다. 82세에 죽음을 앞둔 그는 한 편의 편지에 삶과 죽음, 사랑과 용서에 대한 진솔한 생각을 담았다. 그것은 단순한 문학작품이 아니라, 인생을 정리하며 후대에게 남긴 고백서였다. 그리고 그 편지의 결론은 분명했다. "지금 이 순간을 살아라." 행복은 과거의 회상이나 미래의 기대 속에 있는 것이 아니라, 오직 현재라는 순간 속에 존재하기 때문이다.

괴테와 톨스토이, 두 거장의 목소리는 시대와 국경을 넘어 하나의 진리를 전한다. 인간다운 삶, 충만한 삶은 다름 아닌 현재에 충실히 사는 것에서 비롯된다. 지금 이 순간을 소홀히 하지 않을 때, 비로소 건강도, 돈도, 일도, 관계도, 그리고 꿈도 제자리를 찾게 된다.

이와 같은 교훈은 현대에도 울림을 준다. 영화 〈죽은 시인의 사회〉(1990)에서 이제 고인이 된 로빈 윌리엄스가 연기한 키팅 선생은 학생들에게 "카르페 디엠(Carpe Diem)."이라고 외친다. 라틴어 '카르페 디엠'은 '현재를 붙잡으라(Seize the Day).'라는 뜻이다. 미래를 준비하는 데 몰두해 현재의 삶을 소홀히 하는 학생들에게 지금 이 순간의 소중함을 일깨워 주는 외침이었다.

현재는 우리가 살아온 시간 중 가장 오래된 시간이자, 앞으로 살아갈 시간 중 가장 젊은 시간이다. 또한, 오늘은 어제 세상을 떠난 이가 간절히 바라던 바로 그 내일이다. 그렇기에 우리는 지금 이 순간을 최대한 소중하고 보람 있게 사용해야 한다.

나이가 들수록 시간이 점점 더 빨리 흐른다는 사실을 누구나 실감한다. 필자 역시 예외가 아니다. '시간의 속도는 나이에 정비례한다'는 말이 인구에 회자한다. 10대 때는 시속 10킬로로, 20대 때에는 시속 20킬로로 시간이 흐르고, 70대에는 시속 70킬로, 80대에는 시속 80킬로로 시간이 달려간다는 비유이다.

문제는 시간이 이렇게 빨리 지나가기 때문에, 그리고 나이를 먹을수록 할 수 있는 일이 줄어든다는 생각으로 많은 노년층이 현재에 충실하지 못하는 경우가 있다. 미국 프로야구구단(MLB) 뉴욕 양키즈의 감독이었던 요기 베라(Yogi Berra)는 "끝날 때까지 끝난 것이 아니다(It is not over till it is over)."라는 명언을 남겼다. 이 말은 마지막 순간까지 최선을 다해야 한다는 의미를 담고 있다.

우리 삶도 마찬가지로, 마지막 순간까지 최선을 다하는 자세가 필요하다. 그중에서도 가장 중요한 태도는 매일의 삶, 즉 현재에 충실히 하는 것이다. 현재에 집중하는 것은 걱정을 줄이고 삶의 질을 높이는 효과적인 방법이기도 하다. 걱정은 주로 미래에 대한 불확실성이나 과거의 기억에서 비롯되지만, 지금 이 순간에 집중하면 그러한 걱정을 줄일 수 있다.

흥미롭게도 '프레전트(Present)'라는 영어 단어는 '현재'와 '선물'이라는 두 가지 의미가 있다. 왜 현재를 선물이라고 했을까? 우리가 지금 맞이한 '현재'가 너무나 소중한, 어제 죽은 사람들이 그렇게 기다리던 내일이기 때문에 '신이 우리에게 준 최고의 선물'이라는 의미에서 그렇게 불렀다고 생각한다.

성 어거스틴은 『고백록』에서 "현재는 나에게 주어진 최고의 선물이자 영원에 이르는 창문"이라고 말했다. 이처럼 현재는 단지 지나가는 시간이 아니라, 경건하게 대하고 소중히 여겨야 할 삶의 창이며 선물이다. 유대교 경전인 『탈무드』 또한 "현재 당신이 살아가는 이 순간이

훗날 당신 삶의 가장 멋진 추억이 될 것이다."라고 전한다. 행복한 노후를 위해서는 신이 우리에게 준 현재를 즐기며 성실하게 살아가는 자세가 중요하다.

삶의 품위와 기품을 지키며 노년을 살아가고자 한다면, '현재에 충실하지 않으면 결코 내일 행복할 수 없다'는 점을 늘 기억할 필요가 있다.

노년은 단순히 잃어 가는 시간이 아니다. 오히려 인생의 성숙과 통찰이 깊어지는 절정의 순간이 될 수 있다. 우리는 나이가 들면서 건강, 돈, 일, 관계, 꿈, 그리고 현재의 순간을 잃을 수 있다. 그러나 그것들은 다른 모습으로 다시 채워질 수 있다. 건강은 꾸준한 관리로, 돈은 절제와 검소함으로, 일은 의미 있는 활동으로 회복될 수 있다. 관계는 새로운 친구로 이어지고, 친구는 다시 깊은 관계로 성장할 수 있다. 꿈은 태도와 마음가짐으로 되살아나고, 현재는 의식과 감사로 충만해질 수 있다. 노년은 끝이 아니라, 삶을 다른 방식으로 채워 나갈 수 있는 또 하나의 시작이다.

노년의 상실은 피할 수 없는 삶의 현실이다. 그것을 어떻게 받아들이고 대응하느냐는 각자의 선택에 달려 있다. 괴테가 말했듯이, 중요한 것은 얼마나 오래 사느냐가 아니라 어떻게 살아가느냐이다. 노년은 단지 늙어가는 시간이 아니라, 익어가는 시간이다. 그 익음 속에 삶의 향기와 온기가 스며들 수 있도록, 우리는 자신의 삶을 정성스럽게 가꾸어야 한다. 그럴 때 비로소 '잘 늙는 삶', 그리고 '존엄한 마무리'가 시작된다.

3부 4장 이해를 위한 Q&A

Q. 노년기에 건강은 왜 중요한가요?
A. 건강은 노년의 삶의 질을 결정하는 가장 중요한 자산입니다. 단순히 질병이 없는 상태를 넘어서, 육체적 건강과 정신적 건강의 균형이 필요합니다. 규칙적인 운동, 균형 잡힌 식습관, 독서·명상과 같은 정신적 훈련이 상실감을 예방하고 회복력을 높여 줍니다.

Q. 돈은 어떤 의미에서 노년의 회복과 연결되나요?
A. 돈은 단순히 소비 수단이 아니라, 노후의 안정과 자율성을 지켜주는 도구입니다. 은퇴 이후에도 지속 가능한 부의 창출 구조를 마련해야 하며, 연금·투자·저축을 균형 있게 운용하는 것이 중요합니다. 재정적 여유는 상실의 순간에도 다시 일어설 수 있는 기반이 됩니다.

Q. 노년기에 '일'은 왜 여전히 필요할까요?
A. 일은 단순한 생계 수단을 넘어 삶의 의미와 존재 이유를 부여합니다. 은퇴 후에도 재능과 경험을 살려 봉사, 교육, 창업 등 다양한 형태의 일을 이어가는 것이 정신적 활력을 유지하는 길입니다.

Q. 관계는 어떻게 노년의 상실을 치유할 수 있나요?
A. 노년의 외로움과 상실감을 극복하는 힘은 관계의 회복과 새로운 만남의 축복에서 나옵니다. 가족, 친구, 신앙 공동체, 지역 사회와의 관계를 적극적으로 이어 가는 것이 정서적 회복의 열쇠가 됩니다.

Q. 노년의 꿈과 비전은 왜 여전히 중요할까요?
A. 꿈과 비전은 나이를 초월해 삶에 방향성과 소망을 줍니다. 노년기에 새로운 목표를 세우고 이를 향해 나아가는 과정은 상실을 넘어 다시 성장할 수 있는 동력이 됩니다.

Q. 현재에 충실한다는 것은 어떤 의미인가요?
A. 과거의 상실에 머무르거나 미래의 불안을 과도하게 걱정하기보다, 지금 이 순간에 집중하는 것이 노년의 회복을 위한 핵심 태도입니다. 오늘 하루의 기쁨과 감사, 작은 성취에 집중할 때 삶은 다시 충만해질 수 있습니다.

5장

노후를 빛나게 하는 삶의 기술

"나이는 숫자에 불과하다.
 중요한 건 그 숫자를 어떻게 살아내느냐이다."

-소피아 로렌-

나이는 누구에게나 공평하게 주어진다. 그러나 그 세월을 어떻게 채워 가는지에 따라 삶의 깊이와 품격은 크게 달라진다. 실제로 우리 주변에는 세월의 흐름 속에서도 더욱 성숙하고 아름답게 나이 들어가는 사람들이 있다. 그들의 모습에는 단순한 외모를 넘어선 우아함과 기품, 그리고 시간이 빚어낸 내면의 단단함이 배어 있다.

그래서 필자는 "아름다운 사람은 머문 자리도 아름답습니다."라는 말을 단순한 생활 속 구호가 아니라, 노년의 삶을 위한 좌우명으로 삼아야 한다고 생각한다. 멋지게 나이 든다는 것은 단지 건강을 유지하거나 외모를 가꾸는 것을 의미하지 않는다. 그것은 삶을 대하는 태도, 타인과의 관계 속 품격, 그리고 자신만의 철학과 지혜에서 비롯되는 '성숙한 아름다움'이다. "우린 늙어가는 것이 아니라 조금씩 익어가는 겁니다."라는 노래의 가사처럼 말이다.

일부 독자들은 노후 준비 지침서에서 '기술'이라는 단어를 접하고 다소 의아하게 여길 수도 있다. 그러나 에리히 프롬(Erich Fromm)은 그의 대표작 『사랑의 기술(The Art of Loving)』에서 기술(Art)을 단순한 숙련된 방법이나 기능적 수단이 아닌, 인간 존재에 대한 깊은 이해와 실천적 삶의 태도, 그리고 지속적인 훈련과 자기 수양을 필요로 하는 삶의 방식이라고 설명한다.

이러한 맥락에서 이 장에서 다루고자 하는 '노후를 빛나게 하는 삶의 기술' 역시 단순한 비결이나 노하우의 나열이 아니라, 다음과 같은 철학적이고 실존적인 의미를 담고 있다.

첫째, '삶의 기술'은 배움과 수련의 대상이다. 프롬은 사랑도 기술이므로 반드시 배우고 연습해야 한다고 강조했다. 마찬가지로 행복한 노년도 저절로 찾아오는 것이 아니라, 의식적이고 반복적인 수련과 실천을 통해 습득되는 삶의 태도이다. 프롬이 말한 "사랑은 감정이 아니라 의지의 행위다."라는 논지를 따른다면, 노년의 지혜 역시 직관이 아닌 '의지적 실천'에서 비롯된다.

둘째, 삶의 기술은 지식과 태도, 행동이 결합된 통합적 능력이다. 프롬은 사랑이 단순한 감정이나 욕망의 충족이 아닌, 인간의 내면적 태도와 지식, 실천이 융합된 복합적 행위라고 강조했다. 마찬가지로 노년을 잘 살아가는 기술이란 단순한 기능이 아니라, 감사의 태도, 지혜, 자기 관리, 인간관계, 소비 습관 등 다양한 요소가 조화를 이루는 '삶의 총체적 기술'이다.

셋째, 삶의 기술은 시간과 노력을 통해 발전한다. 프롬에 따르면, 사랑의 기술은 즉흥적으로 잘할 수 있는 것이 아니라, 오랜 시간에 걸쳐 삶 속에서 끊임없이 반복하고 훈련하면서 완성되는 것이다. 노년의 삶도 마찬가지이다. 단번에 잘 살아 낼 수 있는 것이 아니라, 인생 전반에서 축적된 내공과 지속적인 자기 성찰, 실천을 통해 형성되는 하나의 예술적 경지이다.

넷째, 삶의 기술은 인간 존재의 가치를 실현하는 과정이다. 프롬은 사랑을 인간이 진정으로 자신을 실현하는 방식이자, 타인과의 관계 속에서 존재의 본질을 드러내는 삶의 양식이라고 했다. 이와 같은 맥락에서 '삶의 기술' 역시 삶의 완성기에서 인간으로서의 품격과 성숙함, 배려와 감사, 절제 등의 덕목을 통해 자신의 존재 가치를 드러내는 실천적 행위이다.

이처럼 여기서 말하는 '삶의 기술'이라는 말은 단지 기능적 숙련을 뜻하는 것이 아니라, 삶의 철학이자 실천의 예술이다. 이제 이러한 의미를 담아, '노후를 빛나게 하는 삶의 기술'을 하나씩 살펴보기로 한다.

감사와 배움

노후를 빛나게 하는 삶의 기술은 '감사와 배움'의 태도에서 출발한다. 물질적 풍요보다 더 중요한 것은 마음의 평안이며, 이는 일상 속 작은 것들에 감사할 줄 아는 태도에서 비롯된다. 다양한 연구에 따르면, 감사하는 사람은 그렇지 않은 사람보다 스트레스 수준이 낮고, 심리적으로 더 안정되어 있으며, 인간관계 또한 긍정적인 경우가 많다.

노년기에는 신체적 기능의 저하, 사회적 역할의 축소, 가까운 이들과의 이별 등 상실과 변화가 반복되기 쉽다. 이러한 환경 속에서는 부정적인 감정에 빠지기 쉬우나, 매일의 일상에서 감사할 이유를 찾아내고 그것을 말과 행동으로 표현하는 사람은 정서적으로 더욱 건강하며, 삶에 대한 만족감 또한 높은 편이다. 아침에 눈을 뜰 수 있음에 감사하고, 따뜻한 차 한 잔의 온기를 느끼며 고마움을 느끼고, 곁에 있는 사람들의 존재에 감동하는 삶은 그것만으로도 충분히 충만하다 할 수 있다.

감사는 타고나는 성향이 아니라 선택과 훈련을 통해 길러지는 삶의 태도이다. 의식적으로 감사를 실천하는 습관은 결국 삶의 질을 바꾸는 강력한 힘으로 작용한다. 노년의 삶을 더욱 빛나게 만들기 위해서는 하루에 한 가지씩 감사한 일을 기록하거나, 주변 사람들에게 감사를 표현하는 작지만, 진심 어린 실천이 중요하다. 이러한 반복이 쌓여 삶 전체에 긍정적 파장을 만들어 내며, 노년기를 더욱 따뜻하고 품격 있게 채워 준다.

또한, 배움은 삶의 기술을 체득하는 중요한 요소이다. "배움은 젊어지는 약이다." 이 말은 100세까지 약국을 경영하며 삶을 마무리한 일본의 약사 히루마 에이코(蛭間英子)의 마지막 조언이기도 하다. 이는 단순한 의학 지식의 전달이 아니라, 한 인간이 삶 전체를 관통하며 터득한 깊은 통찰에서 비롯된 철학적 고백이다. 그녀가 집필한 베스트셀러 『100세 할머니 약국』에서도 이러한 메시지는 일관되게 강조된다. 배움은 단순한 정보의 습득을 넘어, 마음과 정신을 활기차게 유지하게 해 주는 실질적인 '젊음의 묘약'이라는 것이다.

이러한 철학을 몸소 실천하며 살아가는 대표적 인물이 한국의 106세 철학자 김형석 교수이다. 그는 오늘날에도 강연과 집필을 이어 가며 "나는 나이 들어도 늙지 않았다."라는 말을 통해 배움이 곧 삶의 생명력임을 증명하고 있다. 그의 말처럼, 늙는다는 것은 육체의 노화보다는 배움을 멈춘 마음의 정지에서 비롯된다. 김 교수는 "배우는 사람은 죽는 날까지 행복할 수 있다."라고 강조하며, 끊임없는 배움이야말로 품격 있는 노년을 가능하게 하는 가장 확실한 길임을 보여 준다.

몸은 점차 늙어 가지만, 정신은 언제든지 성장할 수 있다. 중요한 것은 '배우기에 늦은 나이란 없다'는 믿음이다. 하루 10분이라도 책을 읽고, 새로운 분야에 호기심을 가지며, 자신을 스스로 단련하는 이들은 진정한 의미에서의 '젊은 어른(Young Senior)'이라 할 수 있다.

노후를 준비하는 것은 먼 미래를 위한 대비가 아니라, 날마다 성실히 마주하는 태도에서 비롯된다. 감사와 배움을 실천하는 사람만이 끝까지 성장하며, 아름답게 익어갈 수 있다. 결국, 노후를 빛나게 하는 핵심은 감사와 배움에 있다. 감사하는 마음은 삶의 모든 순간을 풍요롭고 의미 있게 만들어 주며, 배움은 그 여정을 더욱 활기차고 젊게 유지해 준다. 매일 감사할 이유를 찾아내고, 끊임없이 배우며 성장하는 삶은 단지 시간을 채우는 것이 아니라, 인생의 가치를 높이는 길이 된다.

이 두 가지, 감사와 배움은 우리가 선택하고 훈련할 수 있는 삶의 태도이다. 이 태도를 삶 속에서 꾸준히 실천할 때, 우리는 단순히 나이가 드는 것이 아니라, 나이가 들수록 더욱 빛나고, 풍요롭고, 의미 있는 삶을 살아갈 수 있다. 그러므로, 오늘도 감사하며 배우는 태도를 지니고, 매일 조금씩 성장해 나가기를 다짐하며 노후를 맞이하자.

목적 있는 삶과 유연한 사고

　노후의 삶이 단조롭고 무기력하게 느껴지는 이유 중 하나는 '삶의 목적'이 흐려지기 때문이다. 오랜 시간 일과 가족, 사회적 책임 속에서 분주히 살아오던 사람들이 퇴직 이후 맞이하는 느슨한 시간 속에서 방향을 잃는 것은 결코 드문 일이 아니다. 이 시기에 중요한 것은 하루하루를 의미 있게 살아가기 위한 목적 있는 태도와 변화하는 삶의 조건에 능동적으로 대응할 수 있는 사고의 유연성이다.

　'목적 있는 삶'이란 거창한 이상이나 사회적 성취를 의미하기보다는, 매일 아침 눈을 떴을 때 하루를 살아갈 이유를 자각하고, 하루를 마감하며 스스로에게 만족할 수 있는 기준을 갖는 일이다. 그것은 자신만의 철학이자 삶을 이끄는 내적 나침반이며, 존재의 가치를 확인하고 지속적으로 의미를 부여하는 정신적 토대가 된다.

　이러한 목적의식은 과거의 역할이나 직함에서 벗어나 새로운 자아를 발견하는 데서 시작된다. 후배들에게 지혜를 나누는 멘토가 되거나, 오랜 관심사를 탐구하고, 지역사회에서 봉사활동을 실천하는 것 등은 모두 목적 있는 삶의 한 형태이다. 이처럼 노후는 단순히 과거를 회고하는 시간이 아니라, 인생의 후반기를 스스로 완성해 가는 시간이다.

　그 과정에서 중요한 또 하나의 자질은 바로 유연한 사고이다. 익숙한 틀에 갇히지 않고, 변화에 열린 태도를 지닌 사람만이 삶의 새로운 가능성을 발견할 수 있다. 노화에 대한 두려움보다는 수용과 긍정의 시선으로 자신을 바라보는 시도는 노후의 품격을 높인다. 당나라의 시인 백거이(白居易, 772년~846년)의 시 「남경희로(覽鏡喜老)」에 나오는 시구처럼 흰 머리와 주름진 얼굴을 기쁨과 여유로 받아들이는 태도는 유연한 사고가 삶에 어떤 품격을 더하는지를 잘 보여 준다.

또한, 세대 간 소통과 기술 변화에 대응하기 위해서도 사고의 유연성은 필수적이다. 젊은 세대의 문화를 비판하기보다는 이해하고 존중하려는 태도는 노년의 사회적 연결성을 확장하게 시킨다.

목적 있는 삶은 내면의 방향성을 세워 주며, 사고의 유연성은 그 목적을 현실에서 실현하게 해 주는 도구이다. 이 둘은 함께 작동할 때, 노년을 단순한 생존의 시기가 아닌 다시 피어나는 성장의 계절로 바꾸는 강력한 힘이 된다.

건강한 습관

'아비투스(Habitus)'는 프랑스의 사회학자 피에르 부르디외(Pierre Bourdieu)가 사용한 개념으로, 개인이 사회적 환경 속에서 자연스럽게 형성한 습관적 사고와 행동 양식을 의미한다. 쉽게 말해, 한 사람이 무의식적으로 드러내는 태도, 말투, 취향, 가치관 등 삶의 전반에 걸쳐 드러나는 '몸에 밴 습관의 총체'라 할 수 있다.

노년기를 아름답게 살아가기 위해서는 바로 이 '아비투스'를 건강하고 성숙한 방향으로 양성해 나가는 노력이 필요하다. 젊은 시절에 쌓아 온 가치관, 생활 습관, 인간관계의 방식은 자연스럽게 노후의 삶의 질을 결정짓는다. 예컨대, 늘 감사하는 태도, 절제된 소비 습관, 타인을 배려하는 말투, 자기 관리에 충실한 생활 리듬 등은 삶 전체에 품격을 부여하며, 나이 들어 더욱 빛을 발한다.

노년의 아비투스는 단순히 오래 살아온 습관의 반복이 아니라, 축적된 시간 속에서 드러나는 인격의 정수이기도 하다. 이는 한 사람의 신념과 태도, 그리고 오랜 시간 동안 선택해 온 삶의 방향이 일상 속에서 체화된 결과물이다. 그렇기에 아비투스는 노년기의 삶의 질을 결정짓는 보이지 않는 기반이며, 타인에게 신뢰와 존경을 끌어내는 내면의 힘이 된다.

좋지 않은 아비투스도 나이와 함께 고착되기 쉽다. 부정적 감정 표현, 고집, 편협한 시선, 무기력한 자세 등은 자신은 물론 주변 사람들을 지치게 만들 수 있다. 그러므로 건강한 아비투스를 양성하기 위해서는 자기 성찰과 변화 의지를 놓지 않아야 한다. 이는 곧 습관을 재구성하고, 의식적인 실천을 통해 자신의 삶을 다시 정돈하는 과정이기도 하다.

또한, 노후의 삶을 건강하고 의미 있게 유지하기 위해서는 지금까지 축적해 온 삶의 방식 중에서 불필요하거나 해로운 요소를 과감히 덜어 내는 결단이 필요하다. 그중 가장 시급한 과제 중 하나는 오랜 시간에 걸쳐 굳어진 '나쁜 습관'을 인식하고 그것을 버리는 일이다.

나쁜 습관은 단지 건강을 해치는 생활 방식이나 소비 습관에만 국한되지 않는다. 부정적인 언어 사용, 타인을 비난하거나 원망하는 말버릇, 무기력한 태도, 과도한 집착이나 불안감, 고집스러운 의사결정 방식 등도 모두 삶의 질을 떨어뜨리는 요인이 된다. 특히 노년기에 접어들수록 이러한 습관은 타인과의 관계를 어렵게 만들고, 자기 자신을 더욱 위축시키며, 정서적 고립을 심화시킬 수 있다.

습관은 작은 반복으로 형성되지만, 그것이 지속되면 삶 전체를 지배하게 된다. 나쁜 습관을 버리기 위해서는 먼저 그것을 인식하고, 그

대체 행동을 정해 실천하는 노력이 요구된다. 예를 들어, 부정적인 언어를 줄이기 위해 하루에 감사한 말을 한 번이라도 더 하거나, 불규칙한 생활 습관을 개선하기 위해 수면 시간을 일정하게 유지하는 식의 실천은 작지만 강력한 변화의 시작이다.

무엇보다 중요한 것은, 나쁜 습관을 버린 자리에 좋은 습관을 심는 일이다. 그것은 마치 잡초를 제거한 자리에 꽃을 심는 일과 같다. 새로운 일상을 구성하고, 자기 자신에게 긍정적 신호를 주는 반복이 쌓일 때 비로소 삶은 더 건강하고 품격 있는 방향으로 변화하게 된다.

좋은 아비투스는 하루아침에 만들어지지 않는다. 매일의 작고 일상적인 선택들이 축적되어 점차 인격의 향기를 만들어 낸다. 독서를 통해 사고를 가다듬고, 예의 바른 말투를 익히며, 상대를 배려하는 작은 행동을 실천하는 것, 이 모두가 건강한 아비투스를 만들어 가는 중요한 축이다.

노년은 완성을 향해 가는 시간이다. 그 여정 속에서 자신을 갉아먹는 습관들을 하나씩 덜어내고, 삶을 존중하는 습관, 타인을 배려하는 마음, 자기 삶을 성실히 살아내는 태도를 하나의 '생활양식'으로 정착시킬 때, 노년은 자연스럽게 존경받는 삶으로 이어진다.

단순함과 균형의 경제학

은퇴 이후의 삶에서 경제적 자유와 정서적 안정을 동시에 이루기 위해서는 '소비와 자산의 균형'이 핵심 과제다. 젊을 때와 같은 소비 수준을 유지하려다 빠르게 자산을 소진하는 경우가 많다. 따라서 노후에는 '버는 대로 쓰는 삶'에서 '쓰는 대로 버는 삶'으로의 전환이 필요하다.

생활 규모의 축소와 지출 구조의 슬림화는 단순한 절약이 아니라, 삶의 본질에 더 가까워지는 실천이다. 불필요한 구독, 과도한 외식, 큰 집을 유지하기 위한 과도한 비용은 노후의 삶을 무겁게 만든다. 그러나 지출 구조를 재설계하면 오히려 더 큰 자유와 안정감을 얻게 된다. 이는 '많이 벌어서 쓰는 삶'보다 '적게 벌어도 충분한 삶'을 지향하는 태도다.

또한 자산과 소비의 균형은 단순히 돈을 아끼는 차원을 넘어, 자산을 얼마나 현명하게 배분하고 활용하느냐의 문제다. 의료비, 주거비, 여가 활동 등 다양한 영역에서 자산을 계획적으로 분배하고, 예상치 못한 지출에도 유연하게 대응할 수 있는 준비가 필요하다. 이는 심리적 안정감까지 가져다준다.

무분별한 소비는 아무리 많은 자산도 빠르게 고갈시킬 수 있다. 자녀 지원에 따른 과도한 지출, 체면 소비, 불필요한 사치품 구입 등은 노후의 경제적 기반을 위협한다. 반대로 가치 중심의 소비 태도를 확립하고, 정기적인 재정 점검을 생활화하는 사람은 자산 규모와 상관없이 존엄하고 안정적인 노후를 살아갈 수 있다.

궁극적으로 노후의 자유는 '얼마를 버느냐'가 아니라 '어떻게 쓰느냐'에 달려 있다. 절제와 계획, 의미 있는 소비가 어우러질 때 노후의 삶은 단순하지만 풍요롭고, 안정적이면서도 품격 있게 빛날 수 있다.

공공자원과 금융 지식의 활용

노후생활의 안정을 위해 반드시 기억해야 할 한 가지는, 다양한 복지제도와 공공자원을 적극적으로 활용해야 한다는 점이다. 한국은 OECD 국가 중 노인빈곤율이 가장 높은 나라로, 이는 단지 개인의 준비 부족뿐 아니라 공적 소득 보장 체계의 미비, 복지제도에 대한 낮은 인식, 접근성의 어려움 등 복합적인 요인에서 비롯된 문제이다.

실제로 많은 노인이 기초연금, 기초생활보장제도, 주거급여, 의료비 감면, 장기요양보험, 지자체의 복지 서비스 등 다양한 혜택이 있음에도 불구하고, 그 존재를 모르거나 신청 절차의 복잡함 때문에 지원받지 못하는 현실이 존재한다. 복지제도는 국가가 고령 시민에게 제공하는 정당한 권리이자 사회적 안전망이다. 따라서 이를 부끄러워하거나 주저할 이유는 전혀 없다. 자신의 권리를 이해하고 적극적으로 활용하는 것이 노후 불안을 줄이고 삶의 질을 높이는 핵심이다.

정보를 얻는 것이 어렵게 느껴질 수 있으나, 주민센터, 복지 상담 창구, 가족이나 지인의 도움을 통해 충분히 시작할 수 있다. 최근에는 정부와 지자체의 복지 포털, 모바일 앱, 챗봇 서비스 등을 통해 스마트폰으로 간편하게 정보를 확인하고 신청할 수 있는 시스템이 잘 구축되어 있다. 중요한 것은 제도의 유무가 아니라 그 제도를 어떻게 활용하느냐이다.

한편, 노후생활에서 공공자원의 활용만큼이나 중요한 것은 금융 지식과 자산 보호 의식을 강화하는 일이다. 최근 홍콩 항셍지수와 연계된 ELS 투자자들의 대규모 원금손실 사태는, 많은 고령층이 고위험 상품의 구조와 위험성을 충분히 이해하지 못한 채 투자했음을 보여 준다. 금융기관의 불완전판매는 반복되고 있으며, 고령층이 주요 피해자가 되고 있다.

투자의 최종 책임은 본인에게 있지만, 구조가 복잡한 금융상품을 정확히 이해하기란 쉽지 않다. 따라서 원칙은 명확하다. 첫째, 자신이 충분히 이해하는 상품에만 투자할 것. 둘째, 지인이나 가족의 말이라도 무턱대고 믿지 말 것. 이는 주식이나 파생상품뿐 아니라 은퇴 후 창업, 보험 가입 등 모든 경제활동에도 똑같이 적용된다.

특히 보험 가입은 신중해야 한다. 장기 생명보험이나 변액연금은 60대 이후 자녀가 이미 독립한 경우 불필요한 부담이 될 수 있다. 반면 실비보험이나 암보험은 여전히 실질적 보장이 필요한 영역이다. 필자 역시 실비보험과 암보험을 유지하고 있으며, 이는 병원비 부담을 줄이고 의료 위험에 대비하는 중요한 수단이다.

노후 자산을 지키는 첫걸음은 '막연한 믿음'이 아니라 '충분한 이해'에서 출발한다. 복지제도를 적극적으로 활용하고 금융 지식을 생활화하는 태도는 노후의 삶을 안정적이고 존엄하게 만드는 실천적 지혜다. 공공자원과 지식을 제대로 활용할 때, 우리는 경제적 자유와 정서적 안정을 동시에 누릴 수 있다.

삶의 균형과 통합

노후의 삶을 의미 있고 품격 있게 살아가기 위해 중요한 요소 중 하나는 바로 '삶의 균형과 통합을 지향하는 자세'이다. 이는 단순히 일정한 생활 리듬을 유지하는 수준을 넘어, 내면의 성숙과 외적 안정을 조화롭게 이루며 자신만의 삶의 철학을 실현해 나가는 태도를 의미한다.

노년기는 다양한 상실의 시간이다. 직업의 상실, 사회적 역할의 변화, 건강의 약화, 가족 구성의 변화 등은 모두 삶의 균형을 위협하는 요소가 될 수 있다. 그러나 이러한 변화 속에서도 중심을 잃지 않고 삶의 균형을 이루어 가는 능력은 노후의 질을 좌우하는 핵심 역량이다. 이때 중요한 것은 외부 환경이 아니라, 그 변화를 받아들이는 내면의 태도이다.

내면의 성숙은 단기간에 이루어지지 않는다. 평생에 걸쳐 쌓아 온 경험과 성찰, 타인과의 관계에서 얻어진 통찰, 고통과 기쁨 속에서 길러진 감정 조절 능력 등이 모여 하나의 인격적 통합을 이룬다. 이는 외적인 조건이 어떠하든 삶의 중심을 잃지 않게 해 주는 내적 자산이다. 삶의 균형은 바로 이러한 내면의 힘에서 비롯된다.

외적 안정 역시 무시할 수 없는 요소이다. 노년기의 삶이 불안정한 이유 중 하나는 경제적 기반의 약화와 사회적 고립이다. 따라서 일정한 소득 흐름, 안정된 주거 환경, 신뢰할 수 있는 관계망은 노후의 삶을 뒷받침해 주는 필수 요건이다. 이러한 외적 안정 위에 내면의 성숙이 더해질 때, 삶은 균형과 통합이라는 이름으로 더욱 풍성해진다.

삶의 통합이란, 과거의 경험과 현재의 삶, 그리고 미래에 대한 기대가 단절되지 않고 하나의 흐름으로 연결되는 상태를 말한다. 즉, 삶의 조각들이 서로 따로 노는 것이 아니라, 전체로서의 의미를 형성할 수 있도록 통합하는 것이다. 이는 나이 듦의 흔적을 부끄러워하거나 부정하는 것이 아니라, 그것을 삶의 한 과정으로 인정하고 받아들이는 태도에서 출발한다.

노후는 자신이 살아온 삶의 총체를 돌아보며, 그것을 하나의 이야기로 완성해 가는 시간이다. 삶의 균형과 통합을 지향하는 사람은 그 여정 속에서 조화와 평안을 누리며, 궁극적으로 존엄한 인간으로 사는 삶을 실현해 간다.

잠언에서 배우는 노년의 지혜

이상에서 제시한 삶의 기술은 고전에서 길어 올린 지혜에 닿을 때 비로소 근거와 지속성이 생긴다. 여기서는 지면의 한계로『잠언』에 집중한다. 성경『잠언』은 고대 이스라엘의 지혜문학으로, 솔로몬을 비롯한 지혜자들의 교훈을 모은 책이다. 3천 년 전 기록이지만 오늘에도 유효한 보편적 삶의 지혜를 담고 있다. 종교적 언어를 쓰지만, 내용을 따라가면 일상·관계·재물·언어·마음가짐 전반을 다루는 실천적 지침서이다. 잠언이 말하는 지혜는 지식의 축적이 아니라 옳은 길을 선택하고 실행하는 힘이다. 곧 진리를 식별하는 통찰, 옳고 그름을 가르는 기준, 선한 가치를 지향하는 품성, 행동으로 옮기는 실천력이 결합된 역량이다.

우리는 인생의 갈림길에서 자주 흔들린다. 제2막을 시작하는 시니어도 예외가 아니다. 이때 잠언은 방향을 비추는 나침반이 된다. 지혜는 금과 은보다 귀하며, 삶을 바른 결로 이끈다. 지금부터는 노년기에 특히 필요한 잠언의 핵심을 열 가지로 추려, 경제적 자유와 정서적 안정을 함께 세우는 길을 제시하고자 한다.

첫째, 경외의 지혜이다. "여호와를 경외하는 것이 지식의 근본이거늘, 미련한 자는 지혜와 훈계를 멸시하느니라"(잠 1:7). 잠언이 말하는

'경외'는 삶을 지탱하는 보이지 않는 더 큰 질서, 즉 진리, 선, 창조 질서 등을 인정하는 태도이다. 나이가 들수록 경험은 많아지지만, 그 경험만으로 설명되지 않는 영역이 존재한다는 사실 또한 분명해진다. 경외는 겸손을 낳고, 겸손은 배움의 문을 연다. 경외가 무너지면 사람은 자신의 판단을 절대화하고 조언을 멸시하며 결국 고립된다. 노년기의 경외는 세 가지 효용을 준다. 첫째, 삶의 질문을 '무엇을 더 가질까'에서 '어떻게 살아갈까'로 재정렬한다. 둘째, 불확실성 속에서 마음을 낮추게 하여 평안을 낳는다. 셋째, 관계를 부드럽게 만들어 존중과 배려가 흐르는 토대를 만든다.

둘째, 신뢰의 지혜이다. "너는 마음을 다하여 여호와를 의뢰하고 네 명철을 의지하지 말라"(잠언 3:5). '네 명철을 의지하지 말라'는 권면은 이성이 무가치하다는 뜻이 아니라, 한 개인의 판단이 절대적 기준이 될 수 없음을 인정하라는 초대이다. 은퇴 후 경제·건강·관계는 누구에게나 예측 불가능하다. 신뢰는 통제에 대한 집착을 내려놓고 선한 질서에 자신을 맡기는 훈련이다. 신뢰는 고집을 누그러뜨려 새로운 길을 수용하게 하고, 관계에서는 오해를 풀 수 있는 유연성을 제공한다. '내가 옳다'는 확신이 강할수록 신뢰는 약해지기 쉽다. 신뢰는 불안을 줄이는 심리적 안전망이자 학습과 갱신의 동력이다.

셋째, 진리를 찾는 지혜이다. "진리를 사되 팔지 말며, 지혜와 훈계와 명철도 그러할지니라"(잠 23:23). 잠언은 진리를 '사는' 행위로 묘사한다. 값이 든다는 뜻이다. 시간을 들여 배우고, 손해를 감수해도 원칙을 지키며, 유혹하는 단기 이익과 멀어지는 선택이 필요하다. 진리는 분별의 기준이며 노년의 흔들림을 막는 닻이다. 노년의 성찰은 '무엇을 소유했는가'보다 '무엇을 믿고 따랐는가'를 묻는다. 진리를 붙들면 삶의 판단은 단순해진다. '이익인가, 손해인가'가 아니라 '바른가, 그른가'가 기준이 된다.

넷째, 내면의 평안이다. "마음이 즐거우면 얼굴에 빛이 나나, 마음의 근심은 심령을 상하게 하느니라"(잠 15:13). 평안은 노년의 최대 자산이다. 비교는 평안을 파괴하고, 감사는 평안을 회복한다. 마음의 평안은 얼굴·언어·행동으로 번져 주변의 공기를 바꾼다. 반대로 근심은 체력과 의욕을 갉아먹는다. 평안을 지키려면 정보 섭취를 조절하고, 수면·산책·호흡 같은 기본 습관을 회복해야 한다. '무엇을 더 해야 하나' 보다 '무엇을 줄일 것인가'를 정하는 절제가 내면의 평안을 돕는다.

다섯째, 용서와 사랑이다. "미움은 다툼을 일으켜도, 사랑은 모든 허물을 가리느니라"(잠 10:12) 사랑은 허물을 덮는다는 말은 죄를 은폐하라는 뜻이 아니라, 과거의 상처가 현재의 기준이 되지 않도록 시선을 바꾸라는 요청이다. 노년기의 화해는 관계를 단순화하고 에너지를 회복시킨다. 용서는 감정이 아니라 결단이다. 용서가 먼저이고, 감정의 회복은 그다음이다. 미움을 내려놓을수록 존엄과 기쁨은 커진다.

여섯째, 자족의 지혜이다. "나를 가난하게도 마옵시고 부하게도 마옵시고, 오직 필요한 양식으로 나를 먹이시옵소서"(잠 30:8). '필요한 만큼'은 체념이 아니라 능동적 선택이다. 과소비는 불안을, 과소 축적은 두려움을 낳는다. 자족은 현재의 충분함을 인식하고, 다음 세대에 욕망이 아니라 질서를 물려주는 훈련이다. 노년 재무의 핵심은 고정비의 경량화와 '만족 기준'의 재설정이다. 원하는 것의 목록을 줄이고, 가치 있는 경험에 예산을 우선 배분하라.

일곱째, 겸손의 지혜이다. "사람의 마음의 교만은 멸망의 선봉이요, 겸손은 존귀의 길잡이니라"(잠 18:12). 겸손은 낮은 자존감이 아니라,

사실에 자신을 정직하게 맞추려는 지적·도덕적 태도이다. 경험과 성취가 클수록 인지적 확증편향에 빠지기 쉽다. 겸손은 이러한 왜곡을 교정한다. 겸손은 배우려는 지속 의지와 '피드백 근육'을 만든다. 이는 노년의 고립을 막고 주변의 협력을 끌어온다.

여덟째, 자기통제이다. "자기 마음을 제어하지 아니하는 자는, 성읍이 무너지고 성벽이 없는 것과 같으니라"(잠 25:28). 성벽이 무너진 도시는 누구의 공식에도 취약하다. 감정·언어·지출·식습관·미디어 사용의 방어선을 세우지 않으면 삶은 쉽게 침식된다. 자기통제는 의지의 문제가 아니라 설계의 문제이기도 하다. 자기통제에서 중요한 것은 유혹을 줄이고, 습관을 방해하는 마찰을 최소화하는 환경을 만드는 것이다.

아홉째, 깨어 있음과 준비이다. "게으른 자여, 개미에게 가서 그 하는 것을 보고 지혜를 얻으라"(잠 6:6). 개미의 지혜는 '때를 분별해 미리 준비하는 자율성'이다. 노년의 준비는 돈만이 아니라, 건강·관계·학습·봉사의 포트폴리오를 균형 있게 가꾸는 일이다. 속도보다 리듬이 중요하다. 작은 부지런함이 큰 평안을 낳는다. 오늘의 20분 독서·걷기·연락 한 통이 내일의 자유를 확보한다.

열째, 관계와 본보기이다. "철이 철을 날카롭게 하는 것 같이, 사람이 그 친구의 얼굴을 빛나게 하느니라"(잠 27:17). 좋은 동반자는 서로를 연마한다. 깊은 관계는 위로와 도전, 수용과 교정이 균형을 이룬다. 또한, 다음 세대에 남길 가장 큰 유산은 말이 아니라 삶의 본보기이다. 잠언은 이렇게 말한다. "선인은 그 산업을 자자손손에게 끼치느니라"(잠 13:22). 재산의 유한함과 다르게, 정직·절제·배려·감사의 습관은 세대를 건너 작동한다. 숫자보다 깊이, 콘텐츠보다 일관성이 핵심이다.

　이상에서 다룬 '노후를 빛나게 하는 삶의 기술'은 요령도 일시적 습관도 아니다. 각자의 삶 속에서 축적된 내면의 자산이며, 존엄하고 의미 있는 노년을 위한 실천적 지혜이다. 감사의 태도, 배움과 성찰, 목적 있는 삶과 유연한 사고, 건강한 습관, 균형과 통합을 지향하는 자세는 서로 이어져 노후의 품격과 깊이를 더한다.

　무엇보다 이 기술들은 외부의 강요가 아니라 경험과 성찰 속에서 몸에 밴 '삶의 태도'여야 한다. 지금부터라도 천천히, 그러나 꾸준히 한 가지씩 실천한다면 누구나 자신만의 방식으로 노후를 빛나게 가꿀 수 있다.

　삶의 기술은 '늙어가는 법'이 아니라 '익어가는 지혜'이다. 나이 듦을 숨기거나 두려워하지 않고, 품위 있게 맞이하며 성숙하게 살아가는 법을 배우는 일이다. 생활 요령이나 경제 전략만으로는 충분하지 않다. 고전에서 배우는 지혜가 있어야 깊이와 지속성이 생긴다. 이러한 지혜는 하루아침에 얻어지지 않는다. 작은 결단과 꾸준한 실천, 올바른 방향을 향한 점검을 통해 서서히 삶 속에 스며든다.

　세월이 흐르며 힘과 속도는 줄어들 수 있다. 그러나 그 빈자리를 채우는 것은 지혜에서 비롯된 깊이와 무게이다. 그 깊이와 무게가 바로 의미 있고 아름다운 노후를 완성한다. 남은 날들을 어떻게 채울지는 오직 자신에게 달려 있다. 오늘의 선택과 태도가 내일의 모습을 만든다. 특히, 『잠언』이 전하는 지혜를 삶 속에 심는다면, 노년은 쇠퇴의 계절이 아니라, 성숙과 존엄의 절정이 될 것이다. 그리고 그 삶은 다음 세대에게 길잡이이자 등불로 남게 될 것이다.

3부 5장 이해를 위한 Q&A

Q. '노후를 빛나게 하는 삶의 기술'이란 무엇을 의미하나요?
A. 여기서 말하는 삶의 기술은 단순한 요령이나 기능적 비결이 아니라, 삶의 철학이자 실천의 예술입니다. 에리히 프롬이 『사랑의 기술(The Arting of Loving)』에서 강조했듯이, 기술(Art)은 배우고 연습하며 수련해야 하는 삶의 태도입니다. 노년의 삶 역시 지식·태도·행동이 통합된 능력으로, 감사와 지혜, 자기 관리, 관계, 소비 습관이 조화를 이룰 때 완성됩니다. 또한 이는 시간이 지나면서 성찰과 반복된 실천 속에서 발전하며, 인간 존재의 가치를 드러내는 과정이기도 합니다. 따라서 '노후를 빛나게 하는 삶의 기술'은 단순한 생활 기술이 아니라, 품격과 성숙, 배려와 감사, 절제를 통해 인간으로서의 존엄을 실현하는 삶의 방식이라 할 수 있습니다.

Q. 감사와 배움은 노년기에 어떤 의미가 있나요?
A. 감사는 상실의 순간에도 삶을 긍정적으로 바라보게 하며, 배움은 두뇌와 마음을 젊게 유지시켜 줍니다. 새로운 지식을 배우고 경험을 나누는 과정은 노년기를 더욱 풍성하게 만듭니다.

Q. 목적 있는 삶과 유연한 사고는 왜 중요한가요?
A. 은퇴 이후에도 명확한 목적을 갖는 것은 삶에 동기를 부여합니다. 동시에 변화하는 환경에 맞춰 생각을 유연하게 하는 태도는 불확실성을 기회로 바꾸는 힘이 됩니다.

Q. 아비투스(Habitus)란 무엇인가요?
A. 아비투스는 개인이 성장 과정에서 몸과 마음에 내재화한 습관, 태도, 사고방식을 말합니다. 즉, 삶의 배경과 경험이 만든 무의식적 생활 방식이라 할 수 있습니다.

Q. 단순함과 균형의 경제학은 무엇을 뜻하나요?
A. 과도한 소비와 복잡한 재정 운영을 줄이고, 필요한 것에 집중하는 경제적 태도를 말합니다. 단순함은 불필요한 스트레스를 줄이고, 균형은 안정적인 노후 재정을 유지하는 핵심 원칙입니다.

Q. 노후생활에서 왜 공공자원과 지식의 활용이 중요한가요?
A. 노후의 삶을 안정적으로 지키기 위해서는 첫째, 다양한 복지제도와 공공자원을 적극적으로 활용하는 것입니다. 기초연금, 기초생활보장, 주거급여, 의료비 감면, 장기요양보험 등은 노인의 권리이자 사회적 안전망이므로 부끄러워하거나 주저할 이유가 없습니다. 둘째, 금융 지식을 생활화하고 자산 보호 의식을 강화하는 것입니다. 이해하지 못하는 상품에는 투자하지 않고, 불필요한 보험은 줄이며, 실손보험과 암보험 같은 실질적 보장은 유지하는 것이 바람직합니다.

Q. 노년기에 왜 삶의 균형과 통합을 지향하는 중요한가요?
A. 노년기는 직업 상실, 건강 약화, 가족 구성 변화 등 많은 상실을 경험하는 시기이지만, 내면의 성숙과 외적 안정을 조화롭게 이루는 태도가 삶의 질을 좌우합니다. 내면의 성숙은 경험과 성찰, 관계와 감정 조절 능력을 통해 형성되며, 외적 안정은 일정한 소득, 주거, 신뢰할 수 있는 관계망에서 비롯됩니다. 이 두 요소가 함께할 때 삶은 흔들리지 않고 중심을 지킬 수 있습니다. 또한 과거 · 현재 · 미래를 하나의 이야기로 연결해 통합할 때 노후는 더욱 풍성하고 존엄한 시간이 됩니다.

Q. 성경 잠언은 노년의 삶에 어떤 지혜를 줄 수 있나요?
A. 『잠언』은 3천 년 전 기록이지만 오늘에도 유효한 보편적 삶의 지혜를 담고 있습니다. 단순한 지식이 아니라, 옳은 길을 선택하고 실행하는 힘을 강조합니다. 노년기는 상실과 불안이 잦은 시기이지만, 잠언은 경외 · 신뢰 · 진리 추구 · 내면의 평안 · 용서와 사랑 · 자족 · 겸손 · 자기통제 · 준비 · 관계와 본보기 같은 지혜를 제시합니다. 이러한 가르침은 경제적 자유와 정서적 안정을 함께 세우도록 돕고, 나이 듦을 부끄러워하기보다 하나의 흐름으로 통합해 존엄하고 풍성한 삶을 살아가게 합니다.

부록

인생 2막, 다시 시작하는 용기
가마치통닭에서 배우는 노년 창업의 길

필자는 지난 20여 년간 대학에서 경영학을 가르쳐온 교수이자, 다양한 기업을 대상으로 경영 컨설팅을 수행해 온 컨설턴트로서 수많은 기업의 성공과 실패 사례를 직접 목격하고 분석해 왔다. 이러한 경험을 토대로, 노후 준비에 참고할 수 있는 실질적인 조언을 제시하고자 한다. 그 일환으로, 본서의 부록에서는 티와이(TY) 그룹의 대표 브랜드인 '가마치통닭'의 창업 성공 사례를 소개하고자 한다.

나이가 들수록 사람은 변화 앞에서 한걸음 물러서기 쉽다. 은퇴 후의 삶은 종종 막막하게 느껴지고, 새로운 도전보다는 조용히 생을 정리하려는 선택을 하는 경우가 많다. 그러나 노년은 더 이상 '마무리'의 시간이 아니다. 오히려 지금까지 쌓아 온 삶의 결실과 '경험'이라는 소중한 자산을 토대로 다시 꽃필 수 있는 제2의 기회의 시간이다. 이러한 관점에서 볼 때, 김재곤 회장이 창업한 '가마치통닭'은 노년 창업의 가능성과 가치를 보여 주는 대표적인 성공 사례라 할 수 있다.

김 회장은 흔히 떠올리는 성공 창업자의 길과는 전혀 다른 삶을 걸어왔다. 중학교 시절 부모를 잃고 소년 가장이 되었으며, 억울한 누명으로 구치소에 수감되는 아픔도 겪었다. 인생의 밑바닥에서 마주한 성경 말씀 한 구절이 그의 삶을 바꾸는 전환점이 되었다. 그 말씀을 통해 '용서'와 '감사'를 배우며 신앙에 눈을 뜬 그는, 닭고기 유통 사업으로 재기에 성공했다. 그리고 그 경험을 토대로 2016년 '가마치통닭' 프랜차이즈를 출범시키며, 제2의 인생을 힘차게 열었다.

회사명 '티지와이(TGY, Thanks God&You)'는 '하나님과 고객에게 감사한다'는 신앙적 철학을 담고 있다. 그는 단순한 이윤 추구를 넘어서, 정직과 성실(잠언 11:3)을 기업의 사훈으로 삼아 신뢰와 지속 가능한 관계를 가장 중요하게 여긴다.

가마치통닭은 2016년 경기 산본에 1호점을 연 이후 불과 8년 만인 2024년 11월, 전국 800호점을 돌파했다. 올해에는 950호점 달성을 목표로 박차를 가하고 있으며, 해마다 100개 이상의 신규 매장을 꾸준히 개점하며 옛날 통닭 프랜차이즈 중 최대 규모의 브랜드로 자리매김했다. 2023년에는 119개, 2024년에는 120개의 매장이 새로 문을 열었고, 2025년에는 150개 매장 개점을 목표로 하고 있다.

공정거래위원회가 발표한 「2024 가맹사업 현황」에 따르면, 가마치통닭은 창업 10년 미만 브랜드 중 점포 수와 성장률에서 압도적인 1위를 차지하고 있으며, 폐점률은 4% 내외로 전체 치킨 프랜차이즈 평균(14.2%)보다 훨씬 낮은 안정성을 자랑한다.

또한, 본사는 가맹점 증가에 대응하기 위해 2021년 충남 예산에 1만 7,825㎡ 규모의 닭고기 육가공 공장을 설립했다. 자동 품질 등급 분류 시스템과 에어칠링·워터칠링을 결합한 이중 온도 관리 설비 등을 도입해, 업계 최고 수준의 신선도를 유지하고 있다.

가마치통닭은 단순히 닭을 튀기는 브랜드가 아니다. 노년 창업자에게 적합한 시스템적 강점과 안정성을 갖춘 창업 모델이다. 가마치통닭만의 장점을 살펴보면 다음과 같다.

첫째, 무(無) 로열티 정책과 저렴한 가맹비이다. 은퇴자나 소자본 창업자도 부담 없이 시작할 수 있다. 둘째, 본사 직배송 시스템 및 자동화 물류망이다. 재료 준비나 유통관리를 본사가 책임져 운영 부담이 적다. 셋째, 표준화된 레시피와 간편한 조리 시스템이다. 조리 경험이 없어도 쉽게 매장을 운영할 수 있다. 넷째, 밀착형 본사 지원이다. 슈퍼바이저(SV)가 매장 개점부터 정착까지 세심하게 지원한다. 다섯째, 비용 구조의 공개 및 20평 기준 인테리어 단가 제시이다. 정보공개서에는 가맹비 · 교육비 · 보증금 등의 항목과 함께 3.3㎡당 인테리어 단가(20평 기준 견적)가 제시되어 있어 초기 투자 규모를 비교 · 검증하기 쉽다. 이는 '투자-회수' 시뮬레이션을 보수적으로 돌려보기 좋은 환경을 제공한다. 여섯째, 수익성 분석 자료(메뉴별 원가 · 매출 항목)이다. 본사 페이지에 메뉴별 매출/원가 테이블이 있어 손익 가정의 표준값으로 활용 가능하다. 시니어 창업자가 엑셀로 월 손익표를 만들 때 근거치로 삼기 좋아 '감(感) 경영'을 줄여 준다. 일곱째, 진입장벽이 낮은 운영 구조이다. 표준화 · 간편화된 공정은 '요리 경력'이 적어도 빠르게 안착할 여지를 만든다. 이는 특히 시니어 창업자에게 유리한 포인트이다.

실제로 다양한 연령대의 가맹점주 사례는 이 시스템의 실효성을 뒷받침한다. 서울 고려대점은 월매출 1억 1,800만 원을 기록하며 변화가 상권의 가능성을 보여 주었고, 김해 진영점은 오픈 첫 달 약 9,900만 원의 매출로 지역 상권에서도 성공 가능성을 입증했다. 울산 장현점 점주는 "본사의 초기 교육과 현장 지원이 없었다면 안정적인 운영은 불가능했을 것"이라며 "창업보다 운영이 더 쉬웠다"고 후기를 남겼다.

무엇보다 중요한 점은, 이 사업이 단순한 수익 창출의 도구가 아니라, 노년의 자존감 회복의 기회가 되고 있다는 것이다. "이 나이에 내가 이렇게 할 수 있다는 것이 감사하다"는 노년 점주들의 말은 단순한 성공을 넘어선 삶의 의미를 되새기게 한다.

김재곤 회장은 자신의 인생 후반기를 이익의 확대보다 복음의 확산에 더 집중하고 있다. 매장에서 나누는 삼계탕과 닭강정은 전도의 수단이 되며, 농어촌 목회자나 장애인 가정을 위한 기부 활동도 꾸준히 이어가고 있다. 은퇴 이후에는 사업을 자녀에게 맡기고, 본인은 선교와 성경 보급 활동에 전념할 계획이다. 그는 단지 성공한 사업가가 아니라, 노년의 삶을 깊고 넓게 가꿔 가는 삶의 개척지이다. 그는 이렇게 말한다: "감사는 위대한 동력이다. 그리고 변화는 나이와 상관없이 늘 가능하다."

노년의 창업은 실패에 대한 두려움보다 삶을 다시 확장하려는 의지에서 비롯된다. 가마치통닭은 단순한 창업 아이템이 아니다. 그것은 '삶의 두 번째 막'을 위한 무대이며, 그 무대 위에서 다시 배우고, 다시 도전하며, 다시 성장할 수 있다.

지금이 바로, 인생의 '치킨런'을 시작할 시간이다.

인플레이션과 장수 위험, 100세까지 돈과 마음을 지키는 법

100+ 시대의 노후 재설계

초판 1쇄 인쇄일 2025년 10월 17일
초판 1쇄 발행일 2025년 11월 05일

지 은 이 장종학
펴 낸 이 양옥매
디 자 인 표지혜
마 케 팅 송용호
교　　정 정혜성

펴낸곳 도서출판 책과나무
출판등록 제2012-000376
주소 서울특별시 마포구 방울내로 79 이노빌딩 302호
대표전화 02.372.1537　**팩스** 02.372.1538
이메일 booknamu2007@naver.com
홈페이지 www.booknamu.com
ISBN 979-11-6752-700-4 (03320)

* 저작권법에 의해 보호를 받는 저작물이므로 저자와 출판사의 동의 없이
  내용의 일부를 인용하거나 발췌하는 것을 금합니다.
* 파손된 책은 구입처에서 교환해 드립니다.
* 〈네이버와 네이버문화재단〉의 나눔손글씨 폰트가 사용되었습니다.